Manfred

BRETAGNE

LAND & LEUTE

Frankreichs wilder Westen

Kultur und Leben

Tipps für Ihren Urlaub

UNTERWEGS IN DER BRETAGNE

Der Norden

Inhalt

Die Westküste und das bretonische Hochland

Zwischen Odet und Vilaine – der Süden

REISEINFOS VON A BIS Z

REISEATLAS

LAND & LEUTE

»Lacht nicht über uns Kelten. Wir bauen kein Parthenon, dazu fehlt uns der Marmor. Aber wir wissen zu Herz und Gemüt zu reden.«

Ernest Renan

Bretagne-Klassiker:
Pointe du Château

Frankreichs wilder Westen

Bei Le Fret
auf der Halbinsel von Crozon

DAS ›LAND AM MEER‹

Unter den französischen Feriengebieten nimmt die Bretagne, nach der Region Provence/Côte d'Azur, die zweite Stelle in der Beliebtheitsskala der Reisenden ein. Sieht man von den Küsten ab, so bietet dieses Urlaubsziel allerdings keine spektakulären Landschaften. Das Innere ist ein nur leicht gewelltes Plateau von durchschnittlich etwa 100 m Höhe. Die Kelten nannten es ›Argoat‹, ›Land am Wald‹, und tatsächlich überzog einst dichter Baumbestand die niederen Höhen. Von den lauschigen und mitunter sicher auch bedrohlich anmutenden Hainen, in denen nach keltischer Tradition allerlei Fabelwesen hausten, trotzen heute nur noch wenige Flecken der intensiv betriebenen Landwirtschaft. Auch in kultureller Hinsicht hat das Landesinnere, da es erst spät vom Menschen erschlossen wurde, wenig zu bieten.

Um so eindrucksvoller sind die bretonischen Küsten, das keltische ›Armor‹, das ›Land am Meer‹. Bis zu 100 m hohe Meeresklippen wechseln ab mit einladenden Sandbuchten, bizarren Felsformationen und breiten Wattstreifen, die an das smaragdgrüne oder azurblaue Meer grenzen. Vergleiche mit dem Mittelmeer scheinen angebracht, werden der Bretagne aber nicht gerecht, denn kulturell ist dieses Land völlig eigenständig. Nach einer frühen Blüte in der Jungsteinzeit, die uns zahlreiche eindrucksvolle Steinsetzungen hinterließ, folgte eine erste keltische Einwanderungswelle vom Festland her. Im 5.–7. Jh. kamen erneut Kelten ins Land, dieses Mal als Flüchtlinge von den Britischen Inseln, die gleichsam im Handstreich von den Angelsachsen eingenommen wurden. Insular-keltisches Kulturgut prägte nun *Britannia minor,* das ›kleine Britannien‹, aus dem sich der Begriff ›Bretagne‹ herleitet. Vor allem die Verbreitung des Christentums datiert in diese Zeit, in der erste Klöster gegründet und damit neue Siedlungen eröffnet wurden – fast ausnahmslos an den Küsten und auf den vorgelagerten Inseln, wo die keltischen Missionare landeten.

Die abgeschiedene Lage am ›Ende der Welt‹ – das westlichste Département trägt noch heute den Namen ›Finistère‹ – begünstigte die Entwicklung zu einem unabhängigen Herzogtum. Gleichwohl mussten die Landesgrenzen beständig gegen die Normandie und das französische Königreich verteidigt werden. Eine Kette mittelalterlicher Festungen beschützte die Bretagne im Osten gegen die Angreifer, die den Zugang zum Atlantik und zum Ärmelkanal für sich beanspruchten. Um die Wende zum 16. Jh. musste sich die eigenwillige Region dem Sturm beugen, Frankreichs König hatte fortan das bretonische Zepter in der Hand.

Der Verlust der politischen Eigenständigkeit war jedoch nicht gleichbedeutend mit einem kulturellen Niedergang. Mit dem Fischfang blühten die zahlreichen Hafenstädte, viele der Fischer verdingten sich überdies als Korsaren in den Seeschlachten, die der König gegen andere europäische

STECKBRIEF BRETAGNE

Lage und Größe: Die Bretagne wird im Norden und Westen vom Atlantik (bzw. dem Ärmelkanal) begrenzt. Die Ost–West-Ausdehnung der Halbinsel beträgt rund 250 km, von Norden nach Süden sind es maximal 150 km. Die Gesamtfläche der Region beläuft sich auf 27 208 km^2.

Die größten Städte: Rennes 212 000 (inkl. städtische Agglomerationen 350 000), Brest 160 000, Lorient 65 000, Quimper 60 000. 35 Städte haben mehr als 10 000 Einwohner.

Staat: Der Staatspräsident, Oberhaupt der Republik Frankreich, wird vom Volk direkt und mit absoluter Mehrheit auf fünf Jahre gewählt. Der Präsident ernennt einen Premierminister an die Spitze der Regierung, der die Exekutive obliegt. Ein Zweikammerparlament, bestehend aus der Nationalversammlung mit 577 direkt auf fünf Jahre gewählten Abgeordneten und dem Senat mit 321 indirekt von Wahlmännern aus den 96 Départements gewählten Mitgliedern, hat die Legislative inne.

Verwaltung: Die Bretagne ist in die vier etwa gleich großen Départements Côtes d'Armor (Hauptstadt St-Brieuc), Finistère (Quimper), Ille-et-Vilaine (Rennes) und Morbihan (Vannes) unterteilt. Zur historischen Landschaft zählt auch das Département Loire-Atlantique (Nantes), das heute jedoch zur Region Pays de la Loire gehört.

Bevölkerung: In der Bretagne leben etwa 3 Mio. Ew., 67% von ihnen in Städten. Im Inneren konnte die Landflucht bis heute nicht aufgehalten werden, dagegen verzeichnen Küsten und Städte ein starkes Wachstum. Die Bevölkerungsdichte der gesamten Bretagne entspricht mit 103 pro km^2 (50 pro km^2 im Landesinneren, bis zu 200 pro km^2 an der Küste) knapp dem französischen Durchschnitt.

Wirtschaft: Neben dem Tourismus hat die Landwirtschaft noch heute große Bedeutung für die bretonische Wirtschaft. Ihre Produktivität liegt um 12% über dem Landesdurchschnitt, wobei Milchwirtschaft, Schweine- und Geflügelzucht neben dem Gemüseanbau im ›Goldenen Gürtel‹ an oberster Stelle rangieren. Die Fischerei ist im Rückgang begriffen, Austern- und Muschelzucht werfen aber immer noch hinreichende Gewinne ab. Industriebetriebe (u.a. Elektronik, Nahrungsmittelverarbeitung, Kleidung, Automobilwerke) sind vor allem in den größeren Küstenorten sowie in Rennes angesiedelt.

Tourismus: Die Bretagne empfängt jährlich über 3,5 Mio. Besucher, davon 85–90% Franzosen. Bei den ausländischen Gästen liegen Engländer und Iren an der Spitze, es folgen Deutsche und Belgier. Der Tourismus ist allerdings stark wetterabhängig und zudem auf einige wenige Standorte konzentriert, während ins Hinterland bestenfalls Tagesbesucher vordringen. Der Badeverkehr beschränkt sich auf die beiden Hochsommermonate, in der Nebensaison kommen aber auch Wassersportler noch gut auf ihre Kosten. Bildungsreisen zu den Kulturdenkmälern finden sogar ganzjährig statt.

An der Pointe de St-Mathieu

Mächte focht. St-Malo ist das typische Beispiel einer Stadt, die ihren Aufschwung der Freibeuterei verdankt. Andere Zentren, vor allem im westbretonischen Hinterland, schwangen sich mit dem Tuchhandel zu beachtlicher Größe auf. Hier entstanden seit dem 16. Jh. die berühmten umfriedeten Pfarrbezirke, die insbesondere durch ihren reichen, bäuerlich-naiven Skulpturenschmuck beeindrucken. Dargestellt ist zumeist die Leidensgeschichte Christi, aber auch das Wirken der Heiligen, derer man in der Bretagne besonders viele achtet: 7777 Schutzpatrone sollen es sein, manch einer von ihnen ist in Rom völlig unbekannt. Um so inbrünstiger verehrt die Gemeinde ›ihren‹ Heiligen, dessen Grabstätte alljährlich Ziel von Büßergängen ist. Bei diesen sogenannten Pardons werden auch noch die alten Trachten getragen, die ansonsten aus dem Straßenbild verschwunden sind.

Das vorliegende Buch will mit dieser wahrhaft einzigartigen Landschaft vertraut machen. Es klammert das Département Loire-Atlantique aus, das in den 1970er Jahren der Region Pays de la Loire zugeschlagen wurde. Grund für die Auslassung ist nicht allein die verwaltungstechnische Zuordnung, nein, auch landschaftlich und kulturell lockern sich hier, wo die schroffen Küsten dem reinen Sandstrand weichen und sich die breite Loire durch die Ebene schlängelt, die Bande zur Bretagne.

LANDSCHAFTEN UND NATURRAUM

Das Armorikanische Massiv

Im Altertum unserer Erde, vor rund 650 Mio. Jahren, war Westeuropa vom Meer bedeckt. Durch Hebung des Meeresbodens entstand in der heutigen Bretagne das **Armorikanische Massiv**, das in den folgenden Jahrmillionen durch Wind und Wetter abgeflacht wurde. Vor etwa 345 Mio. Jahren schob die variskische Faltung das Armorikanische Gebirge abermals auf, und zwar in Höhen von bis zu 4000 m. Dieses Gebirge erodierte im Perm (vor 280–230 Mio. Jahren) und wurde vor 65 Mio. Jahren im Zuge der Alpenauffaltung erneut leicht angehoben. Bei dieser letzten Hebung entstanden die heute so eindrucksvollen Bruchkanten an den Küsten. Am Ende der letzten Eiszeit schließlich stieg der Meeresspiegel, während das bretonische Festland absank.

Von den einst so imposanten Urgebirgen blieben nach diesen dramatischen Verschiebungen nur zwei Massive, die in ost-westlicher Richtung verlaufenden **Montagnes Noires** und **Monts d'Arrée,** die trotz ihrer geringen Höhe (bis 384 m) als Wasserscheide fungieren. Von hier fließen kurze, dabei wasserreiche und bis zu 80 m tief eingegrabene Flüsse nach Norden oder Süden. Die **Küsten** weisen wegen ihrer starken Gliederung eine Gesamtlänge von 2500 km auf, als Gerade gemessen hingegen nur 600 km. Gegen die teils sehr bizarren Klippen schlägt die kräftige Brandung des Atlantiks. Vor der Küste liegen etwa 800 Inseln, von denen viele nur bei Ebbe aus dem Wasser lugen. Rund ein Dutzend dieser Inseln sind bewohnt.

Pflanzen und Tiere

Die Bretagne zählt weltweit zu den Gebieten mit dem höchsten **Tidenhub** und wird in dieser Hinsicht nur von Japan übertroffen. Der Unterschied zwischen Ebbe und Flut beträgt beim Mont St-Michel am Ärmelkanal 14 m, wobei das Meer bei Niedrigwasser bis zu 18 km zurückweicht. Am Atlantik beläuft sich die Differenz immerhin noch auf 6 m. Wind und salzhaltige Gischt führen dazu, dass sich an den Küsten kaum **Pflanzenwuchs** bildet. Auf nackten Klippen gedeiht allerdings die gemeine Grasnelke (Armeria maritima), die von Mai bis September rosaviolett blüht. Auf den Dünen und im angrenzenden Hinterland stehen Strandkiefern. Weiter im Landesinnern wird mit Monterey-Zypressen aufgeforstet. In der milderen Südbretagne wachsen die immergrüne Steineiche (Quercus ilex), der Erdbeerbaum (Arbutus unedo) und die Zistrose. In den Gärten stehen Hortensien und Rhododendren, aber sogar auch Mimosen, Agaven, Feigenbäume, Myrten, Oleander und Palmen.

Von dem einst fast flächendeckenden **Wald,** der legendenumwobenen Forêt de Brocéliande, ist erschreckend wenig geblieben: Mit lediglich 5%

Waldgebieten liegt die Bretagne unter den Werten aller anderen französischen Regionen. Gerodet wurde schon im Mittelalter für den Haus- und Schiffsbau, die Erzgewinnung und den Ackerbau. Um die Felder wurden als Windschutz und Abgrenzung der Parzellen Wälle gelegt und darauf Hecken und Bäume gepflanzt – es entstand damit die sogenannte Bocage-Landschaft. Im 20. Jh. wurde auch sie vielerorts gerodet, doch gibt es inzwischen Anstrengungen, dies wieder rückgängig zu machen.

Angesichts der Waldarmut sind an größeren **Säugetieren** höchstens Rehe, Hirsche und Wildschweine anzutreffen. Ansonsten gibt es Kleinsäuger, darunter vor allem Nagetiere. Auf der Insel Molène und den Sept-Îles leben Robben, während in den Flüssen Otter, Lachse, Aale und Forellen beheimatet sind.

Besonders artenreich ist die **Vogelwelt.** An Gewässern scharen sich Eisvogel, Gebirgsstelze, Grau- und Purpurreiher, in Heide und Bocage kommen Turmfalke, Schleiereule und Steinkauz vor. Möwen, Basstölpel, Austernfischer, Papageientaucher, Kormorane, Trottellummen und Eissturmvögel sind neben vielen anderen Arten am Meer zu entdecken.

Vom Aussterben bedroht sind **domestizierte Tiere** wie die schwarzbunte bretonische Kuh, die Graben-Ziege, das Léon-Rind, das Normannische Schwein und das Ouessant-Schaf.

Angespülter Seetang an der Küste

WIRTSCHAFT UND UMWELT

Landwirtschaft und Fischfang

Nach dem Ende des Zweiten Weltkriegs stand für ganz Frankreich das Urteil fest: Die Bretagne war das Armenhaus der Nation. Über 1 Mio. Menschen waren in den vergangenen 100 Jahren abgewandert, vor allem aus dem Hinterland, während die Küsten durch Fischerei und Tourismus leidlichen Zuwachs verzeichneten. Mit dem steigenden Unmut der bretonischen Bevölkerung wurden in den 1960er Jahren **staatliche Förderungsprogramme** vorangetrieben. Zur besseren Vermarktung der Agrarprodukte wurden Straßen gebaut, in den Hafenstädten entstanden Industrien, an der Rance wurde ein Gezeitenkraftwerk und in Brennilis ein Atomkraftwerk errichtet. Die allseits in Frankreich durchgeführte Dezentralisierungspolitik schließlich legte die Planung verstärkt in die Hand der Regionen, so dass stützende Maßnahmen besser auf die tatsächlichen Bedürfnisse abgestimmt werden konnten.

Das wirtschaftliche Gefälle zum Landesinnern blieb trotz allem bestehen, zumal die schlechten Böden dort auch keine nennenswerte Ausweitung der **Landwirtschaft** gestatteten. Viehweiden und Getreidefelder bestimmen das Bild, vielerorts gedeiht auch Futter (Kohl, Mais, Zuckerrüben) für Geflügel, Milchkühe, Schweine und Rinder. Dagegen entwickelte sich im Küstenhinterland mit dem ›Goldenen Gürtel‹ Frankreichs bedeutendste Region für den Gemüseanbau. Von hier kommen 87% der landesweit geernteten Artischocken, zudem Blumenkohl, Zwiebeln, Salat, Möhren und Kartoffeln, die teils zu Konserven verarbeitet, teils frisch verkauft werden, vor allem in den Großraum Paris. Insgesamt bietet die Landwirtschaft jedoch nur 14% der Arbeitsplätze in der Bretagne. Verschuldung, mangelnde Rentabilität und die Bedrohung durch die EU bilden immer größere Hürden, der die Region noch keine wirksamen Konzepte entgegenzusetzen hat.

An den Küsten stellen neben dem Fischfang auch **Austern-** und **Muschelzucht** sowie **Algenabbau** (s. S. 77 u. 103f.) bedeutende Erwerbszweige dar. Mengen- und wertmäßig stehen die bretonischen Fänge an oberster Stelle in Frankreich, doch verschlechtern Billigimporte, Überfischung, EU-Quoten und neue Aufteilung der Hoheitsgewässer zunehmend die Situation der **Fischerei,** in der nur noch Großunternehmer profitieren. An Land gebracht werden u.a. Seebarben, Rochen, Seebarsche, Goldbrassen, Makrelen, Sardinen, Krustentiere, Seezungen und Jakobsmuscheln. An Hochseefängen ist vor allem der Thunfisch zu nennen, für den eigens eine Flotte aus Concarneau zwischen Juni und Oktober vor Westafrika tätig wird. Die bretonische **Fischkonservenindustrie** hat landesweite Bedeutung, von hier stammen zwei Drittel der französischen Gesamtproduktion.

Nach Boulogne sind Lorient und Concarneau die wichtigsten **Häfen** Frankreichs, während über Brest ein Großteil des Frachtverkehrs nach Übersee abgewickelt wird. Aus der Bretagne stammt auch fast die Hälfte aller in Frankreich gebauten Schiffe, doch zeichnet sich in diesem Metier der Niedergang ab, der auch durch staatliche Maßnahmen nicht mehr aufzuhalten ist.

Industrie und Dienstleistungsgewerbe

Eisenhütten und Textilverarbeitung, die einst gut entwickelt waren, erlitten im Zuge der Industriellen Revolution ihren Einbruch. Da fast keine fossilen Energiequellen zur Verfügung standen, war man stets auf Importe angewiesen. Gezeiten- und Windenergie hätten der **Industrie** Impulse geben können, wurden und werden aber vom Staat nicht genügend gefördert. Noch heute sind nur 20% der Arbeitnehmer in der Industrie tätig. Nach einem kurzen Aufschwung war in den 1980er Jahren, als staatliche Investitionen gedrosselt wurden und die Unternehmer das Interesse verloren, ein erneuter Rückgang zu verzeichnen. Herausragende Industriezweige bilden heute Telekommunikation, Elektronik, Kosmetik, Nahrungsmittelverarbeitung, Auto- und Metallwerke, Holzverarbeitung, Kleidung, Düngemittel, Papier und Kunststoffe.

60% der bretonischen Arbeitnehmer sind heute im **Dienstleistungsgewerbe** tätig, vor allem im Tourismus, der kräftigen Zuwächse verbuchen kann. Die sauberen Strände sind ein zugkräftiges Argument für den Fremdenverkehr, auch wenn das Meer durch Industrieeinleitungen und Schifffahrt belastet wird und manches Tankerunglück zu Einbußen geführt hat.

Naturschutz und Umwelt im Web

Ökologen haben in der Bretagne stärkeren Rückhalt in Stadtverwaltung und Regionalregierung als andernorts in Frankreich und konnten die Bevölkerung leichter gegen drohende Umweltsünden, etwa den Bau eines Kernkraftwerks bei Plogoff, mobilisieren. Stets aktuelle Infos zu Umweltproblematiken in der Bretagne liefert das Internet. Hier einige Adressen (allerdings nur französische Texte):

www.eau-loire-bretagne.fr
Dokumentiert die Wasserqualität in der Bretagne, liefert aber auch umfangreiche weitere Materialien, die die Öffentlichkeit für bestehende Probleme sensibilisieren.

www.ciele.org
Das in Rennes ansässige Centre d'Information sur l'Energie et l'Environnement beschreibt vorrangig die Nutzung alternativer Energien.

www.tregor.net
Forum der Bewegung gegen die Zwischenlagerung von atomaren Brennstäben.

Lessites.service-public.fr/cgi-bin/annusite/annusite.fcgi: Allgemeine Umweltthemen.

GESCHICHTE IM ÜBERBLICK

Vor- und Frühgeschichte

Um 4600 v. Chr.	Erste Dolmen als Zeugnisse der Megalithkultur.
2000–500 v. Chr.	Kupfer- und Bronzezeit.
ab 600 v. Chr.	Kelten lassen sich in der Bretagne nieder (Redonen um Rennes, Namneten um Nantes, Veneter um Vannes, Osismier um Carhaix, Coriosoliten um St-Brieuc und Dinan). Mit ihnen beginnt die Eisenzeit.
um 120 v. Chr.	Die Veneter erlangen die Vorherrschaft über die anderen Keltenstämme.
56 v. Chr.	Julius Caesar schlägt die Veneter im Golf von Morbihan. Die keltischen Sprachen werden durch ein Vulgärlatein verdrängt, Druidenkulte verboten. Da das Interesse der Römer an der Bretagne gering bleibt, besteht die keltische Religion (Verehrung von Quellen, Brunnen, Wäldern, Fruchtbarkeitskulte) aber weiter. Sie hält sich noch bis in christliche Zeit.
260–310	Germaneneinfälle, die römische Herrschaft sinkt.

Auf dem Weg zum Herzogtum

5. Jh.	In Vannes wird ein Bistum gegründet.
ab 480	Kelten werden von Angeln und Sachsen aus England vertrieben. Sie lassen sich in der Bretagne nieder und erwecken dort keltische Sprache und Brauchtum zu neuem Leben. Ihre geistigen Führer sind Mönche und Priester, die Klöster, Pfarren und Bistümer nach britischem Vorbild organisieren. Die Einwanderungswellen reichen bis ins 7. Jh.
578	In Vannes siegt der Bretone Waroc'h I über die Franken.
um 600	In der Cornouaille entsteht das bretonische Königreich Gradlons.
799	Karl der Große unterwirft die Bretagne.
818	Morvan, König der Bretagne, verweigert Tributzahlungen an Louis I. Er wird besiegt, doch folgen weitere Aufstände. Um die Situation zu entschärfen, ernennt Louis den Fürsten Nominoë zum Herzog der Bretagne.
840	Nominoë verweigert Karl dem Kahlen die Anerkennung. 845 schlägt er die fränkischen Truppen bei Redon. Karl erkennt die Unabhängigkeit der Bretagne an.
843	Normannenüberfall auf Nantes.
851	Nominoës Sohn Erispoë schlägt die Franken bei Le Grand-Fougeray. Karl der Kahle erkennt Erispoë als König an und tritt ihm die Län-

der Rennes, Nantes und Retz ab. Der Vertrag von Angers sieht eine Vereinigung des Frankenreiches mit der Bretagne per Heirat vor.

857–874 Salaün (Salomon) ermordet Erispoë. Unter ihm Erweiterung des bretonischen Herrschaftsgebietes nach Osten.

ab 875 Normanneneinfälle an der bretonischen Nordküste.

933 Die Bretonen verlieren die Inseln Guernsey und Jersey an die Normannen.

937–939 Alan III Varvek verjagt die Normannen aus der Bretagne.

992–1148 Die Bretagne unter den Herzögen Geoffroy I, Alan III, Conan II, Hoël von Cornouaille, Alan IV, Conan III.

1156 Um den französischen Einfluss zu schwächen, knüpft Conan IV Bande zu England.

1166 Nach der Abdankung Conans IV verwaltet Englands König Henry II Plantagenet die Bretagne.

1213 Der Kapetinger Pierre de Dreux wird durch Heirat mit Conans Tochter Herzog der Bretagne. Er und seine Nachfolger widersetzen sich den Ansprüchen der französischen Krone.

Vom Erfolgekrieg zum Verlust der Unabhängigkeit

1341 Nach dem Tod des kinderlosen Yann III bricht der bretonische Erbfolgekrieg aus. Frankreich unterstützt den Neffen des Königs, Charles de Blois, England den Bruder des Verstorbenen, Yann de Montfort.

1364 Yann de Montfort, Sohn des vorherigen Yann, siegt bei Auray über die Franzosen unter Bertrand du Guesclin.

1365 Yann IV de Montfort wird als Herzog anerkannt, muss aber nach England fliehen. 1379 kehrt er zurück und vertreibt Du Guesclin.

1399–1457 Die Bretagne prosperiert unter den Herzögen Yann V, François I, Pierre II und Arzhur III.

1458–1488 François II versucht die Unabhängigkeit der Bretagne zu erhalten, doch kommt es zum Krieg gegen Frankreich. Am 28. Juli 1488 werden die Bretonen bei St-Aubin-du-Cormier geschlagen. Der Friedensvertrag sieht vor, dass François' Tochter Anne nicht ohne Einwilligung des Königs heiraten darf. Kurz darauf stirbt François. Anne wird Herzogin und heiratet 1490 ohne Zustimmung des Königs Maximilian von Habsburg.

1491 Charles VIII marschiert in die Bretagne ein und zwingt Anne zur Heirat.

1499 Nach Charles' Tod (1498) muss Anne de Bretagne den Nachfolger Louis XII heiraten.

1514 Tod Annes. Ihre Tochter Claude heiratet François I von Frankreich. Sie stirbt 1524.

1532	Die bretonischen Stände proklamieren in Vannes die Vereinigung mit Frankreich. Die Bretagne bleibt jedoch teilautonom.

Aufstieg und Fall unter französischer Herrschaft

1534	Jacques Cartier aus St-Malo entdeckt den St. Lorenz-Strom und damit Kanada.
1550–1650	Der aufblühende Tuchhandel leitet einen Wohlstand in der Bretagne ein.
1561	Rennes wird Sitz des bretonischen Parlaments.
1598	Das Edikt von Nantes beendet die seit 1562 anhaltenden Religionskämpfe zwischen Katholiken und Hugenotten.
1664	Staatsminister Colbert gründet die Ostindische Kompanie.
1675	Aufstand gegen das von Colbert eingeführte ›Stempelpapier‹, das die Privilegien von 1532 beendet.
1685	Nach der Aufhebung des Edikts von Nantes Massenflucht von Hugenotten. Die Aufgabe ihrer Textilindustrien führt zum wirtschaftlichen Niedergang.
1688	Die oft aufsässige Bretagne erhält einen königlichen Statthalter.
1711	Der Korsar René Duguay-Trouin aus St-Malo erobert Rio de Janeiro.
1764	Das bretonische Parlament gerät in Streit mit Louis XV.
1789	Am 14. Juli Ausbruch der Französischen Revolution. Rennes stellt sich zunächst auf die Seite der Revolutionäre. Als jedoch die Autonomie beschnitten und die Bretagne in Départements eingeteilt wird, schwinden die Sympathien.
1792–1799	Aufstände der Chouans.
1804	Napoléon krönt sich zum Kaiser. Sein Credo zur freien Religionsausübung sichert ihm zunächst Wohlwollen bei den Bretonen. Zwangsrekrutierungen und Steuern zur Finanzierung der Kriege lassen die Stimmung jedoch umschlagen.
1806	Die Kontinentalsperre gegen England schadet letztlich dem eigenen Land, vor allem auch der bretonischen Wirtschaft.
1840	Eröffnung des Kanals Nantes–Brest.
19. Jh.	Die Bretagne hat an der Industrialisierung des Landes keinen Anteil. Die Landwirtschaft kann den wachsenden Nahrungsbedarf der Bevölkerung nicht befriedigen. Es kommt zu Verarmung und Massenabwanderung.

Der Weg in die Moderne

1898	Die Union Régionaliste Bretonne fordert eine unabhängige Bretagne.
1911–1928	Gründung weiterer nationaler Parteien, u.a. der Parti Autonomiste Breton.
1914–1918	Unter den Opfern des Ersten Weltkriegs sind relativ viele Bretonen.

1921	Douarnenez wird Frankreichs erste kommunistisch regierte Stadt.
1927–1928	Die Bretonen Le Brix und Costes unternehmen den ersten Flug um die Welt.
1932–1939	Anschläge der Geheimorganisation Gwen-ha-du (›Weiß und Schwarz‹).
1940–1944	Deutsche Truppen besetzen die Bretagne. Sie unterstützen anfangs separatistische Tendenzen, bis sich die Bretonen der Widerstandsarmee de Gaulles anschließen.
1944–1945	Bei der Befreiung der Bretagne werden die Städte St-Malo, Brest, Lorient und St-Nazaire fast völlig zerstört.
1950	Wiederbelebung der nationalistischen Bewegung.
1951	Generalplan zur Beseitigung der wirtschaftlichen Rückständigkeit der Bretagne.
1960–1961	Artischocken-Krieg der Bauern im Finistère gegen marktbeherrschende Gemüsehändler. Die Bauern siegen und gründen eine Genossenschaft.
1964	Bildung der Wirtschaftsregion Bretagne. Das Département Loire-Atlantique mit der alten bretonischen Hauptstadt Nantes scheidet aus dem Verbund aus.
1966–1974	Attentate des linksradikalen FLB (Front de Libération de la Bretagne), u.a. in Rennes, St-Brieuc und Versailles.
1978	Die »Amoco Cadiz« strandet vor Portsall. Ölpest an der westbretonischen Küste.
1981	Der Plan für den Bau eines Atomkraftwerks auf der Pointe du Raz scheitert am Widerstand der Bürger.
1993	Bretonische Fischer rebellieren gegen Billigimporte und EG-Quoten.
1994	Brand des Parlaments in Rennes bei einer Demonstration unzufriedener Fischer.
2002	Wiederwahl des Gaullisten Jacques Chirac zum französischen Präsidenten.
2006	Bei den massiven Protesten gegen die Lockerung des Kündigungsschutzes für Berufsanfänger kommt es im Frühjahr auch in Rennes in Folge der Unruhen zu Festnahmen und Verletzungen.

DIE CHOUANS

Als am 14. Juli 1789 mit dem Sturm auf die Bastille die Französische Revolution ausbrach, jubelten auch viele Bretonen. Sie hofften unter anderem, dass den Regionen nun stärkere Autonomie gewährt würde, doch das Gegenteil war der Fall. Die Revolutionäre in Paris beargwöhnten den Regionalismus als möglichen Unruheherd und legten mit den Départements neue Verwaltungseinheiten an, um alte Machtzentren aufzubrechen. Für die unteren Schichten endete nun zwar die Abhängigkeit vom Adel, doch wurde kein Wohlstand auf breiter Ebene geschaffen. Der verhasste Bildersturm und die Rekrutierung der Bretonen für den Kriegsdienst ließen die Stimmung vor allem der Landbevölkerung weiter umschlagen. 1793 kam es zu ersten Aufständen bewaffneter Königstreuer gegen die Republikaner.

Die Rebellen verständigten sich untereinander mit dem imitierten Ruf des Käuzchens (*chouette*) und nannten sich deshalb Chouans. Begründer der Bewegung war der Marquis **Armand Tuffin de la Rouërie** (1751–1793), ein Abenteurer aus Fougères, der in Amerika im Unabhängigkeitskrieg gekämpft hatte. Vor Ausbruch seines geplanten Partisanenkrieges wurde er verraten und war fortan verfolgt. Den Chouans gelang es aber immerhin, die Grenzfesten Vitré und Fougères einzunehmen.

1795 war das Jahr einer zweiten Chouannerie. In England und Deutschland lebten etwa 100 000 ausgewanderte Royalisten, die sich einen Umsturz des republikanischen Regimes herbeiwünschten. Einem Aufruf zur Invasion folgten rund 10 000 Königstreue, die mit Schiffen aus England an der Küste der bretonischen Halbinsel Quiberon landeten. Sie fielen durch Verrat in die Hände der Republikaner und wurden aufgerieben. 952 gefangene Chouans wurden anschließend in Vannes exekutiert.

Als letzter Chouan wurde der 1771 in Auray geborene **Georges Cadoudal** zur Legende. Schon im Alter von 22 Jahren schloss sich der Bauernsohn der Widerstandsbewegung an und führte den Kampf im Morbihan fort, als die Rebellen in der benachbarten Vendée bereits geschlagen waren. Er wurde gefangen und in Brest inhaftiert, konnte jedoch entkommen. 1796 ergab er sich, nur um drei Jahre später erneut den Widerstand aufzunehmen. Zwar stand er zunächst auf der Seite Napoléon Bonapartes, als dieser die Erste Republik stürzte. Bonaparte bot Cadoudal gar den Generalsrang an. Doch letztlich zerschlugen sich die Hoffnungen des Rebellen, dass der Korse der Bretagne Selbstverwaltungsrechte einräumen würde. Am Heiligabend 1800 führte Cadoudal ein Attentat auf den »Ersten Konsul der Republik« durch, das jedoch misslang. Er entkam nach England und entwarf Pläne zur Entführung Napoléons. Cadoudal scheiterte abermals, wurde festgenommen und 1804 hingerichtet. Sein Leichnam stand Medizinstudenten zum Sezieren frei. Die letzten Überreste des Widerstandskämpfers wurden schließlich in einem Mausoleum auf dem Hügel Kerléano bei Auray beigesetzt.

Kultur und Leben

In der Rue Kéréon, Quimper

BRETONISCHE LEBENSART

Feste und Traditionen

Naiver Volksglaube vermenschlicht das Göttliche. So nimmt es nicht Wunder, dass die Bretonen z. B. gern zur Peitsche griffen, um eine Statue dafür zu strafen, dass der dargestellte Heilige partout nicht auf Bitten hören wollte. Zu prügeln oder auch zu danken gab es reichlich. Immerhin soll es in der Bretagne 7777 **Ortsheilige** geben, mehr als in allen anderen französischen Regionen. Die einen sind für Bauchschmerzen, die anderen für Kopfweh oder Kinderwunsch zuständig. Die wenigsten wurden jemals in Rom heilig gesprochen, weit größer ist die Zahl derer, die gerade mal in ihrem Dorf Furore machen.

Einer der populärsten Heiligen der Bretagne ist **St-Ivo,** Rächer des Unrechts und Tröster der Armen. 1253 auf Schloss Kermartin in Minihy-Tréguier geboren, studierte der mit bürgerlichem Namen Yves Hélori genannte Wohltäter Rechtswissenschaften in Paris, um nach 13 Jahren in die Bretagne zurückzukehren. Dort wurde er im Bistum Tréguier Priester, Richter und Anwalt (meist der Armen), der für seine weisen Schiedssprüche bekannt war. Yves starb 1303 und wurde 1347 in Rom heilig gesprochen.

Seine Grabstätte ist – wie viele andere – Ziel eines **Pardons,** wie man in der Bretagne die Wallfahrten nennt. Kraftspiele und andere Wettbewerbe, die früher bei diesen Festlichkeiten aufgeführt wurden, sind Indiz für vorchristliche Riten, die in das katholische Brauchtum eingeflossen waren. An einem Pardon nahm man teil, um ein Gelübde zu erfüllen, um Vergebung der Sünden zu bitten oder dem verehrten Heiligen einen Wunsch vorzutragen.

Bis ins 16. Jh. war es Brauch, mindestens einmal im Leben an der **Tro-Breiz** teilzunehmen, der großen Wallfahrt zu den sieben Kathedralen. In 30 Tagen wurden 550 km zu den sieben ältesten Bischofsstädten St-Brieuc, St-Malo, Dol-de-Bretagne, Vannes, Quimper, St-Pol-de-Léon und Tréguier zurückgelegt. In diesen Orten wirkten zwischen 450 und 640 die Heiligen Gründerväter, die der Bretagne das Christentum brachten. Die Tro-Breiz hatte so große Bedeutung, dass sie notfalls auch nach dem Tod im Sarg absolviert wurde. Dabei gelangte der Verstorbene alle sieben Jahre, nach anderer Auslegung pro Tag um eine Sarglänge näher an sein Ziel. Der uralte Brauch wurde in unseren Tagen neu belebt, so dass es durchaus wieder Wallfahrer zur Tro-Breiz zieht (Infos: Les chemins du Tro-Breiz, 12, rue Cadiou,

Bretonische Musik im Netz

Eine sehr gute Internetseite mit Hinweisen zu aktuellen Veranstaltungen, neuen Trends und vielen Links ist unter der Adresse **www.triskell.de** abrufbar.

Pardon in Roscoff

29250 St-Pol-de-Léon, Tel. 02 98 69 11 80).

Überhaupt nimmt heute wieder eine erstaunlich große Zahl Gläubiger an den Pardons teil. Bei dieser Gelegenheit werden auch die alten **Trachten** getragen, die ansonsten aus dem Straßenbild verschwunden sind. Die Frauen hüllen sich in schwarze Kleider mit bestickten Schürzen und Samtbändern und setzen weiße Hauben auf. Die Männer tragen schwarze Anzüge und breitrandige Hüte. Im 16. Jh., einer Zeit des Wohlstands durch den Tuchhandel, war in den Dörfern ein regelrechter Wettstreit um die kostbarsten Trachten entbrannt, so dass man von Region zu Region unterschiedliche Spielarten vorfindet.

Gegen Ende des 19. Jh., als die Bretagne bereits zum Armenhaus herabgesunken war, griffen Künstler die malerischen Trachten und Feste als Motiv ihrer Bilder auf und machten sie damit über die Grenzen Frankreichs hinaus bekannt. Diese Popularität führte umgekehrt zu einer Neubelebung des Brauchtums, aus dem die Bewegung des **Celtisme** (Keltismus) Anstöße bezog. Kulturelle Eigenständigkeit, geknüpft an Sprache, Tanz, Musik und Kirchenfeste, blieb bis heute ein hoher Wert. Dass die zugrunde liegende Religiosität Beimischungen eines unorthodoxen Glaubens aufweist, ist dabei nur Ausdruck der starken keltischen, mithin autonomen Wurzeln.

Musik und Tanz

Vom Celtisme getragen, lebten nach dem Zweiten Weltkrieg auch Musik und Tanz der Bretagne wieder auf. Es formierten sich Bands (Bagads), die mit bretonischen Instrumenten auftraten: Biniou (Dudelsack), Bombarde (Klarinette) und Tambour (Trommel). Die keltische Harfe, nach historischen Beschreibungen rekonstruiert, wurde durch den 1944 geborenen Musiker Alan Stivell auch über die Grenzen Frankreichs hinaus bekannt. Weitere bedeutende Tonkünstler, die mit **keltischer Musik** experimentieren, sind u.a. Tri Yann, Gilles Servat, Clam's, Denez Prigent oder Am Naoned. Sie sind gern gesehene Gäste etwa des Festivals der Cornouaille in Quimper, des Dudelsackfestivals in Brest und des Interkeltischen Festivals in Lorient. Daneben gibt es kleinere Feste, bei denen man Bekanntschaft mit bretonischer Musik schließen kann. So wurden in den 1960er Jahren die **Festoù-noz** wieder modern, nächtliche Feiern mit keltischer Musik, Ess- und Trinkgelagen.

Ebenfalls in dieser Zeit lebte der **Kann ha Diskan** auf, ein Sprechgesang von zwei oder mehr Männern, die mit Variationen um ein Grundthema zum Tanz einladen. Populär sind daneben der Hochzeitstanz Jabadao, der von Frauen auf Märkten getanzte Reigen Sabotée oder der Piller-Lann aus dem Léon. Letzterer war einer der wenigen **Tänze,** die vom Klerus geduldet wurden, da männliche und weibliche Tänzer einander nicht berühren.

Bretonische Begriffe

alt	**koz'h**
auf Wiedersehen	**kenavo**
bitte	**mar plij**
Boot	**bag**
Brot	**bara**
danke	**trugarez**
Feuer	**tan**
groß	**bras**
gut	**mat**
guten Tag	**mont a ra mat**
Haus	**ti**
heiß	**tomm**
hübsch	**koant**
ja	**ya**
Jahr	**bloaz**
jung	**yaouank**
kalt	**yen**
Kind	**bugel**
Land	**bro**
Land	**douar**
lang	**hir**
Meer	**mor**
Mutter	**mamm**
Nacht	**noz**
nein	**nann**
noch	**adarre**
schwarz	**du**
Sohn	**mab**
Sonne	**heol**
Stadt	**ker**
Stein	**men**
Tag	**deiz**
Tochter	**mec'h**
Vater	**tad**
viel	**kalz**
Wasser	**dour**
weiß	**gwenn**

(gesprochen wie geschrieben, Betonung auf der vorletzten Silbe)

KUNST UND KULTUR

Die Megalithkultur

Um 8000 v. Chr. war nach den Küsten auch das bretonische Inland vom Eis der letzten Glazialzeit befreit. Aus dieser Ära stammen Funde des Mesolithikum, als die Menschen sesshaft wurden und – um 7000 v. Chr. – Frühformen eines Bestattungskultes entwickelten. Etwa 1500 Jahre später war fast die gesamte Bretagne, zuvor eine Tundra, mit Wald bedeckt. Der Boden besaß jetzt genügend Fruchtbarkeit für den Ackerbau, mit dem die Jungsteinzeit begann. Um 4600 v. Chr. und damit früher als auf Malta entstanden in der Bretagne die ersten Steinsetzungen – die Megalithkultur ist demnach kein Import vom Mittelmeer, womit die älteren Deutungsversuche ihrer Symbolik ungültig sind.

Megalithe, von Menschenhand gesetzte ›große Steine‹, sind aus dem gesamten Gebiet zwischen Zweistromland und Westeuropa bekannt. Der Kult um diese Male wurde offenbar nicht von einem Volk verbreitet, sondern es waren mehrere Völker nebeneinander von der gleichen Idee beseelt. Die Kultur bestand bis zum Beginn der Metallzeit um 2000 v. Chr. Der heutige Brauch, Grabsteine zu setzen, deutet indes darauf hin, dass einige Glaubensvorstellungen der Megalithkultur lange nachlebten.

Die neolithischen Großbauten warfen viele Fragen auf, u.a. rätselte man, wie die schweren Steine transportiert und aufgerichtet wurden. Anfangs ging man davon aus, dass enorm viele Menschenhände bei dem gigantischen Werk mithalfen. Heute weiß man aber, dass sich die Einwohnerzahl der Bretagne in der Jungsteinzeit auf lediglich etwa 25 000–30 000 belief, während es um 2000 v. Chr. maximal 150 000 waren. Bei empirischen Forschungen konnte man schließlich nachweisen, dass der Steintransport durchaus mit einer relativ kleinen Mannschaft zu bewältigen war. Selbst der mit 20 m größte und mit 350 t schwerste Menhir der Bretagne, der heute zerbrochen auf dem Boden liegende Men-er-Hroëc'h bei Locmariaquer, konnte so bewegt werden.

Auch über den Verwendungszweck der Megalithe wurde und wird gerätselt. Umstritten ist die Theorie, dass die Steine Teil von Observatorien waren. Bei **Menhiren** (*men* = Stein, *hir* = lang), die oft an Hängen, Wasserstellen oder Zusammenflüssen aufgestellt wurden, handelt es sich möglicherweise um einfache Landmarken oder Gedenksteine, um die sich anscheinend auch Fruchtbarkeitsriten rankten. Sie sind aus unterschiedlichen Gesteinsarten gefertigt und zu unterschiedlichen Formen gehauen und wurden einzeln oder in Gruppen gesetzt. So gibt es *alignements* (geradlinige Steinalleen), *lignes* (eine oder zwei Steinreihen), *cromlechs* (Kreise oder Halbkreise) oder *quadrilatères* (Vierecke). Die Bedeutung dieser Gruppierungen ist unklar, eventuell dienten sie den Menschen der Jungsteinzeit als Kalender.

Cairn von Barnenez

Im Unterschied zum Menhir ist der **Lech** ein Zeugnis der Hallstatt- und La-Thène-Zeit (500 v. Chr. – Einmarsch der Römer), er ist zumeist kleiner und ebenmäßig bearbeitet, wobei seine Erbauer, die verschiedenen Keltenstämme, unterschiedliche Formen entwickelten.

Dolmen (›Tischsteine‹) schließlich sind Grabmonumente. Gegenüber dem Mesolithikum waren in der frühen Jungsteinzeit neue Bestattungsformen entwickelt worden. Die Leichen wurden unter ovalen oder rechteckigen Erdaufschüttungen beigesetzt, die eine Höhe von 1–2 m, eine Länge von 50–100 m und eine Breite von 15–35 m besaßen. Außen waren die Hügel von senkrecht gestellten Steinen gefestigt, innen befanden sich mehrere Steinkisten als Gräber, die durch eine Überdeckung für immer abgeschlossen wurden. Dolmen stellen eine Fortentwicklung des Typs dar. Hier stützen aufrecht stehende Steine einen großen Deckstein. Manchmal gewährt ein Gang Zutritt zu einem so gebildeten Grab- oder Kultraum (deshalb ›Ganggrab‹), über dem sich einst ein Erdhügel befand. Bei einem Langgrab *(allée couverte)* handelt es sich um einen langgestreckten unterirdischen Raum mit parallel gestellten Trag- und darüber Decksteinen. Die Dolmen der Bretagne zeichnen sich dadurch aus, dass sie besonders zahlreich, groß und vor allem vielgestaltig sind.

Die **Kulte** um die prähistorischen Steine haben die Ära ihrer Errichtung noch lange überdauert. Bei den Konzilen von Tours (567), Nantes (658) und Toledo (681/2) wurden ›Steinkulte‹ verboten. 789 gab Karl der Große Befehl zur Zerstörung der Steinmale, doch sind in der Bretagne heidnische Kulte um diese Stätten noch aus dem 16. Jh. bezeugt. Da Landwirtschaft hier nicht so intensiv betrieben wurde, haben sich besonders viele Megalithe erhalten. Etliche wurden absichtlich zerstört, um Baumaterial zu gewinnen oder den Anweisungen der christlichen Missionare Folge zu leisten. Vielfach sind auch christliche Symbole angebracht, die den uralten Zauber brechen sollten. Daneben existieren aber auch prähistorische Gravierungen, deren Deutung bislang nicht zufriedenstellend gelöst ist.

Architektur

In ihrem Streben nach Weltmacht drangen die **Römer** auch bis in die Bretagne vor, doch hinterließen sie dort keine bedeutenden Monumente. Fundamente von Villen wurden um Carnac ausgegraben, während unter dem Friedhof von Locmariaquer Reste eines römischen Theaters zutage kamen. Der geringe Bestand an Baudenkmälern bezeugt, dass die Invasoren nur wenig Interesse an dieser entlegenen Region hatten, doch auch von den Kelten sind nur Kleinfunde bekannt.

Erst nachdem 937 die Normannen vertrieben waren und damit ruhigere Zeiten einkehrten, lebte die Baukunst auf. In den zu Kriegszeiten zerstörten Diözesen entstanden erste Kirchen im neuen Stil der **Romanik**. Die künstlerischen Vorbilder stammten von der Loire, aus dem Poitou und der Auvergne. Kapitelle wurden nach Mustern gefertigt, die aus dem Anjou und der Saintonge herbeigeholt wurden. Die Plastik ist bei weitem nicht so vielfältig wie etwa im Languedoc, statt Figuren herrscht Ornamentik vor. Hier sind zahlreiche keltische Traditionen zu erkennen, in denen noch die späte Megalithkultur anklingt.

Ein besonders eindrucksvolles romanisches Kirchenschiff mit Tonnengewölbe und fünf Jochen aus dem 12. Jh. besitzt Fouesnant, während sich die imposante Kirche in Loctudy in besserem Zustand erhalten hat. Insgesamt aber waren das 11. und 12. Jh. vom wirtschaftlichen Notstand geprägt, so dass in dieser Zeit nur wenige und zumeist kleine Kirchen gebaut wurden. Die Mehrzahl von ihnen ist längst zerstört bzw. in neuem Stil umgewandelt.

Das Zeitalter der **Gotik** hingegen war geprägt vom Reichtum durch Leinenproduktion und Handelsschifffahrt. Geschnitzte Heiligenfiguren und Bibellegenden an den Bürgerhäusern in Dinan, Morlaix, Vitré oder Lamballe wie auch manche trutzige Festung bezeugen den Wohlstand. Die Kirchen lassen den Einfluss der Normandie (Maßwerkformen, Emporen, breite Spitzbogenfenster mit Platz für Fensterrosetten), Englands (polygonale Pfeiler, Kapitellformen) und des Loiretals, aber auch der Île-de-France erkennen. Selbst der ferne Westen erblühte durch den Seehandel und brachte schöne Beispiele der Sakralbaukunst hervor (Locronan, Quimper, Le Faouët).

Ab 1400, als sich andernorts bereits die Renaissance ankündigte, entwickelte die bretonische **Hoch- und Spätgotik** mehr Eigenständigkeit durch volkstümliche Zutaten. Üblich war ein rechteckiger oder T-förmiger Grundriss der Kirchen. Niedrige Gewölbe, allgemeine Grobheit und

Schmuckarmut lassen sich weitgehend auf die Gegebenheiten des harten Granit zurückführen. Statt steinerner Gewölbe wurden oft Holzdecken konstruiert, den Übergang zur Wand bildeten beschnitzte und bemalte Balken. Überhaupt dominiert die Holzplastik, die ungewöhnlich schöne Beispiele hervorgebracht hat.

Trat ursprünglich das Licht nur durch den Chorraum ein, so wurden ab dem 16. Jh. hohe Fenster in die Seitenschiffe gesetzt. Der Turm, fast immer über quadratischem Grundriss, diente zugleich als Wachtturm. Besonders hohe Türme sind vor allem aus dem Léon bekannt, wo die Chapelle du Kreisker in St-Pol-de-Léon den mit 77 m höchsten Turm der Bretagne besitzt. Eine Vorhalle, mit Apostelfiguren geschmückt, wurde an die Südseite der Kirchen gesetzt, hier traf sich auf Steinbänken die Prominenz der Stadt, um über wichtige Entscheidungen zu beraten.

Das Jahr 1532, als die Bretagne politisch an Frankreich angeschlossen wurde, brachte der Kunst großen Aufschwung angesichts zunehmenden Wohlstands. Ausdruck davon sind insbesondere die **Enclos paroissiaux** im Westen der Bretagne, der durch den Tuchhandel aufblühte (s. S. 141). Beachtliche Werke der Sakralkunst im 17. Jh. sind die barocken Altarretabel. Zur selben Zeit gestaltete Baumeister Vauban die mittelalterlichen Festungen der Bretagne nach den neuen Bedürfnissen der Verteidigungsstrategie um und legte damit bedeutende Beispiele der Profanarchitektur vor.

Mit dem großen Brand in Rennes 1720 ergab sich noch einmal Anlass für

Enclos paroissial in St-Thégonnec

eine herausragende Architekturleistung. Ab 1724 wurde die Stadt unter Jacques Gabriel im **klassizistischen Stil** neu aufgebaut. Arkaden säumen die im Schachbrettmuster angelegten Straßen, die Fassaden sind nüchtern elegant, gelegentlich wurde Fachwerk als bretonisches Element einbezogen. Aus der Zeit der **Industrialisierung** sind wenige Zeugnisse von Rang zu nennen. Bedeutung hatte der Bau der Eisenbahn von Rennes nach Brest und von Nantes nach Morlaix, wo der riesige Viadukt ein beliebtes Motiv für fotografierende Reisende darstellt. Als nicht minder fotogen erweisen sich die Leuchttürme und Strandvillen der **Belle Époque.** Eine Herausforderung an die **Moderne** stellte sich mit dem Wiederaufbau der zerbombten Städte Brest und Lorient, der aber nur mit bescheidenen Erfolgen bewältigt wurde.

Literatur und Malerei

Die keltischen Lehren waren Geheimwissen, deshalb hatten die Druiden verboten, Riten und Lieder schriftlich aufzuzeichnen. Über Jahrhunderte wurde diese Tradition befolgt, und so sind aus der Bretagne zunächst nur wenige Literaturfragmente bekannt, darunter **frühmittelalterliche Schriftstücke** aus den Klöstern in lateinischer Sprache, die sich der Kirchengeschichte oder dem Heiligenleben widmeten. Epische Stoffe sind nur zum Teil überliefert. Gottfried von Straßburg schrieb »Tristan und Isolde« nach einer Version des Thomas de Bretagne. Über ganz Europa verbreitet ist die bretonische Artussage, die sich in Versionen des Engländers Geoffroy de Montfort (um 1135) und des Franzosen Chrétien de Troyes (um 1165) erhalten hat. Zudem sind bretonische **Märchen, Sagen und Mythen** bekannt, deren Nachwirken auch heutige Leser begeistert, man denke nur an die »Nebel von Avalon«. Feen, Zwerge, Zauberer, Dämonen und Zwitterwesen leben in diesen Literaturzeugnissen, die vom Glauben an das Übersinnliche und Unheimliche beherrscht sind.

Eine herausragende Figur des Mittelalters war der Philosoph **Pierre Abélard** (1079–1142), der neben theoretischen Schriften einen Briefwechsel mit seiner Geliebten Heloïse hinterlassen hat. Diese »Epistulae« liegen auch in deutscher Sprache vor. Nach Abélard sind an bedeutenden Literaten einige Geschichtsschreiber des 15. bis 17. Jh. zu nennen, unter ihnen die Benediktiner Dom Lobineau aus Rennes und Dom Morice aus Quimperlé.

Aus Sarzeau auf der Halbinsel Rhuys stammt **Alain-René Lesage** (1668–1747), ein Schüler Molières, der als Begründer des französischen Schelmenromans gilt. Bekannt wurde er vor allem durch Komödien für Jahrmarktsbühnen, bei denen er sich als scharfer Beobachter französischer Traditionen und Charaktere erwies. Ebenso aufmerksam betrachtete Lesages Zeitgenössin **Madame de Sévigné** (1626–1696) das Leben der Bretonen, über das sie in ihren Briefen an die Tochter schrieb (s. S. 65).

Der wohl bedeutendste Repräsentant der bretonischen Literatur aber ist – neben Jules Verne aus Nantes – der

Frühromantiker **François-René de Chateaubriand** (1768–1848), der zu seiner Zeit auch als Politiker hohen Rang erlangte (s. S. 65). In der Bretagne geboren, jedoch längst von den südlicheren Gefilden um Rochefort vereinnahmt ist Julien Vinaud (1850–1923), besser bekannt als **Pierre Loti.** Der Autor von Abenteuerromanen schrieb u.a. »Die Islandfischer« (1886) über die Kabeljaufänger von Paimpol.

Zunächst Maler, dann Literat war **Max Jacob,** der 1876 in Quimper geboren wurde und 1944 in einem KZ der Deutschen starb. Der Surrealist hinterließ Gedichte, Romane, Gebete und Dramen, deren Schauplatz oft die Kais des Odet sind. Ebenso stark von der bretonischen Heimat inspiriert ist **Henri Queffélec** (1910–1992). Für seinen Roman »Ein Königreich unter dem Meer« erhielt er 1958 den Preis der Académie Française.

Lange Zeit blieb die französische Sprache das Ausdrucksmittel der Schriftsteller, doch ab den 1920er Jahren erlebte mit dem Aufkeimen des Regionalismus auch die bretonische Literatur eine Renaissance. Als berühmtester zeitgenössischer Literat, der sich für den Erhalt des Bretonischen einsetzte, ist **Pierre-Jakez Héliaz** (1915– 1995) zu nennen. Er verfasste über 70 Bücher, darunter den Bestsellerroman »Le cheval d'orgueil« (1974, ›Das Pferd des Stolzes‹), die Geschichte eines bretonischen Bauern, die mit den Bräuchen des Bigoudenlandes vertraut macht. Der Roman, in 18 Sprachen übersetzt, wurde 1980 von Claude Chabrol unter dem Titel »Traumpferd« verfilmt.

Literaten und **Maler** zählten im 19. Jh. zu den ersten Bewunderern der Bretagne und ihrer Natur. Licht, Landschaft und Himmel wurden Motive für Gustave Courbet, Camille Corot und Jean-François Millet. Auf der Belle-Île malte Claude Monet, in St-Malo Paula Modersohn-Becker, in St-Briac Paul Signac. Manche Orte entwickelten sich zu regelrechten Künstlertreffpunkten, darunter Cancale, Douarnenez und vor allem – seit 1865 – Pont-Aven, das durch den Aufenthalt Paul Gauguins weltberühmt wurde (s. S. 176). Nach diesem kurzen Aufflackern setzte allerdings der Niedergang der Kunstszene ein. Zwischen den Weltkriegen waren Plastik und Malerei weitgehend der Volkskunst verhaftet, wenngleich die Bretagne bald auch wieder Reiseziel von Künstlern wie Picasso, Chagall und Max Ernst wurde. Unter den Einheimischen sind kaum herausragende Namen zu nennen, Beachtung verdient allenfalls Mathurin Méheut (s. S. 95).

Ein Literat aus Brest

1922 wurde in Brest **Alain Robbe-Grillet** geboren, dessen Werke vor allem in den 1960er und 1970er Jahren auch in Deutschland viel gelesen wurden. Der Schriftsteller gilt als bedeutendster Vertreter des Nouveau Roman. Wichtige Bücher sind »Dans le labyrinthe« und »La jalousie«, die als Stilmittel die Variation eines immer gleichen Bildes zur Aufhebung der Zeit aufnehmen.

DIE BRETONISCHE SPRACHE

Breiz'h nennt sich das Bretonische in seiner Heimat, und mit diesem sonderbaren Wort beginnen für viele schon die Berührungsschwierigkeiten. Mit dem Apostroph hat es eine einfache Bewandtnis: Das Neubretonische zerfällt in vier Dialekte, Trégorrois und Léonard im Nordwesten, Cornouaillais im Südwesten und Vannetais in der Gegend um Vannes. In letzterem Sprachraum spricht man statt des ›z‹ der drei anderen Dialekte ein ›h‹; das ›z'h‹ wird also dem gesamtbretonischen Usus gerecht.

Das Bretonische gehört zur keltischen Sprachfamilie und hat sich, neben dem Walisischen und Gälischen, relativ unverfälscht erhalten. Man unterscheidet zwischen Altbretonischem (800–1100), Mittelbretonischem (1100–1650) und Neubretonischem (seit 1700). Sprachgeschichtlich markiert das 12. Jh. einen bedeutenden Einschnitt, denn damals übernahm die bretonische Oberschicht das Französische. Bretonisch, seither die Sprache des einfachen Volkes, wurde während der Französischen Revolution verboten und nahm damit seinen Kampf ums Überleben auf. Zwar erschien 1807 eine erste bretonische Grammatik und 1821 ein Wörterbuch, doch bedeutete die Einführung der allgemeinen Schulpflicht Ende des 19. Jh. einen weiteren Einbruch. Bretonisch war nicht als Unterrichtssprache zugelassen und durfte z. B. nicht einmal auf dem Schulhof gesprochen werden. In einem Erlass des Präfekten vom Département Finistère heißt es 1831: »Der bretonische Dialekt, barbarisches Überbleibsel einer vergangenen Zeit, ist auszurotten. Fördern Sie mit allen zur Verfügung stehenden Mitteln die Verarmung und Korruption der bretonischen Sprache, bis man sich von einer Gemeinde zur anderen nicht mehr verständigen kann.«

Eine aktive Bewegung zur Förderung der heimischen Sprache setzte im frühen 20. Jh. ein. 1951 wurden in ganz Frankreich die Regionalsprachen anerkannt, 1965 wurde das Bretonische bei Abiturprüfungen zugelassen. Der 1977 gegründete Verein Diwan (›Keim‹) eröffnete schließlich private Vorschulen, in denen nur Bretonisch gesprochen wird, während es an herkömmlichen Schulen als Wahlfach zur Verfügung steht. Zweisprachige Straßenschilder wurden 1985 aufgestellt. Drei Jahre später wurde auf Betreiben von Diwan in Le Relecq-Kerhuon eine staatlich anerkannte bretonisch-französische Mittelschule errichtet, an der 1997 die ersten Schüler das Abitur ablegten.

Heute zieht sich eine Sprachgrenze von St-Brieuc nach Vannes. Westlich davon, in der Nieder-Bretagne, ist mitunter noch das Bretonische zu hören, während im Osten, der Hoch-Bretagne, ein französischer Dialekt gesprochen wird. Man geht davon aus, dass mindestens 600 000 Menschen Bretonisch zumindest verstehen, wenn nicht sprechen. Mehrere Verlage geben Zeitschriften und Bücher heraus – 20 % der Publikationen in der Bretagne erscheinen in bretonischer Sprache. Fernsehen (F.R.3) und Rundfunkanstalten (R.F.B.O, Radio-Armorique und verschieden freie Sender) bieten zweisprachige Programme an.

ESSEN UND TRINKEN

Wo isst man was und wann?

Vom französischen **Frühstück,** wohl jeder Feriengast weiß es, ist nicht viel zu erwarten: ein paar Stücke Baguette, ein Croissant, Konfitüre, Kaffee. Deftig daran ist einzig der Preis, mit 5 € muss man mindestens rechnen. Da lohnt es, das Hotel zu verlassen und sich in der nächsten Bäckerei ein paar Köstlichkeiten zu kaufen, um sie zu einem Kaffee in einer Bar zu verzehren. Die meisten Wirte haben nichts dagegen, wenn der Gast seine Knabbereien mitbringt, sofern das Lokal kein Frühstück anbietet.

Dem faden Frühstück folgt dann mit dem *déjeuner* ein erster Hochgenuss. Gereicht wird es zur **Mittagszeit** zwischen 12 und 14 Uhr, wenn die Städte geradezu aussterben, weil ein jeder sich zum ausgiebigen Mahl zu Tisch begibt. Nicht wenige Bretonen suchen dazu ein Restaurant auf, dort gibt es häufig ein preiswertes Menü (ab ca. 8 €) mit Salat oder Suppe, Hauptgericht und Dessert. Für Kinder wird in der Regel ein *menu enfant* zum halben Preis angeboten. Kleine Speisen wie *steak haché frites* (Hacksteak mit Pommes frites) oder *moules frites* (Miesmuscheln mit Pommes frites) und ein Tagesgericht (*plat du jour*) sind in Cafés, Bars und Brasserien erhältlich. Dort gibt es mitunter auch nach 14 Uhr noch eine Zwischenmahlzeit.

Kulinarischer Höhepunkt ist dann das **Abendessen,** das ab ca. 19.30 Uhr serviert wird. In der Saison sollte man einen Tisch reservieren, außerhalb der Hauptreisezeit wird man jedoch keine Schwierigkeiten haben, einen Platz zu bekommen. Den Tisch wählt man nicht selbst aus, sondern wartet, bis der Kellner ihn zuweist. Nur selten wird noch *à la carte* bestellt, beliebter sind die durchweg günstigeren Menüs mit Vorspeise, Hauptgericht und süßem Nachtisch oder Käse. Getränke und Kaffee sind nur bei teuren Menüs im Preis inbegriffen, Brot und Wasser werden dagegen in beliebiger Menge kostenlos gereicht.

Das Diner ist eine wahre Zeremonie und kann durchaus zwei Stunden dauern. Weniger feierlich geht es zumeist in Pizzerien und Crêperien zu. Letztere offerieren ebenfalls Menüs mit herzhaften und süßen Pfannkuchen. Handfestere Speisen gibt es in den Ferme-Auberges, Bauernhöfen oder Landgaststätten, die landwirtschaftliche Erzeugnisse und lokale Spezialitäten anbieten.

Wirklich preiswert ist das Essen in Frankreich nicht, doch in der Regel entschädigt dafür die gute Qualität. Obwohl der Service auf der Rechnung ausgewiesen ist, zahlt man üblicherweise zusätzlich ein **Trinkgeld** in Höhe von 5–10 %.

Wer außerhalb der Saison reist, muss damit rechnen, dass in den Ferienorten manche Restaurants geschlossen sind. Überdies wird am Sonntag oder Montag oft ein **Ruhetag** eingelegt.

Bretonische Spezialitäten

Die bretonische Küche ist nicht gar so raffiniert wie die französische, garantiert aber gute Qualität und Frische und ist sehr sättigend. Zur leichteren Kost zählen Fisch (*poisson*), Muscheln (*coquillages*) und Krustentiere (*crustacés*). Besonders beliebte **Meeresfrüchte** sind Krabben (*crabes*), Garnelen (*crevettes*), Langusten (*langoustes*), kleine und große Taschenkrebse (*étrille bzw. tourteau*), Miesmuscheln (*moules*), Jakobsmuscheln (*coquilles St-Jacques*) und Austern (*huîtres*). Letztere bestellt man im Dutzend und verzehrt sie roh mit Zitronensaft oder Vinaigrette, aber auch gratiniert oder überbacken. Hummer (*homard*) wird gern *à l'armoricaine* mit scharfer Tomaten-Wein-Sauce zubereitet.

Aus den Hafenstädten kommen zahlreiche erlesene **Fischgerichte.** Brest etwa ist bekannt für *daurade aux crevettes et échalotes* (Goldbrasse mit Crevetten und Schalotten) oder *morue au poireau* (Stockfisch mit Porree). Aus Concarneau stammt *thon au riz, carottes et vin blanc* (Thunfisch mit Reis, Karotten und Weißwein), aus Douarnenez *soupe aux sardines et à l'oseille* (Sardinensuppe mit Sauerampfer) und aus St-Nazaire die *cotriade* (Fischsuppe mit Brot). Weitere empfehlenswerte Fischspezialitäten sind *harengs grillés à la moutarde* (gegrillte Heringe in Senf), *loup de mer au fenouil* (Wolfsbarsch auf Fenchel), *maquereau au cidre* (Makrelen in Apfelwein) und *raie au câpres* (Rochen in Kapernsauce).

Die **Fleischspeisen** lassen deutlich die bäuerlichen Wurzeln der bretonischen Küche erkennen. *Andouillettes*

Moules et frites – Miesmuscheln und Pommes frites – eine beliebte Kombination

CRÊPE UND CIDRE

War in einem Haus jemand gestorben, stellte man Milch und **Crêpes** in die Küche, damit der Tote, so er denn Heimweh hatte, Labsal fand. Selbst in der bretonischen Variante des Märchens von Satans drei goldenen Haaren vertilgt der Teufel die dünnen Pfannkuchen, die längst ihren Siegeszug über Europa angetreten haben.

Der Teig für die süßen Crêpes wird aus Weizenmehl, Milch, Wasser, Eiern, Zucker und Vanille hergestellt und auf dem heißen Blech knusprig (*krampouez*) ausgebacken. Weizenmehl war einst rar und teuer, deshalb existiert eine ältere Variante aus Buchweizenmehl, die weich und dünn gebackenen **Galettes,** die vor der Entdeckung der Kartoffel das tägliche Brot darstellten. Galettes werden nicht süß, sondern herzhaft belegt, früher zumeist mit Resten vom Vortag. Die einfachsten Varianten werden mit Eiern, Käse oder Schinken gereicht; die *complète* mit allen drei Zutaten. Daneben existiert inzwischen eine Vielzahl raffinierter Galettes, die sich von Restaurant zu Restaurant deutlich in Qualität und optischer Aufbereitung unterscheiden. Üblicherweise offerieren die Crêperien auch eine Menüfolge aus zwei Galettes und einer Crêpe.

Traditionelles Getränk zum bretonischen Pfannkuchen ist Buttermilch (*lait baratté*), häufiger aber der im Steingut servierte **Cidre,** den es als *brut* (trocken), *demi-sec* (halbtrocken) und *doux* (lieblich) zu kaufen gibt. Der bretonische Cidre ist nicht so herb und spritzig wie der normannische und dabei schwach alkoholisch. Bedeutende Erzeugerregionen sind Doëlon, Fouesnant, Beg-Meil, Messac und Domagnié. Wer Vorräte für den heimischen Keller erstehen möchte, sollte sich für einen *cidre bouché* entscheiden, der mit Propfkorken und Draht in bauchiger Flasche in den Handel kommt. Für den Freund hochprozentiger Getränke wird in der Bucht von Audierne ein **Eau-de-Vie-de-Cidre** gebrannt, der dem berühmteren Calvados ähnelt.

(Schweinswürste) aus dem Tal des Scorff und *boudins blancs* (Weißwürste) aus Rennes sind beliebte Sattmacher. *Tripes au cidre* (Kaldaunen in Apfelwein) werden nicht jedem Gast munden, zumal sie recht unappetitlich aussehen. Für den feineren Gaumen empfehlen sich Spezialitäten wie *agneau pré salé* (Lamm von den Salzwiesen beim Mont St-Michel), *pigeons farcis* (gefüllte Tauben) oder *poularde au vin blanc* (Poularde in Weißwein).

Neben Geflügel aus dem Landesinnern sind auch die heimischen Gemüse- und Obstsorten überaus köstlich, etwa Artischocken und Blumenkohl aus Quimperlé, St-Pol-de-Léon und Roscoff, Erdbeeren von der Halbinsel Plougastel sowie Melonen und Spargel aus der Gegend um Rennes. Mit ihnen werden schmackhafte **vegetarische Gerichte** zubereitet, darunter *artichauds au lard* (Artischocken mit Speck), *patatez gan ougnon* (Kartoffeln mit Zwiebeln) und *potée aux choux* (Kohlsuppe).

Zum **Nachtisch** serviert man *crêpes* (s. S. 38) oder den *far,* einen festen Pudding, der beispielsweise mit Dörrpflaumen gereicht wird. Ein weiteres süßes Regionalgericht ist der *gâteau breton,* ein Kuchen mit Rumrosinen, Orangenschale, Apfelschnitzeln und viel Butter.

Getränke

Frankreich und seine **Weine** – das Kapitel ist schier endlos. Die Bretagne hat allerdings geringen Anteil an dieser Kultur. Ein paar Weinbaugebiete finden sich am Südrand der Region, hier werden die leichten Sorten Gamay, Muscadet und Gros Plant ausgebaut. Natürlich bietet aber jedes gute Restaurant eine Auswahl an überregionalen Qualitätsweinen in Flaschen und für den schmaleren Geldbeutel offene Land- oder Tafelweine im Krug (*pichet*) bzw. in der Karaffe (*carafe*). Leitungswasser, das stets gratis, allerdings oft erst auf Anfrage gereicht wird, dient zum Durstlöschen wie auch zum Verdünnen des Weines.

Mineralwasser kann als *gazeuse* mit mehr (z. B. Perrier) oder weniger Kohlensäure (z. B. Badoit, St-Yorre) sowie als stille Quelle (*non gazeuse*) bestellt werden. **Bier** vom Fass (*à la pression*) ist günstiger als Flaschenbier, dennoch im Vergleich zu deutschen Gaststättenpreisen recht teuer. Ein übliches Maß ist das *demi* (0,25 l). Generell beliebt ist das Nationalgetränk **Cidre** (s. S. 38). Besonders breit ist das Angebot an **Aperitifs,** typisch sind etwa *hydromel* (aus Wasser und Honig), *kir breton* (Kir mit Cidre statt mit Sekt), *fine armorique* (Erdbeerlikör) oder *couchen* (Met).

Bretonischer Pfundskerl

Ein typisches Gericht der Bretagne, das man zumindest einmal probiert haben sollte, heißt **Kig ha farz** und ist ein Fleischtopf mit Ochsenschwanz, Rindfleisch und Schweinebauch, zu dem ein Weizenmehlkloß und Gemüse gereicht werden.

Tipps für Ihren Urlaub

Pointe du Squéouel

BRETAGNE ALS REISEZIEL

Pauschal oder individuell?

Liebhaber der bretonischen Küstenlandschaften werden nur dann auf ihre Kosten kommen, wenn sie mit dem eigenen Gefährt – ob Auto, Motorrad oder Fahrrad – unterwegs sind. Im Reisebus lässt sich dagegen nur ein kleiner Ausschnitt der Natur genießen, zumal viele Küstenstraßen nicht für große Fahrzeuge ausgelegt sind. Individualurlaub ist deshalb angeraten, zumindest für Touristen mit großem Tatendrang. Es empfiehlt sich, Hotel, Ferienwohnung oder Campingplatz an einem netten Standort auszuwählen und von dort Tagestouren zu unternehmen. Doch selbst wer auf einer großen Bretagne-Rundfahrt von Station zu Station reist, muss nicht lange im voraus buchen. Es genügt, am Vortag telefonisch ein Zimmer zu reservieren, etwa über das nächste Touristenamt, das oft auch Fotomaterial zu den einzelnen Unterkünften bereit hält.

Wer sich trotz allem für einen Pauschalurlaub entscheidet, der findet die besten Angebote nicht daheim, sondern in der Bretagne selbst. CRT und CDT's (s. S. 219) geben Listen heraus.

Die schönsten Strände

Der Atlantik ist ein unruhiger Geselle, mit dem es sich auf keinen Fall spaßen lässt. Gewaltige Strömungen, Riffe unter der Wasseroberfläche und eine schnell steigende Flut lassen zu äußerster Vorsicht beim Baden gemahnen. Es ist deshalb ratsam, die in der Saison bewachten und mit blauen Fähnchen abgesteckten Strandabschnitte zu wählen und auf die Warnflaggen zu achten: Rot steht für absolutes Badeverbot, gelb für gesteigerte Vorsicht, grün für geringe Gefahr. Auch die Wassertemperatur trübt ein wenig das Vergnügen, sie beträgt meistens nur um die 17 °C, Spitzenwerte liegen indes bei 22 °C.

Generell gilt, dass man an der Südküste ausgedehnte, flache Sandstrände findet; sie eignet sich mithin besser für Familien mit Kindern als der Norden, wo aber die kleinen Sandbuchten weniger überlaufen sind.

Ein großer Tidenhub lässt viele Strände an der **Côte d'Emeraude** bei Flut gänzlich unter Wasser tauchen. Das trifft vor allem auf die Sandstrände östlich von St-Malo zu, während sie westlich der Stadt, etwa bei Dinard, Sables-d'or-les-Pins und St-Quay-Portrieux, zumindest sehr schmal werden.

Die **Côte de Granit Rose** wartet mit malerischen Kiesel- und Sandbuchten zwischen bizarren Felsbrocken auf, leider ist sie aber auch stark frequentiert, vor allem die Abschnitte bei Trégastel, Ploumanac'h und Perros-Guirec.

Zum Baden weniger geeignet sind die Wattgebiete an der **Côte des Abers,** doch existieren hier auch einige schöne Sandstrände, etwa bei Keremma, Le Conquet, Brignogan-Plages und Roscoff.

Sand im Überfluss bietet dann die **Côte Sud du Finistère et de Cornouaille,** hier empfehlen sich die Crozon-Halbinsel (Camaret, Morgat), die Bucht von Audierne (wild-romantische Abschnitte zwischen Pointe du Raz und Pointe du Van, sanfte Dünen bei Audierne) und die Kette von Stränden zwischen Concarneau und La Forêt-Fouesnant.

An der **Côte des Mégalithes et du Morbihan** lädt die Halbinsel Quiberon zum Bad, jedenfalls ihre sandige Ostseite, wogegen der Westen generell als zu gefährlich eingestuft wird. Weitere schöne Strände besitzen die Belle-Île und die Halbinsel Rhuys (Dünen bei La Trinité-sur-Mer und St-Gildas-de-Rhuys).

FKK ist nur an den wenigen Stränden gestattet, die als *naturisme* ausgewiesen sind. ›Oben ohne‹ ist überall an der Küste verbreitet.

Highlights der Bretagne

Einsame Sandbuchten zwischen bizarren Klippen, Leuchttürme, die tosenden Wellen trotzen, lauschige Cafés mit Blick auf die Weiten des Meeres – in der Bretagne werden Küstenträume Wirklichkeit. So erstaunt es nicht, dass sich gerade diese Region Frankreichs so großer Beliebtheit erfreut. Wer aber angesichts dessen überfüllte Strände erwartet, der irrt. Manche Abschnitte, etwa die **Côte de Granit Rose** um Perros-Guirec oder die Region am Golfe du Morbihan, sind zwar gut gefüllt, doch findet man selbst dort immer mal ein abgeschiedenes Plätzchen.

Weiter Richtung Westen ist dann Ruhe garantiert. Hier laden die ›versunkenen Flusstäler‹ der Abers, die Inseln Ouessant, Sein oder Glénan wie auch die Halbinsel Crozon zu eindrucksvollen Naturerlebnissen. Im Hinterland bilden die umfriedeten Pfarrbezirke am Fuß der Monts d'Arrée und der Montagnes Noires lohnende Ziele für Tagestouren.

Die Hauptstadt **Rennes** bezaubert mit ihrer klassizistischen Architektur. **St-Malo,** im Zweiten Weltkrieg zerstört, ist nach altem Vorbild wieder aufgebaut, während an die Stelle der im Bombenhagel gefallenen Mauern von Brest und Lorient die Architektur der 1950er und 1960er Jahre rückte. Weit verlockender sind dagegen Fachwerk und Festungen in manch einer hübschen Kleinstadt, unter ihnen Vitré, Fougères oder Josselin im Grenzland zur Normandie.

Schließlich wird man die Bretagne nicht verlassen, ohne ihre ältesten Kulturdenkmäler besichtigt zu haben, die Megalithbauten. Allein in **Carnac,** das in diesem Zusammenhang weltweiten Ruf genießt, haben sich über 3000 Menhire erhalten. Um dem drohenden Vandalismus zu begegnen, mussten die dortigen Steinreihen leider durch Zäune abgesperrt werden. Andernorts existieren aber noch zahlreiche frei zugängliche Megalithdenkmäler. Besonders eindrucksvoll sind das Ganggrab Table des Marchands und der einst 20 m hohe, 350 t schwere, heute leider zerbrochene Monolith Men-er-Hroëc'h bei Locmariaquer sowie der reich geschmückte Cairn auf der Île de Gavrinis.

Sportlich und aktiv

Golf

Das bretonische Klima bekommt dem Rasen besonders gut, entsprechend gepflegt sind die vielen Golfplätze der Region. Die meisten von ihnen befinden sich an der Küste, in Dinard Frankreichs zweitältester Golfplatz. Weitere Plätze sind im Routenteil des Buches aufgeführt. Informationen bei: Ligue de Golf de Bretagne, 130, rue Eugène Pottier, 35000 Rennes, Tel. 02 99 31 68 80, Fax 02 99 31 68 83.

Hochseefischen und Angeln

Das Sammeln von Meeresgetier im Watt und zwischen Felsen, *pêche à pied* genannt, ist ein Vergnügen, an dem sich Erwachsene und Kinder gleichermaßen ergötzen. Spinnangeln können von Felsen, Kai und Ufer aus legal ausgeworfen werden, wogegen man zum Fischen mit dem Netz eine Genehmigung benötigt. An Flüssen und Seen gelten örtliche Bestimmungen. Ein Angelschein ist in Fachgeschäften, Tabakläden und Fremdenverkehrsbüros erhältlich. Die Maison de la France (s. S. 219) gibt ein Gratisheft »Fischen in Frankreich« heraus.

Zu den besonderen Erlebnissen zählt eine Ausfahrt auf klassischen Fischerbooten. Pauschalarrangements gibt es u.a. in Dinard, Perros-Guirec, Roscoff, Camaret, Douarnenez, Concarneau und Paimpol. Informationen dazu bei: Union Régionale des Fédérations de Pêche et de Pisciculture, 149, rue d'Antrain, 35700 Rennes, Tel. 02 99 63 03 95.

Kanu und Kajak

Für eine Tour im Meereskajak seien die geschützten Gewässer im Golf von Morbihan, bei Paimpol und im Archipel von Bréhat empfohlen. Im bretonischen Inland sind das Oust-Tal und der untere Odet geeignete Reviere für Kanu und Kajak.

Radfahren

Die beschaulichen Höhen von maximal 400 m führen manchen Radler in die Irre: Steigungen und zudem kräftiger Wind sind das tägliche Brot eines jeden, der in der Bretagne in die Pedale tritt. Nach einer kurzen Eingewöhnungszeit wird man aber seine helle Freude an dieser Freizeitgestaltung finden, vor allem im Frühsommer und Herbst. Auf einigen autofreien Inseln werden selbst eingefleischte Motorenthusiasten auf den Sattel umsteigen. Dagegen ist den Radfahrern von der Benutzung der Nationalstraßen nur abzuraten.

Fahrräder – ob Tourenräder (VTC) oder Mountainbikes (VTT) – kann man an vielen Bahnhöfen und über Fremdenverkehrsämter ausleihen. Ein Euro-Fahrradbus verkehrt zwischen Osnabrück, Köln oder Dortmund und Morlaix (ADFC-Velomobil, Postfach 10 77 47, 28077 Bremen). In französischen Linienbussen ist für die Mitnahme eines Fahrrads eine Gebühr zu entrichten, während die staatliche Eisenbahn SNCF Räder in einigen Zügen kostenlos befördert (s. S. 215). Ein »Guide du train et du vèlo«, erhältlich bei der SNCF (s. S. 215), gibt genauere Hinweise.

Ein Verzeichnis der Radwege schließlich findet sich in einem Guide der Fédération Française de Cyclisme, 5, rue de Rome, 93561 Rosny-sous-Bois, Tel. 01 49 35 69 00, www.ffc.fr.

Reiten

2000 km markierte Reitwege locken Urlauber auf den Rücken der Pferde. Ein Topo-Guide (mit Karte im Maßstab 1:50 000) zu dem in 25–30 km lange Etappen eingeteilten Wegnetz Equibreizh versendet das Comité Régional pour le Tourisme Équestre en Bretagne (CRTEB), 5 bis, rue Waldeck Rousseau, 56103 Lorient-Cédex, www.equibreizh.com.

Für Familien mit Kindern bieten sich daneben die mit vier Schlafplätzen und Küche ausgestatteten Pferdewagen an, die zwischen Juni und September wochenweise anzumieten sind (ab ca. 600 €). Auf einem ausgewiesenen Rundweg können pro Tag etwa 8 km zurückgelegt werden. Informationen dazu erhalten Sie bei: Roulottes de Bretagne, La gare, 29690 Locmaria-Berrien, Tel. 02 98 99 73 28.

Segeln

Zahlreiche geschützte Häfen bieten ideale Bedingungen fürs Segeln. Bedeutende Jachthäfen sind St-Malo, Dinard, Perros-Guirec, Roscoff, Morgat, Douarnenez, Bénodet, Concarneau und Le Palais auf der Belle-Île. Viele Wassersportclubs verfügen über Segelschulen, ein großes Schulungszentrum befindet sich auf den Îles de Glénan. Die Nordküste eignet sich eher für Fortgeschrittene; Anfänger können aber neben der Südküste auch die Bucht von Douarnenez und die Rade de Brest wählen. Für Segelboote und Motorboote unter 10 PS ist keine Lizenz erforderlich, aber Ortskenntnis. Nähere Informationen beim Dachverband: Fédération Française de Voile, 17, rue Henri Bocquillon, 75015 Paris, Tel. 01 40 60 37 00, Fax 01 40 60 37 37.

Strandsegeln

Das Strandsegeln, vorzugsweise bei Ebbe und Wind, erfordert breite Strände, wie sie in der Bucht von Mont St-Michel, bei St-Malo (Grande Plage du Sillon), in Penthièvre auf der Halbinsel Quiberon und in der Bucht von Goulven (s. S. 128) anzutreffen sind. Bei Sonne und warmem Wetter müssen sich die Fans auf ausgewiesene Pisten beschränken.

Surfen

An allen größeren Stränden können Bretter zum Surfen ausgeliehen und Kurse belegt werden. Die besten Bedingungen für den Sport herrschen im Frühjahr und ab September. Zu den Hochburgen zählen St-Malo, die Bucht von Audierne, Douarnenez, Carnac und die Halbinsel Quiberon. Abermals gilt: Für Anfänger eignet sich eher die ruhigere Südküste, Könner werden dagegen die starke Brandung der Nord- und Westküste vorziehen. Allerdings sind hier die Gefahren der Strömung und der enorme Gezeitenunterschied zu beachten. Fürs Windsurfen gelten die gleichen Hinweise. Mitte Mai werden übrigens in der Rade de Brest Meisterschaften in dieser Sportart ausgetragen.

Tauchen

An der gesamten Küste belebt eine abwechslungsreiche Flora und Fauna die Unterwasserwelt. Viele Tauchschulen geben Einführungen. Besonders attraktive Reviere liegen zwischen der Île de Groix und der Bucht von Lorient wie auch vor St-Malo, denn dort sind Schiffswracks zu besichtigen. Gezeitenwechsel und Strömung bergen Gefahren, man sollte sich also ortskundigen Führern anvertrauen. Vor jedem Tauchgang ist eine Anmeldung bei der Hafenbehörde erforderlich. Tauchorganisationen: Centre International de Plongée des Glénan, B. P. 525, 29185 Concarneau, Tel. 02 98 50 57 02, www.cip-glenans.org. Comité interrégional Bretagne-Pays de la Loire de la Fédération Française d'Études et de Sports sous-marins, 39, rue de la Villeneuve, 56100 Lorient, Tel. 02 97 31 51 51.

Wandern

Mit rund 5000 km Wanderwegen ist die Bretagne ein beliebtes Ziel für sportliche Naturfreunde. An den Strecken sind *gîtes d'étape* eingerichtet, in de-

Seglerparadies – die Bretagne

nen man für jeweils maximal zwei Nächte schlicht und preiswert übernachten kann.

Unterschieden wird zwischen Fernwanderwegen (*sentiers de Grande Randonnée* = GR, weiß-rot markiert) und weniger anspruchsvollen Themenwegen (*sentiers de Grande Randonnée de Pays* = GRP, gelb-rot). Besonders beliebt ist der Fernwanderweg GR 34, der den alten Zöllnerpfaden (s. S. 79 u. 220) entspricht und entlang der Küste von St-Brieuc nach Morlaix verläuft. Das wohl schönste Stück, der Abschnitt zwischen Perros-Guirec und Ploumanac'h, wird von ungewöhnlich vielen Touristen begangen. Zu empfehlen sind aber auch die Wege auf der Île de Groix, der Belle-Île, der Halbinsel Quiberon und rund um Carnac.

Im Inland sind ehemalige Pilgerpfade zu Wanderwegen ausgebaut. Hier geht es z. B. durch die Forêt de Paimpont, die Montagnes Noires und die Monts d'Arrée. Der 225 km lange Rundwanderweg GR 380 ab Morlaix führt u. a. nach St-Thégonnec und Guimiliau und damit zu den schönsten umfriedeten Pfarrbezirken der Region. Außerdem verfügt die Bretagne über 1500 km Treidelpfade, die etwa dem Canal Nantes–Brest und dem Blavet folgen.

Weitere Informationen sowie ausführliche Topo-Guides erhält man bei: Fédération Française de la Randonnée Pédestre, 14, rue Riquet, 75019 Paris, Tel. 01 44 89 93 90, Fax 01 40 35 85 48, www.ffrandonnee.fr; 14, bd. Beaumont, 35000 Rennes, Tel. 02 99 30 55 15.

Wanderkarten s. S. 220; im Internet www.ign.fr.

Natur und Erholung

Hausboot

Im Hausboot kann man insgesamt 600 km auf Flussabschnitten und Kanälen abfahren. Als Hauptwasserstraße steht der Canal de Nantes à Brest zur Verfügung, daneben der Canal d'Ille et Rance von Redon nach Dinan und der Fluss Blavet von Pontivy nach Lorient (s. S. 148). Ein spezialisierter Anbieter ist Locaboat Plaisance, Ludwigstr. 1, 79104 Freiburg, Tel. 0761/207 37 37, Fax 0761/207 37 73, www.locaboat.de.

Naturschutzgebiete

17% der Küste sind zum Naturschutzgebiet erklärt, fast überall werden Führungen angeboten. Größtes Schutzgebiet ist mit 172 000 ha der 1969 gegründete **Parc Régional d'Armorique** (www.pnr-armorique.fr) zwischen den Monts d'Arrée und der Insel Ouessant. Zu seinem Hauptsitz Domaine du Ménez-Meur gesellen sich 20 Außenstellen mit diversen Ausstellungen und Freizeitangeboten.

Bedeutende **Vogelschutzgebiete** finden sich am Cap Fréhel (auch seltene maritime Flora), Cap Sizun, bei den Falaises de Plouha, in der Baie de Goulven oder im Golf von Morbihan. Die Réserve Naturel des Sept-Îles ist Frankreichs wichtigstes Zugvogelgebiet. Beste Jahreszeit für die Vogelbeobachtung sind die Monate April/Mai, beste Tageszeit die Stunden zwischen 10 und 11.30 sowie 17 und 18 Uhr. Fernglas, Gummistiefel bzw. Wanderschuhe seien allen Naturfreunden empfohlen.

Thalassotherapie

Hydromassagen, Sprudelbäder und Wassergymnastik – die wohltuende Therapie mit dem kühlen Meeresnass wird von Krankenkassen nicht anerkannt und muss deshalb aus eigener Tasche finanziert werden. Anwendungsbereiche sind u. a. Rheuma, Arthrose, Kreislauf- und Stoffwechselstörungen, aber auch Stress und Alterserscheinungen. Da das Wasser spätestens 24 Stunden nach Entnahme zu verwenden ist, befinden sich alle Thalassotherapiezentren an der Küste. Das erste Zentrum der Bretagne wurde Anfang der 1960er Jahre in Quiberon von dem Radprofi Louison Bobet gegründet. Weitere Anlagen befinden sich in Carnac, Douarnenez, Perros-Guirec, Roscoff, St-Malo und auf der Belle-Île. Auskünfte erteilt die Maison de la Thalassothérapie, 10, rue Littre, 75006 Paris, Tel. 01 53 63 39 70, www.thalatel.com. Ein Anbieter in Deutschland ist Thalasso Reisen, Postfach 867, 79008 Freiburg, Tel. 0761/20 74 10, Fax 207 41 83.

Urlaub mit Kindern

Die Bretagne – ein mustergültiges Ferienland für Kinder. Manche Unterkünfte warten mit preiswerten Familienangeboten auf, im Restaurant findet man in der Regel ein Menu enfant für den kleinen Hunger. Auch das Freizeitangebot ist auf die Bedürfnisse der jüngsten Landesgäste zugeschnitten. Im Sommer werden in den Ferienorten vielfach Spiele, Wettbewerbe oder Auftritte von Clowns und Zauberern organisiert. Für deutsche Kinder mag es angesichts der Sprachbarriere schwierig sein, all diese Angebote zu nutzen. Doch das Personal ist überaus freundlich und hilft nach besten Kräften über dieses kleine Problem hinweg. Schließlich kann es auch nicht schaden, auf solche Weise früh mit einer fremden Kultur und Lebensart Bekanntschaft zu schließen. Im Übrigen ist Sprache nicht immer Voraussetzung für das Erlebnis.

Das gilt beispielsweise für die Strandclubs, die in vielen Küstenorten Animation für Kinder anbieten. Zahlreiche Wassersportzentren haben sich zudem darauf spezialisiert, den kleinen Urlaubern Unterricht im Segeln, Surfen oder sonstigen Aquavergnügen zu erteilen. Daneben existiert ein großes Angebot an Zeitvertreib für die ganze Familie. Eine Fahrt im Pferdewagen oder mit dem Hausboot löst meistens Begeisterung aus. Urlaub auf dem Bauernhof macht mit dem Leben im Gastland vertraut. Am Strand ist Kurzweil ohnehin garantiert, doch kann es nicht schaden, auch hier den Gastgebern einiges abzuschauen. Das Wattfischen etwa, in Frankreich *pêche à pied* genannt, findet schnell Anklang bei Kindern, auch wenn sie das gesammelte Getier hernach nicht unbedingt verspeisen mögen.

Selbst Besichtigungsfahrten müssen nicht langweilig werden, wenn man sie richtig und wohldosiert plant. Ein Schloss wie das von Vitré oder Josselin ist auch für Kinder imposant, ein Spaziergang durch den Wald von Paimpont zu den Schauplätzen der

Artussage bester Anlass, Kultur und Vergnügen zu kombinieren. Auch einige Museen bieten genügend Anreize für jüngeres Publikum, etwa das Hafenmuseum von Douarnenez. Ferner locken mehrere Aquarien und zoologische Gärten: in Brest Frankreichs größtes Hochseeaquarium und Meeresmuseum Océanopolis mit einer Pflegestation für gestrandete Seehunde und einem Streichelzoo, in St-Malo das Grand Aquarium, in Trégomeur der Jardin Zoologique etc.

Kurzweil bereitet auch der Besuch des Planetarium im Wissenschaftspark Cosmopolis bei Pleumeur-Bodou (s. S. 114). Im angeschlossenen »Gallierdorf« (Village Gaulois) können Kinder hernach zuschauen und mithelfen, wenn ein Hinkelsteine aufgerichtet oder der Zaubertrank zubereitet wird. Lehrreich und interessant sind zudem Wanderungen zu den Leuchttürmen an der Côte des Abers oder Ausfahrten auf historischen Schiffen. Kurzum: Das Angebot lässt kaum Wünsche offen.

Reisezeit und Kleidung

Bis zu 2200 Sonnenstunden zählt man in der Bretagne Jahr für Jahr, zumindest an der milderen Südküste, wo im Golfe du Morbihan selbst die Winter fast so sonnig ausfallen wie an der Côte d'Azur. Doch auch in den anderen Regionen sorgt der Golfstrom für gemäßigte, allerdings feuchte Wintermonate. Frosteinbrüche und Schnee sind selten, sie treten nur bei Ost- und Nordostwinden ein. Kältester Monat ist der Februar (im Landesinneren der Januar) mit durchschnittlich 6,3 °C, wärmster Monat der August mit 16 °C an der Nordküste und 18 °C an der Südküste. Die Hauptreisezeit reicht von Juni bis September. Das Frühjahr eignet sich für Naturfreunde, die Pflanzen und Vögel beobachten wollen. In dieser Zeit, aber auch im Herbst, wenn imposante Stürme herrschen, tost an der Küste die Brandung, wodurch hinreißende Fotomotive entstehen. Wanderer werden angesichts der durchweg milden Temperaturen sogar ganzjährig auf ihre Kosten kommen, während sich Strandtouristen auf die Monate Juni bis September beschränken müssen. Die Wassertemperatur verspricht jedenfalls nur im Hochsommer Badefreuden.

Der beständige Westwind sorgt dafür, dass auch heiße Perioden stets als angenehm empfunden werden. Wolken und Sonnenschein wechseln einander schnell ab, die Luft ist relativ feucht. An Niederschlägen fallen an der Küsten im Jahresmittel 800–900 mm, im westlichen Inland 1500 mm, im Osten nur bis 800 mm. Ein leichter Schutz gegen Regen und Wind ist ratsam, ebenso ein Pullover für frischere Abende. Ansonsten reicht in der Saison luftige Sommerbekleidung. Plastiksandalen leisten an felsigen Stränden gute Dienste, Gummistiefel erleichtern Wattwanderungen. Sonnenschutzcreme sollte man von daheim mitbringen, sie ist in Frankreich ziemlich teuer. Feine Garderobe ist für gehobenere Hotels und Restaurants, für den Besuch von Casinos und manchen Diskotheken zu empfehlen.

UNTERWEGS IN DER BRETAGNE

Ein Leitfaden für die Reise und viele Tipps für unterwegs.

Genaue Beschreibungen von Städten und Dörfern, Sehenswürdigkeiten und Stränden, Ausflugszielen und Reiserouten.

Die Bretagne erleben: Ausgesuchte Hotels und Campingplätze, Bistros und Bars, Einkaufstipps.

Radtour auf der Île de Batz

Der Norden

Pointe du Pontus-
val bei Brignogan-
Plages

Reiseatlas S. 232–235

DIE HAUPTSTADT RENNES UND IHRE UMGEBUNG

Trutzige Burgen, verwinkelte Gassen, vom Alter gebeugtes Fachwerk – die Bretagne empfängt den Reisenden mit einem ganzen Arsenal mittelalterlicher Romantik. Hier an der Grenze zur Normandie focht das Herzogtum so manche Schlacht gegen Normannen und Franzosen, die den Bretonen ihre Unabhängigkeit streitig machten. Zeugen der stürmischen Zeiten sind rings um Rennes zu besichtigen, während die Hauptstadt selbst, nach einem Brand im Jahre 1720, vor allem mit klassizistischer Architektur aufwartet.

Rennes

Reiseatlas: S. 235, D/E4
Mit nur rund 212 000 Einwohnern ist Rennes die Hauptstadt der Region Bretagne und des Départements Ille-et-Vilaine, eine rasch expandierende Hauptstadt allerdings, in der Verwaltung, Justiz, Industrien (Automobile, Nahrungsmittel, Papier, Rüstung) und Forschung (Elektronik, Kommunikationswesen) für Wachstum sorgen. Auch die »Ouest-France«, Frankreichs auflagenstärkste Tageszeitung, ist hier beheimatet, und es existieren zwei Universitäten, die der Stadt freilich kein lässiges Flair verleihen. Rennes' Erscheinungsbild ist eher kühl und auf den ersten Blick wenig einladend.

Die Geschichte des Ortes beginnt in keltischer Zeit, als er unter dem Namen Condate (›Zusammenfluss‹) Hauptsitz der Redonen war. Diese Siedlung wurde, wie aus »Asterix« bekannt, römische Provinzmetropole und im 11. Jh. als Grenzfeste gegen die Normannen zur bretonischen Hauptstadt erklärt. Von einer größeren Bedeutung kann aber erst im 14. Jh. die Rede sein. Damals wurde die Stadt erweitert und war im Zuge der bretonischen Erbfolgekriege heiß umkämpft.

Nachdem die französischen Könige schon lange ein Auge auf Rennes geworfen hatten, gelang ihnen 1491 der große Wurf. **Anne de Bretagne** war im Jahr zuvor mit Maximilian von Österreich verheiratet worden, ohne dass der König in Paris um Erlaubnis gefragt worden wäre. Dies verstieß gegen den Vertrag von Verger (s. S. 20), und so rückte Charles VIII mit Truppen gegen Rennes vor. Die Bürger der belagerten Stadt bedrängten Anne, dem Wunsch des französischen Königs nachzugeben und ihn zu heiraten, auf dass wieder Frieden einkehre. Am 6. Dezember 1491 schritten Anne und Charles zum Traualtar, nachdem der Papst ihrer beider Ehen annulliert hatte. Dabei wird berichtet, dass es sich keineswegs um eine reine Vernunftehe handelte, nein, Herzogin und König hatten sich tatsächlich ineinander verliebt. Bei einem Ehestreit erlitt Charles dann aber eine tödliche Kopfverletzung, angeblich ein Unfall. Per Vertrag musste Anne nun den Nachfolger Louis XII heiraten. Aus dieser Ehe gingen fünf Kinder hervor, doch nur Tochter Claude überlebte die Mutter, die 1514 starb.

Mit Claude war auch ihr Heimatland dem Hof in Paris versprochen. Immerhin erhielt die Bretagne 1561 von Henri II ein Parlament, das in Rennes fast souverän beriet und entschied. 1675 wurde es beim Aufstand gegen das ›Stempelpapier‹ auf eine harte Probe gestellt. Zur Aufbesserung der Staatskasse hatte der König beschlossen, auf amtliche Beglaubigungen, Tabak, Zoll, Mühlen und Schifffahrt Steuern zu erheben, von denen die Bretonen bislang befreit waren. Statt sich zu fügen, stellte die rebellische Bevölkerung Gegenforderungen: verpflichtende Heirat zwischen Adel und Landvolk, Aufteilung der herrschaftlichen Güter, Aufhebung der Frondienste. Das Parlament unterstützte die Petitionen und musste sich schließlich ins Exil nach Vannes begeben. Als die Bauern in der Folge Schlösser und Gotteshäuser plünderten, stellten sich Adel, Klerus und Bürgertum wieder auf die Seite des Königs, so dass die Revolte bald niedergeschlagen war.

1762 kam es erneut zu einer Konfrontation zwischen Rennes und Paris. Der bretonische Parlamentsangehörige **Louis-René Marquis de Caradeuc de la Chalotais** (1701–1785) hatte gefordert, den reichen Jesuitenorden aufzulösen, und in der Kammer sogar eine Mehrheit für sein Ansinnen gefunden. Der König antwortete mit Strafversetzungen, doch die Bretonen erhielten Unterstützung vom Parlament in Paris und konnten ihren Beschluss durchsetzen. Während der Französischen Revolution blieben sie dann aber gemäßigt, Rennes' Bürgermeister Jean Leperdit engagierte sich sogar für inhaftierte Royalisten. Im Vergleich zum benachbarten Nantes blieb es ruhig in der Stadt, die bereits weit über die Zeiten der blutigen Umwälzungen hinaus schaute und tatsächlich im 19. und 20. Jh. schneller als andere bretonische Zentren die Entwicklungen der Moderne aufnahm.

Die Altstadt – rund um die Kathedrale

Wenn ausgerechnet in der bretonischen Hauptstadt nicht die typischen Fachwerkhäuser, sondern vor allem strenge Klassizistik den Reisenden empfängt, so hat es damit seine plausible Bewandtnis: Am 22. Dezember 1720 war in einer Mühle ein Brand ausgebrochen, dem rund 900 alte Häuser zum Opfer fielen. Die Innenstadt am rechten Vilaine-Ufer wurde hernach unter Leitung des Architekten **Jacques Gabriel** (1666–1742) feuersicher aus Tuffstein und Granit neu aufgebaut, wobei die Straßen nicht mehr dem Ver-

Sehenswürdigkeiten

1 Basilique St-Sauveur
2 Kathedrale St-Pierre
3 Portes Mordelaises
4 Markthallen
5 Kirche St-Aubin
6 Kirche St-Mélaine
7 Mont Thabor
8 Palais de Justice
9 Oper
10 Rathaus (Hôtel de Ville)
11 Palais de Commerce
12 Lycée Émile Zola
13 Musée de Bretagne
14 Écomusée du Pays de Rennes

Übernachten

15 Lecoq-Gadby
16 Anne de Bretagne
17 Garden Hotel
18 Nemours
19 Maréchal Joffre

Essen & Trinken

20 L'Épi d'Or
21 L'Escu de Runfao
22 Le Gourmandin
23 India
24 Le Khalifa
25 L'Ouvrée
26 St-Germain-des-Champs

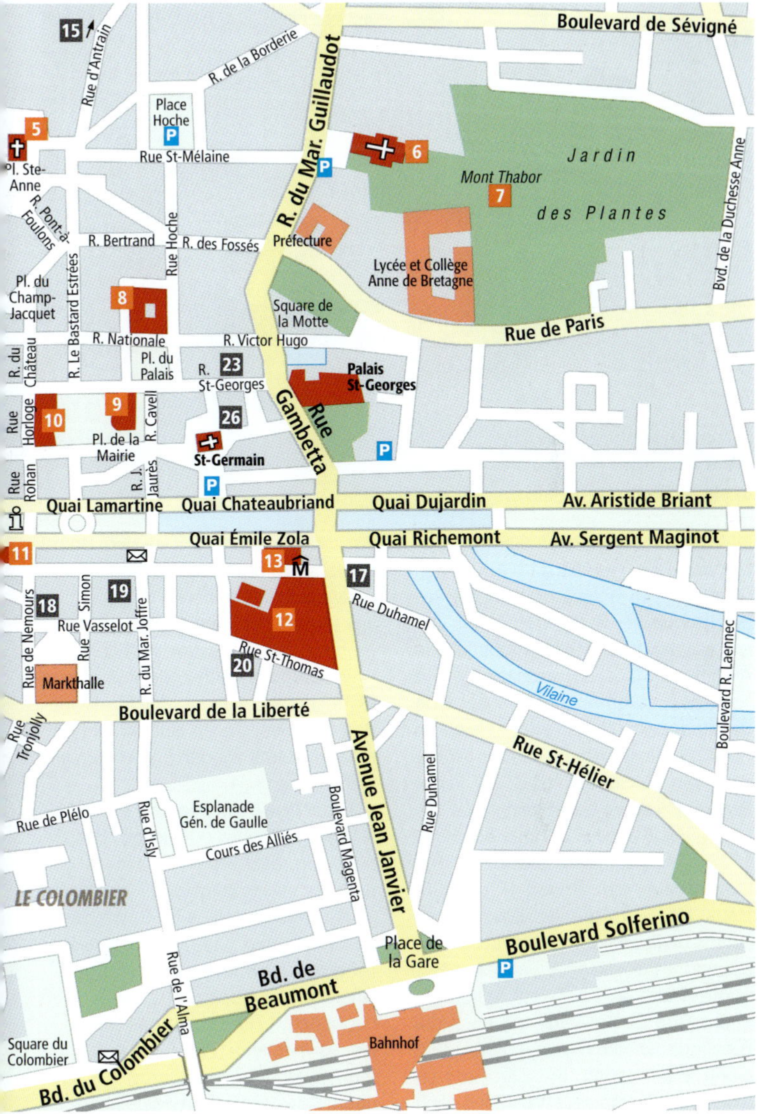
15
Rue d'Antrain
R. de la Borderie
R. du Mar. Guillaudot
Boulevard de Sévigné
Place Hoche
P
5
Pl. Ste-Anne
Rue St-Mélaine
P
6
Jardin des Plantes
Mont Thabor
7
Bvd. de la Duchesse Anne
R. Pont-à-Foulons
R. Bertrand
Rue Hoche
R. des Fossés
Préfecture
Lycée et Collège Anne de Bretagne
Pl. du Champ-Jacquet
R. Le Bastard Estrées
8
Square de la Motte
Rue de Paris
R. du Château
R. Nationale
R. Victor Hugo
Pl. du Palais
R. St-Georges
23
Palais St-Georges
Rue Horloge
10
9
R. Cavell
26
Rue Gambetta
Pl. de la Mairie
St-Germain
P
Rue Rohan
R. J. Jaurès
P
Quai Lamartine
Quai Chateaubriand
Quai Dujardin
Av. Aristide Briant
Quai Émile Zola
Quai Richemont
Av. Sergent Maginot
11
13
M
17
Rue Duhamel
18
Rue Simon
19
Rue de Nemours
Rue Vasselot
R. du Mar. Joffre
12
Rue St-Thomas
20
Boulevard R. Laennec
Vilaine
Markthalle
Boulevard de la Liberté
Rue Tronjolly
Avenue Jean Janvier
Rue St-Hélier
Rue Duhamel
Boulevard Magenta
Rue de Plélo
Rue d'Isly
Esplanade Gén. de Gaulle
Cours des Alliés
LE COLOMBIER
Place de la Gare
Boulevard Solferino
P
Rue de l'Alma
Bd. de Beaumont
Bahnhof
Square du Colombier
Bd. du Colombier

In der Altstadt von Rennes

lauf der mittelalterlichen Gassen folgten, sondern – wie einst im römischen Condate – im Schachbrettmuster angelegt wurden. In der Umgebung der Kathedrale haben sich indes einige Architekturschätze der Spätgotik und Renaissance erhalten, so in der **Rue St-Guillaume** das mit reichem Schnitzwerk versehene einstige Wohnhaus von Du Guesclin (s. S. 63). In der **Rue du Chapître** beachte man u. a. die Häuser Nr. 8 und Nr. 22, aber auch das 1728, also nach dem Brand, für den Gouverneur der Bretagne gebaute Haus Nr. 6 (Hôtel de Blossac) mit schmiedeeisernem Treppenhausgeländer und französischem Garten.

Auf weiteres Fachwerk trifft man in der **Rue St-Sauveur**, wo auch die **Basilique St-Sauveur** 1 (1703–1728) einen Blick lohnt. Ihr Barockportal weist nach Osten statt wie üblich nach Westen. Der Grund: Die vor dem Brand geplante Kirche musste sich bei der Fertigstellung den neuen Gegebenheiten fügen und ihren Chor aus Platzgründen nach Westen verlegen. Ein vielbesuchtes Kultbild im Innern des Gotteshauses ist das der Madonna-des-Miracles, die im Hundertjährigen Krieg die Stadt vor den Engländern bewahrt haben soll.

In der **Rue de la Psalette** sind ebenfalls einige Fachwerkhäuser zu besichtigen. Sie besitzen hinter ihren Holzportalen verschachtelte Innenhöfe (*ilôts*), etwa das Haus Nr. 8, die einstige Chorschule. Die benachbarte **Kathedrale St-Pierre** 2, ursprünglich eine Gründung des 6. Jh., wurde 1560 begonnen. 1762 stürzte das Gebäude ein, es entstand 1787–1844 neu nach Plänen von Mathurin Crucy. Mit Ausnahme des gotischen Flügelaltars im südlichen Seitenschiff, ein Werk flämischer Schnitzkunst, bietet das Gotteshaus keine herausragenden Sehenswürdigkeiten.

Eine kurze Gasse führt nordwestlich weiter zur Ruine des mittelalterlichen Haupttors, **Portes Mordelaises** 3 (15. Jh.), durch das einst die bretonischen Herzöge zur Krönung in die Kathedrale schritten. Hier sind noch Reste der Stadtmauer aus dem 14. Jh. zu sehen.

Von den Markthallen zum Mont Thabor

Weitere mittelalterliche Mauerreste entdeckt man an der **Place des Lices**, wo einst die Ritter ihre Turniere ausfochten. Später etablierte sich hier ein Markt, für den 1865 der Architekt Jean-Baptiste Martenot zwei **Hallen aus Gusseisen** 4 baute. Heute ist dies der drittgrößte Markt Frankreichs.

In den Fachwerkhäusern an der **Place du Champ-Jacquet** sowie in der **Rue St-Michel** und **Rue des Innocents** haben sich zahlreiche Cafés und Bars eingerichtet, die zu einer Pause während des Stadtrundgangs einladen. Weiter nördlich liegt die **Place Ste-Anne**, die von der neogotischen **Kirche St-Aubin** 5 beherrscht wird. In der Kapelle an der Westseite der Kirche, einst Teil eines Franziskanerklosters, fand 1491 die Trauung von König Charles VIII und Anne de Bretagne statt. Zu beachten ist auch das Haus Nr. 19, in dem einst der Bürgermeister Leperdit wohnte.

Richtung Osten fällt der Blick auf die Barockkirche **St-Mélaine** 6, die im 17. Jh. für den Benediktinerorden errichtet wurde. Teile des Turms und das Querschiff stammen von einer romanischen Vorgängerkirche. Sehenswert ist vor allem der restaurierte Kreuzgang aus dem Jahre 1663. Der ehemalige Obstgarten der Benediktiner, der sich hinter der **Kirche am Mont Thabor** 7 erstreckte, wurde im 19. Jh. in einen Park mit botanischem Garten umgestaltet.

Place du Palais und Place de la Mairie

Nach ausgiebigem Spaziergang durch den Jardin des Plantes geht es nun über die Rue Victor Hugo zur arkadengesäumten Place du Palais. Dort, im heutigen **Palais de Justice** 8, tagte einst das bretonische Parlament. Das Gebäude entstand in den Jahren 1618–1655 nach Entwürfen von Germain Gaultier und erhielt 1726, nach dem großen Brand, eine neue Fassade von Jacques Gabriel. 1994 ging der Palais bei Demonstrationen unzufriedener Fischer noch einmal in Flammen auf, wobei kostbare Schätze in den beiden Sitzungssälen verloren gingen. Ein Großteil der bemalten Täfelungen im Premier Chambre Civil aus dem 17. Jh. konnte glücklicherweise gerettet werden (Führungen Mo 9.30 und 10.30, Mi, Fr 17.30, Sa, So 9.30, 10.30, 14, 14.30, 15.30 Uhr).

Ein Abstecher in die **Rue St-Georges** führt abermals zu einigen Fachwerkhäusern, die dem Brand von 1720 entkamen. Danach geht es zur Place de la Mairie mit dem **Opernhaus** 9 von 1832 und dem zweiflügeligen **Rathaus** 10, das 1734–43 von Jacques Gabriel gestaltet wurde. Das Vestibül, die Monumentaltreppe und die Bankettsäle können besichtigt werden (Mo–Fr 8.30–17, Sa 9.30–12 Uhr). Der Uhrturm des Rathauses – liebevoll *le gros*, ›der Dicke‹ genannt – weist eine leere Mauernische auf, in der sich einst eine Skulptur befand. Sie symbolisierte die Union Frankreichs (König auf Sessel sitzend) mit der Bretagne (kniende Frau, die die Hand des Monarchen hält) und war den bretonischen Separatisten ein solcher Dorn im Auge, dass sie das Denkmal 1932 sprengten.

Am linken Ufer der Vilaine

Dass Rennes von einem Fluss durchschnitten wird, fällt dem Besucher frühestens auf den zweiten Blick auf. Schließlich wurde die Vilaine 1840 kanalisiert und weitgehend überbaut, so dass ihre Wasser nur stellenweise ans Tageslicht treten. Die Bezeichnung ›Quai‹ deutet aber allenthalben den Flussverlauf an. Vom Quai Lamartine erblickt man am Südufer der hier überdeckten Vilaine den **Palais de Commerce** 11, der 1886–1932 von Jean-Baptiste Martenot gestaltet wurde und heute das Hauptpostamt beherbergt. Weiter südlich haben sich in der verkehrsberuhigten **Rue Vasselot** eine Reihe von Kneipen etabliert. Am Ostende der Straße, im heutigen **Lycée Émile Zola** 12, fand im August 1899 auf Drängen des Schriftstellers Zola der zweite Prozess gegen Alfred Dreyfus statt, bei dem der angebliche Hochverräter begnadigt wurde.

An dem nach Zola benannten Quai an der Nordseite des Lycée wurde 1960 im alten Universitätspalast das **Musée de Bretagne** 13 eröffnet (Mi–Mo 10–12, 14–18 Uhr). Im Saal für Vor- und Frühgeschichte sind u. a. Modelle megalithischer Grabstätten sowie Waffen und Keramik vom Neolithikum bis zur Eisenzeit zu besichtigen. Die gallorömische Epoche (57 v. Chr. – 5. Jh. n. Chr.) ist durch Inschriften, Meilensteine, Gläser, Schmuck und Bronzefigurinen belegt. Der nächste Saal dokumentiert das Mittelalter, u.a. mit romanischen Kapitellen aus Rennes' Abteien St-Mélaine und St-Georges. Möbel und sakrale Schnitzereien illustrieren die Bretagne des Ancien Régime (1532–1789), während von den Exponaten der Neuzeit vor allem die Bauerntrachten Beachtung verdienen.

Im ersten Stock des Gebäudes ist seit 1855 das **Musée des Beaux-Arts**

Landluft

Etwa 4 km südlich der Hauptstadt (über die Route de Châtillon-sur-Seiche Richtung Flughafen) wurde in den 1980er Jahren das **Écomusée du Pays de Rennes** 14 eröffnet (April–Sept. Di–Fr 9–18, Sa 14–18, So 14–19 Uhr, Okt.–März Di–Fr 9–12, 14–18, Sa 14–18, So 14–19 Uhr). Auf dem 15 ha großen Areal wird die Landwirtschaft seit dem 16. Jh. dokumentiert. Der Besucher geht auf Tuchfühlung mit vom Aussterben bedrohten Haustieren der Bretagne und kann hin und wieder auch an Festen und Sondervorführungen, etwa der Schafschur, teilnehmen.

untergebracht. Neben Werken der ägyptischen und griechischen Antike sind vor allem Gemälde seit dem 14. Jh. ausgestellt. Zu den wichtigsten Exponaten zählen »Das Neugeborene« von Georges de la Tour (1593–1652), »Die Tigerjagd« von Peter Paul Rubens (1577–1640) sowie Gemälde der Schule von Pont-Aven (s. S. 176).

OT: 11, rue St-Yves, 35000 Rennes, Tel. 02 99 67 11 11, Fax 02 99 67 11 10, www.tourisme-rennes.com; Juli/Aug. Mo–Sa 9–19, So 11–13, 14–18, sonst Mo 13–18, Di–Sa 10–18, So 11–13, 14–18 Uhr.

****Lecoq-Gadby** 15: 156, rue d'Antrain, Tel. 02 99 38 05 55, Fax 02 99 38 53 40, www.lecoq-gadby.fr. Etwas außerhalb gelegenes, sehr komfortables Haus, 11 Zimmer, DZ 118–265 €, mit Garten, Parkplatz, Pool, erlesenes Restaurant (Menü 40–58 €).

***Anne de Bretagne** 16: 12, rue Tronjolly, Tel. 02 99 31 49 49, Fax 02 99 30 53 48, www.anne-de-bretagne.fr. Zentral und komfortabel, 42 Zimmer, Parkplatz, DZ 90–96 €.

Garden Hotel 17: 3, rue Duhamel, Tel. 02 99 65 45 06, Fax 02 99 65 02 62; www.logis-de-france.com (Sammelseite mit Suchfunktion für das jeweilige Hotel). Logis de France, 24 Zimmer, teils mit Terrasse zum Garten, Parkplatz, DZ 45–60 €.

Nemours 18: 5, rue de Nemours, Tel. 02 99 78 26 26, Fax 02 99 78 25 40, www.hotelnemours.com. Zentral gelegen, wenig Komfort, 29 Zimmer, DZ 60–65 €.

*Maréchal Joffre** 19: 6, rue du Mal. Joffre, Tel. 02 99 79 37 74, Fax 02 99 78 38 51. Zentral und preiswert, aber sehr einfach, 22 Zimmer, DZ 23–36 €.

Camping:

Municipal de la Courbe: Route de Nantes, ca. 20 km südl. in 35890 Bourg-des-Comptes, Tel./Fax 02 99 52 14 23, mairie-de-bourgdescomptes@wandoo.fr; Ende März–Ende Okt. Einfache Anlage mit 60 Plätzen.

Camping à la ferme: Blavon, ca. 20 km nordwestlich in Bédée, Tel. 02 99 07 04 03; ganzjährig geöffnet. Camping auf dem Bauernhof, 25 Plätze.

Sparsam

An Wochenenden, wenn die Einwohner der bretonischen Hauptstadt zur Küste aufbrechen, bietet Rennes seinen Gästen zwei Übernachtungen zum Preis von einer. Das Angebot umfasst u.a. auch Kulturveranstaltungen zu ermäßigten Preisen. Buchungen sind über das Office de Tourisme (s. o.) vorzunehmen.

L'Épi d'Or 20: 2, rue St-Thomas, Tel. 02 99 78 23 49; Sa mittags und So geschl. Die wohl beste Crêperie der Stadt, sehr große Auswahl, Terrasse, Galettes und Crêpes ab 1,50 €, zum Menü zusammengestellt ab ca. 10 €.

L'Escu de Runfao 21: 11, rue du Chapitre, Tel. 02 99 79 13 10; Sa mittags und So abends geschl. Feinschmeckerrestaurant in einem Haus aus dem 16. Jh. Terrasse, Garten, Menü 27–52 €.

Le Gourmandin 22: 4, place de Bretagne, Tel. 02 99 30 42 01; Sa mittags, So und Mo mittags geschl. Sehr gute traditionelle Küche, Menü 15–28 €.

India 23: 41, rue St-Georges, Tel. 02 99 87 09 01. Hervorragende indische Küche zu günstigen Preisen, Menü 12–16 €.

Le Khalifa 24**:** 20, place des Lices, Tel. 02 99 30 87 30; Mo geschl. Gute marokkanische Küche, Menü 16 €.

L'Ouvrée 25: 18, place des Lices, Tel. 02 99 30 16 38; Sa mittgas, So abends und Mo geschl. Haus aus dem 17. Jh., Gourmet-Restaurant zu gemäßigten Preisen, gute Weinkarte, Menü 14–31,50 €.
St-Germain-des-Champs 26: 12, rue Vau St-Germain, Tel. 02 99 79 25 52; So ganztägig sowie Mo–Mi abends geschl. Vegetarische Küche mit Zutaten aus biologischem Anbau, Menü 18 €.

Markt: Sa auf der Places des Lices.
Librairie Breiz: Buchhandlung in der Rue Hoche.

Théâtre National de Bretagne: 1, rue St-Hélier, Tel. 02 99 31 12 31, www.t-n-b.fr.
Opéra de Rennes: Place de la Mairie, Tel. 02 99 78 48 78, www.opera-rennes.fr.
Kinos: Arvor, 29, rue d'Antrain, Tel. 02 99 38 72 40. Colombier, place du Colombier, Tel. 08 36 68 03 07. Gaumont, 8, quai Duguay-Trouin, Tel. 08 36 68 75 55.

Juli: 1. Monatshälfte **Tombées de la nuit** (www.tdn.rennes.fr), Open-Air-Festival der zeitgenössischen Künste.
Dez.: Drei Tage lang **Transmusicales** (www.lestrans.com), Festival der Rockmusik (nach Paris ist Rennes am wichtigsten für neue Musikströmungen), parallel dazu ein Gegenfestival namens **Folies rennaises** mit Nachwuchsbands.

Ausflüge: Für Gruppen, an Wochenenden auch für Einzelpersonen Ausflugsschiff auf der Vilaine nach Messac.
Golf: Golf de Cesson-Sévigné, Île de Tizé, 43, bd. de Dézerseul, 35510 Cesson-Sévigné, Tel. 02 99 83 26 74; 9 Loch, par 35, 2703 m.
Golf de Rennes St-Jacques, Le Temple du Cerisier, 35136 St-Jacques-de-la-Lande, Tel. 02 99 30 18 18; 18 Loch, par 72, 6106 m; 9 Loch, par 32, 2068 m; 9 Loch, par 27, 835 m.
Golf de la Freslonnière, Le Rheu, 35650 Rennes, Tel. 02 99 14 84 09; 18 Loch, par 72, 5645 m.

Flug: 7 km südwestlich in St-Jacques-de-la-Lande, www.rennes.aeroport.fr. (Bus Nr. 57, z.B. ab Place de la Mairie); täglich Linienflüge u.a. nach Paris-Orly, Clermont-Ferrand, Lyon, Zürich.
Bahn: Gare SNCF, place de la Gare, Tel. 08 36 35 35 35; TGV u.a. nach Brest (2 Std.), Paris (2,5 Std.), Redon (30 Min.), St-Brieuc (40 Min.), Vitré (20 Min.).
Bus: Gare routière, bd. Solférino, Tel. 02 99 30 87 80; Überlandbusse u.a. nach Redon, Vannes, Vitré, Fougères, Le Mont St-Michel, Dol-de-Bretagne, St-Malo, Dinan, St-Brieuc.
Im Stadtverkehr: Métro (1 Linie von NW nach SO, Stationen im Zentrum Ste-Anne, République, Charles-de-Gaulle, Bahnhof) und Busse (STAR, place de la Mairie, Tel. 02 99 79 37 37), die man aber für eine normale Stadtbesichtigung angesichts der geringen Entfernungen nicht benötigt.
Autovermietung: Große Anbieter (Avis, Europcar, Budget etc.) am Flughafen, Online-Buchung für die dort vertretenen Firmen unter www.carwithaview.com/france-rennes-airport. In der Stadt Buchung über das OT (s.o.).

Ziele im Umkreis von Rennes

Hédé und Montmuran

Reiseatlas: S. 235, D3
Ein Abstecher von Rennes Richtung Norden führt über die N 137 nach **Hédé,** wo in der romanischen Dorfkirche eine Madonna aus Alabaster und ein

geschnitztes Retabel des Hochaltars (beide 17. Jh.) Beachtung verdienen. Der Ort liegt am Ille-Rance-Kanal, der 1,5 km nordöstlich an der Straße nach Combourg (s. S. 75) über elf Schleusen einen Höhenunterschied von 27 m überwindet.

Westlich von Hédé geht es über **Les Iffs** (gotische Kirche mit bedeutenden Glasfenstern) nach **Montmuran,** das eine Burg mit Türmen aus dem 12. Jh. und einem Wohntrakt aus dem 17. Jh. besitzt. In einem der Türme informiert ein kleines Museum über die Geschichte der Burg (Juni–Sept. tgl. 14–19 Uhr). Schillerndster Bewohner innerhalb ihrer Mauern war Bertrand du Guesclin, der 1356 in der Burgkapelle zum Ritter geschlagen wurde und hier auch seine zweite Ehe schloss.

Bertrand wurde um 1320 in dem heute verschwundenen Château de la Motte-Broons bei Dinan geboren. Schon 1337 bewährte er sich mit geliehenem Pferd und Rüstung als glänzender Sieger bei einem Turnier in Rennes. 1356 trat er als Feldherr in königliche Dienste und nahm noch im selben Jahr die bretonische Hauptstadt ein, die damals, während des Hundertjährigen Krieges, von dem mit England verbündeten Yann de Montfort besetzt war. Im Anschluss wurde Bertrand, der dem niederen Adel entstammte, zum Ritter geschlagen. 1359 rettete er das von Engländern belagerte Dinan in einem Duell gegen Thomas von Canterbury. 1364 musste du Guesclin bei Auray eine Schlappe gegen Yann de Montfort hinnehmen, strich ansonsten aber zahlreiche Siege gegen die Engländer ein, wurde 1369 König von Granada und 1370 Konnetabel des Königs von Frankreich. Zehn Jahre später starb er im Kampf in der Auvergne. Der begehrte Leichnam wurde hernach geradezu in Stücke gerissen: Die Eingeweide wurden in der Nähe des Schlachtfeldes in Le Puy beigesetzt, der Körper zunächst einbalsamiert und nach Paris überführt. Dort stellte man fest, dass die Konservierung des Leichnams nicht fachgerecht ausgeführt worden war. So löste man das Fleisch von den Knochen, begrub es bei Montferrand und setzte das Skelett in der Kirche St-Denis in Paris bei. Lediglich das Herz fand seinen Weg zurück in die Heimat, wo es in der Basilika von Dinan (s. S. 86) ruht.

La Vieille Auberge: Route de St-Malo, 35630 Hédé, Tel. 02 99 45 46 25; So abends und Mo geschl. Gourmet-Restaurant in einem Haus aus dem 17. Jh., Menü 14–58 €.

Markt: Di in Hédé.

Châteaugiron und Champeaux

Reiseatlas: S. 235, E/F4, 239, F1

Meistbesuchtes Ziel im Osten von Rennes ist Vitré. Es lohnt, das Städtchen nicht direkt anzusteuern, sondern ein paar Abstecher einzuplanen, z. B. über die D 463 nach **Châteaugiron.** Der Ort war im 16. Jh. vorwiegend protestantisch und wurde 1589 während der Religionskriege von Katholiken verwüstet. Auch die Festung (13.–18. Jh.) erlitt damals schwere Schäden, doch haben sich aus dem Mittelalter noch zwei

Türme erhalten. Vom späteren Aufschwung Châteaugirons durch den Handel mit Segeltuch zeugen stattliche Fachwerkhäuser aus dem 16.–19. Jh.

Über Janzé (D 92) geht die Fahrt weiter nach Essé (D 48) und von dort auf der D 341 zur **Roche-aux-Fées,** einem 22 m langen und 6 m breiten Dolmen. 41 Steine, die bis zu 45 t wiegen, bilden eine niedrige Vorhalle mit dahinter liegender Hauptkammer. Das eindrucksvolle Megalithdenkmal, dessen rötlicher Schiefer in hübschem Kontrast zu Eichen und Kastanien steht, entstand etwa 2500 v. Chr.

Zurück in Châteaugiron, wählt man die D 92, die zur Schnellstraße (N 137) nach Laval führt. Nach 8 km zweigt die D 857 Richtung Vitré ab. Wir folgen der Straße etwa 10 km bis zum Abzweig nach **Champeaux.** Nach etwa 3 km liegt links der Strecke das von einem Park umgebene **Château Espinay** (15./16. Jh.). Die Familie d'Espinay, die dort residierte, stiftete im 15. Jh. die Kirche von Champeaux, in der neben den Grüften des Adelsgeschlechts vor allem das Chorgestühl und die Bildfenster der Renaissance (Leiden Christi, Abrahams Opfer) Beachtung verdienen.

Auf der D 29 gelangt man nun zur Umgehungsstraße um Vitré, von der im Süden des Ortes die D 88 abzweigt. Nach wenigen Kilometern erreicht man **Les Rochers-Sévigné,** ein Schloss aus dem 15. Jh., in dem Marie de Rabutin-Chantal (s. S. 65) lebte (April–Juni tgl. 10–12, 14–17.30, Juli–Sept. tgl. 10–18, Mitte Feb.–Ende März u. Okt. Mo–Fr 10–12, 14–17.30, Sa, So 14–17.30, Nov.–Mitte Feb. Mo 14–17.30, Mi–Fr 10–12, 14–17.30, Sa, So 14–17.30 Uhr). Die Innenräume – nur wenige davon können besichtigt werden – wurden ab dem 18. Jh. weitgehend verändert und geben somit kein authentisches Bild vom Alltag der Marquise. Sehenswert ist aber eine 1671 von ihr gestiftete Kapelle sowie der Garten im französischen Stil. Darin befindet sich auch eine halbrunde Mauer mit einem Echoeffekt (Markierungen zeigen die Punkte, auf denen man stehen muss, um den Widerhall zu hören).

Vitré

Reiseatlas: S. 235, F4

Rennes ist ein weit vorgeschobener Posten, der sich gefährlich nah am einstigen Feindesland befindet. Um die bretonische Hauptstadt vor Übergriffen zu schützen, wurde im Osten ein engmaschiges Netz von Festungen gelegt. Eine davon war Vitré, heute ein Zentrum der Landwirtschaft, des Maschinenbaus sowie der Lebensmittel- und Textilindustrie. Bereits um 1000 entstand hier nach Überfällen der Normannen eine Festung aus Holz, die 1060 durch ein Fort aus Bruchstein ersetzt und im 13.–15. Jh. erweitert wurde. Doch erst der romantisch verklärten Restaurierung im 19. Jh. verdankt diese **Festung** ihre Beliebtheit bei heutigen Reisenden. In drei der sieben trutzigen Türme ist ein Museum untergebracht (Öffnungszeiten s. o. Les Rochers-Sévigné). Es beherbergt u. a. einen dreiflügeligen Altar von 1544 mit 32 Emailbildern aus Limoges, Gobelins des 16./17. Jh. aus Flandern sowie Kostüme, Möbel und eine naturkundliche Sammlung.

MARIE DE SÉVIGNÉ UND FRANÇOIS-RENÉ DE CHATEAUBRIAND

Geboren 1626 in Paris, aufgewachsen im Burgund – **Marie de Rabutin-Chantal** war eigentlich keine Bretonin, doch die Bretagne erhebt einen berechtigten Anspruch auf die Briefeschreiberin. 1644 heiratete Marie den aus Vitré stammenden **Henri de Sévigné,** einen Marquis, der mit seinem Vermögen nicht gerade sparsam umging. Als Henri bei einem Duell starb, war die Marquise in Geldnöten und floh oft aus dem teuren Paris in das Familienanwesen bei Vitré, das ihr geblieben war. 1678 machte sie Les Rochers-Sévigné zu ihrem Dauersitz. Bekannt wurde Marie durch die eifrige Korrespondenz, die sie mit ihrer in der Provence lebenden Tochter Françoise Marguerite führte. Über 1500 Briefe sind erhalten und geben einen Einblick in den bretonischen Alltag im späten 17. Jh. Vor allem aber erweist sich die Marquise als scharfe Beobachterin des Adels in Vitré. 1696 starb Marie de Sévigné bei ihrer Tochter auf Schloss Grignan. Die Briefe, ihre Hinterlassenschaft, fanden in Marcel Proust einen berühmten Bewunderer, der die Korrespondenz in Frankreich bekannt machte.

Auch der Name Chateaubriand hat einen guten Ruf, allerdings verbindet man mit ihm eher ein Steak als eine berühmte Persönlichkeit. **François-René Chateaubriand** – für ihn erfand ein Küchenmeister das Fleischgericht – wurde 1768 geboren. Der Vater, ein Abenteurer, hatte als Kabeljaufischer, Sklavenhändler und Korsar ein ansehnliches Vermögen angehäuft und sich damit als Reeder in St-Malo niedergelassen. 1777 zog die Familie ins Schloss Combourg, das François-René später als düster-romantisch beschrieb. 1786 wurde er Soldat, emigrierte beim Ausbruch der Revolution aus Frankreich und verbrachte das Jahr 1791 bei Indianern in Nordamerika. Nach der Gefangennahme des Königs kehrte François-René nach Europa zurück, um sich dem royalistischen Emigrantenheer anzuschließen. Zwischen 1793 und 1800 blieb er im Exil in England, wo er mit dem »Essai sur les Révolutions« erstmals Bekanntheit erlangte.

Die Französische Revolution hatte die Gegner des Klerus' auf den Plan gerufen und einen ungeahnten Bildersturm ausgelöst. 1802 veröffentlichte der katholisch geprägte Chateaubriand »Le génie du Christianisme«, in dem er die Rückkehr zum Christentum propagierte. 1803–28 engagierte er sich als Politiker gegen Napoléon und war 1822–24 sogar französischer Außenminister. Nach dem Rückzug aus seinem Amt widmete er sich den »Mémoires d'outre-tombe« (»Von jenseits des Grabes. Denkwürdigkeiten«), historisch nicht immer korrekten Erinnerungen, die den Weg zur französischen Romantik bereiteten. Chateaubriands Werk ist geprägt von einer typisch bretonischen Schwermut, von Phantasienreichtum und poetischer Prosa, in denen sich die Stimmungen der Landschaft widerspiegeln. Gelesen wird es zwar kaum noch, doch folgt manch ein Reisender seinen Spuren durch die Bretagne – bis hin zur Insel Grand-Bé, wo der Schriftsteller 1848 beigesetzt wurde.

Im Unterschied zu Rennes erkennt man im ummauerten Stadtkern von Vitré noch den Verlauf der mittelalterlichen Gassen und entdeckt dort eine Vielzahl eindrucksvoller, gut erhaltener Fachwerkhäuser, vor allem in der **Rue d'Embas** (dort u.a. das Hôtel Bol d'Or, 15./16. Jh.), der **Rue de Sévigné** (Stadthaus der Marquise de Sévigné), der **Rue de la Beaudrairie** und an der **Place St-Yves.** Dieses Ensemble gruppiert sich um die spätgotische **Kirche Notre-Dame** im Osten der Festung (15./16. Jh.), deren Innenausstattung bereits Anklänge der Renaissance erahnen lässt. Bemerkenswert ist die Außenkanzel an der Südseite der Kirche, von der die Prediger Streitgespräche mit Protestanten führten. Wie in Châteaugiron (s. S. 63), so war auch hier der Adel im 16. Jh. zur reformierten Kirche übergetreten, eine Seltenheit in der ansonsten streng katholischen Bretagne.

Berühmtheit erlangte der aus Vitré stammende Stadtherr Gaspar II de Coligny, der in der berüchtigten Bartholomäusnacht (23./24. August 1572) von Katholiken umgebracht wurde. 17 Jahre später – immer noch währten die Religionskriege – versammelten sich katholische Heere zu einer fünfmonatigen Belagerung Vitrés. Die Feste trotzte den Angreifern und ließ anschließend in ihrem Schutz einen einträglichen Handel mit Stoffen aus Hanf und Wolle aufleben.

Bevor man den Bilderbuchort verlässt, lohnt ein Besuch zweier Ziele am nördlichen Vilaine-Ufer. Da ist zum einen der Aussichtspunkt **Tertres Noirs,** zum anderen das in der Kapelle eines einstigen Augustinerklosters untergebrachte **Musée St-Nicolas** (u. a. Fresken des 15./16. Jh.; Öffnungszeiten s. S. 64 Les Rochers-Sévigné).

OT: place Gén. de Gaulle, 35500 Vitré, Tel. 02 99 75 04 46, Fax 02 99 74 02 01, www.ot-vitre.fr; Juli/Aug. tgl. 10–12.30, 14–19, sonst Mo 14.30–18, Di–Fr 9.30–12.30, 14.30–18, Sa 10–12.30, 15–17 Uhr.

****Le Minotel:** 47, rue Poterie, Tel. 02 99 75 11 11, Fax 02 99 75 81 26. 16 Zimmer, Garage, DZ 49–56 €.
****Du Château:** 5, rue Rallon, Tel. 02 99 74 58 59, Fax 02 99 75 35 47. Sehr schönes Haus unterhalb des Schlosses, 10 Zimmer, DZ 43 €.
Camping:
****Municipal St-Étienne:** Place d'Argentré, Tel. 02 99 75 25 28, Fax 02 99 74 04 12; ganzjährig geöffnet. Einfache Anlage mit 47 Plätzen.

La Taverne de l'Écu: 12, rue Baudrairie, Tel. 02 99 75 11 09; Di abends, Mi und So abends geschl. Gourmet-Küche in einem Haus aus dem 16. Jh., Menü 16–38 €.

Markt: Mo auf der Place du Marchix, Sa Rue Poterie.

Juli: Erste Monatshälfte **Fêtes du Bocage Vitréen.**

Golf: Golf des Rochers Sévigné, Les Rochers, Tel. 02 99 96 52 52; 18 Loch, par 71, 5800 m.

Bahn: TGV nach Rennes und Laval.
Bus: U. a. nach Fougères, Rennes.

Vitré

AUBERGE DU CHATEAU
RESTAURANT

Nach Fougères

Reiseatlas: S. 235, E/F3
Was für die Gallier Alesia, das war für die Bretonen **St-Aubin-du-Cormier.** Bei dieser Grenzfeste unterlagen sie 1488 den Franzosen und mussten in jenen Vertrag von Verger einwilligen, der sie schließlich die Unabhängigkeit kostete (s. S. 20). Erhalten ist am Ort des Geschehens eine nicht sonderlich imposante Burgruine. Von dort führt ein Weg zu den **Rochers Bécherel,** einem bizarren Felsenmeer im Wald.

St-Aubin liegt an der N 12, die Rennes mit **Fougères** verbindet, einem weiteren Festungsort. Die hiesigen Wehranlagen zählen zu den größten des Mittelalters und befinden sich ausnahmsweise nicht auf einer Erhebung, sondern im Tal. Der Fluss und die umliegenden Sümpfe schienen für die im 11. Jh. gegründete Festung ein hinreichender Schutz, doch wurden die Burgherren mehrfach eines Besseren belehrt. Die stürmischen Zeiten überdauert hat vor allem die Ringmauer mit 13 Türmen, in zwei von ihnen ist ein Museum untergebracht (Mitte Juni–Mitte Sept. tgl. 9–19, April–Mitte Juni, Mitte–Ende Sept. tgl. 9.30–12, 14–18, sonst 10–12, 14–17 Uhr). Hier

Die Burg von Fougères

wird der Besucher über die Geschichte der Stadt informiert, die seit dem 13. Jh. vor allem vom Tuchhandel lebte und sich im späten 19. Jh. auf die Herstellung von Damenschuhen spezialisierte. Weitere Industrieanlagen kamen hinzu, sie waren im Juni 1944, während der deutschen Besatzungszeit, Ziel von Bombenangriffen der Alliierten.

Fougères' Altstadt liegt also im Tal. Hier sind neben Fachwerkhäusern vor allem zwei Kirchen sehenswert: St-Sulpice (15.–18. Jh.), darin eine stillende Madonna aus dem 12. Jh., sowie St-Léonard (15./16 Jh.) mit Resten von Glasmalereien des 12. Jh. Die auf einem Fels errichtete Oberstadt mit beachtlichen Bürgerhäusern aus dem 17. und 18. Jh. erlangte im Kampf der Chouans gegen die Republikaner Bedeutung. Hier schrieb Honoré de Balzac ab 1828 seinen Roman »Les Chouans« und Victor Hugo 1836 sein Werk »Quatre-Vingt-Treize«, die sich beide um die Geschehnisse im Jahre 1793 ranken (s. S. 23). Stationen für einen Bummel durch die Oberstadt sind der Beffroi (Glockenturm) von 1387 und an der Place Nationale ein Fachwerkhaus aus dem 16. Jh. mit dem Musée Emmanuel de la Villéon (Mitte Juni–Mitte Sept. tgl. 10–12.30, 14–18 Uhr), eines impressionistischen Landschaftsmalers aus Fougères (1858–1944).

OT: 2, rue Nationale, 35300 Fougères, Tel. 02 99 94 12 20, Fax 02 99 94 77 30, www.ot-fougeres.fr; Ostern–Allerheiligen Mo–Sa 9.30–12.30, 14–18, So 13.30–17.30, Juli, Aug. Mo–Sa 9–19, So 10–12, 14–16 Uhr (im Sommer eine Zweigstelle im Château).

Viehmarkt am Stadtrand

Fougères ist heute ein Zentrum der Schweine- und Rinderzucht. 2 km südöstlich des Ortes findet jeden Freitag ein großer Viehmarkt statt, der sehenswerte *marché au bovins* im Parc de l'Aumaillerie.

****Les Voyageurs:** 10, place Gambetta, Tel. 02 99 99 08 20, Fax 02 99 99 99 04, hotel-voyageurs-fougeres@wanadoo.fr; 37 Zimmer, Garage, DZ 37–56 €, sehr gutes Restaurant (Menü 16–37 €, Sa mittags und So abends geschl.).

Jugendherberge & Camping:
Auberge de Jeunesse: 11, rue Beaumanoir, Tel. 02 99 99 22 06, www.fuaj.fr.
****Municipal:** Route de la Chapelle Janson, Tel. 02 99 99 40 81, Fax 02 99 94 88 17; Mai–Aug. Schöne Anlage mit Schatten, 90 Plätze.

Les Vins et Une Fourchette: 1, rue de la Fourchette, Tel. 02 99 95 55 88; So und Mo geschl. Restaurant mit Terrasse in der Altstadt, Fisch, Grill, Gerichte der Region, Menü 21–27 €.

Markt: Sa.
Cristallerie de Haute-Bretagne: Glasbläserei in der Rue du Chêne Vert.

Febr.: 1. Monatshälfte **Les Flambées Musicales,** Konzerte in Fougères und Umgebung.
Mai: Monatsmitte **Le Printemps des Clowns.** Am letzten So **Oldtimer-Rennen.**

Bus: Verbindungen nach Vitré, Rennes, Laval.

DIE CÔTE D'ÉMERAUDE

Die ›Smaragdküste‹, die ihren Namen – unschwer erkennbar – dem leuchtenden Farbton des Meeres verdankt, ist ein erster landschaftlicher Höhepunkt. Der beliebte Küstenstreifen erstreckt sich von den Grenzen der Normandie bis hinter den Badeort St-Brieuc und umfasst so spektakuläre Ziele wie den Mont St-Michel, die einstige Korsarenhochburg St-Malo und das windumtoste Cap Fréhel.

Die Baie du Mont St-Michel

Mont St-Michel

Reiseatlas: S. 235, E2

Nach dem Eiffelturm ist er das meistbesuchte Touristenziel Frankreichs: der Mont St-Michel. Jährlich steigen etwa 1 Mio. Feriengäste schwitzend den imposanten Felskegel empor, der schon nicht mehr zur Bretagne, sondern zur Normandie gehört, seitdem der alte Grenzfluss Couesnon sein Bett nach Westen verlagert hat. Der enorme Urlauberandrang kann den Genuss versalzen, zumal es vor lauter Menschen oft schwierig oder unmöglich ist, die Innenräume der Klosteranlage zu besichtigen. Doch die Außenansicht ist eindrucksvoll genug.

Schon aus 30 km Entfernung erkennt man den Granitfelsen inmitten der seichten Bucht. Eine Sturmflut im Jahre 709 n. Chr. trennte ihn vom Festland, doch der 1877 errichtete Damm trägt inzwischen zur neuerlichen Verlandung bei. Nur bei Springflut, wenn Sonne, Mond und Erde in einer Achse stehen, umspült das Meerwasser noch den Fuß des Felsens.

708, ein Jahr vor der Naturkatastrophe, soll dem Bischof Aubert von Avranches der Erzengel Michael erschienen sein und ihm aufgetragen haben, auf dem 78 m hohen Felskegel eine Andachtsstätte zu errichten. Aubert machte sich auf den Weg nach San Galgano in Italien, um dort Reliquien für die neue Kirche zu erwerben. Zurück in der Bretagne, traute er seinen Augen nicht angesichts der veränderten Natur des Berges, der ja nun eine Insel war. Freilich hielt ihn das nicht von seinem Bauvorhaben ab. Aubert gründete die erste Kirche für St-Michel, die mit den Jahrhunderten zu einer grandiosen Wallfahrtsstätte heranwuchs. Heute thront eine Statue des heiligen Michael in 156 m Höhe auf dem Glockenturm aus dem Jahre

1897. Zu dieser Kirche geht es nun hinauf.

Von den Parkplätzen neben dem Damm erobert man zunächst die **Porte l'Avancée,** den Eingang zu dem ungewöhnlichen Inselparadies. Pilger früherer Zeiten, die es bis hierher schafften, hatten Glück. Es war nämlich durchaus keine Seltenheit, auf den letzten Metern im gefährlichen Treibsand sein Leben zu verlieren. Heute geht es sicheren Fußes zum Tor und dann in die **Grande Rue,** das einzige Sträßchen des Felskegels. In den Häusern, die teils noch aus dem späten Mittelalter stammen, haben sich Souvenirläden und Restaurants etabliert. Am Ende der Grande Rue befindet sich die **Pfarrkirche St-Pierre** (15./16. Jh.) und ihr gegenüber das **Archéoscope** (audiovisuelle Show zur Geschichte des Berges) mit dem **Musée Maritime** (Ausstellung zum Gezeitenwechsel und zur Verlandung des Mont St-Michel; tgl. 9–18 Uhr).

Wandern im Watt

Wer den Mont St-Michel bei Ebbe besucht, der kann vom Deich aus durchs Watt hinaus zur vorgelagerten Insel **Tombelaine** wandern (ca. 1,5 Std. hin und zurück). Doch Vorsicht: Auch wenn das Meer jetzt so harmlos erscheint, muss man sich unbedingt nach den Gezeiten erkundigen, denn die Flut bricht völlig unerwartet herein. Da zudem Treibsand lauert, sollte man sich um einen ortskundigen Führer bemühen.

Es folgt der Aufstieg zur **Abteikirche,** die auf jene Stiftung des Bischofs Aubert zurückgeht. Die Gründung eines ersten Klosters im Jahre 966 und der erste Ausbau der Kirche im 10./11. Jh. fand unter den normannischen Herzögen statt. Diese Kirche im vor- und frühromanischen Stil trägt den Namen Notre-Dame sous Terre – ›unter der Erde‹, denn sie bildet die Krypta der eindrucksvollen romanischen Kirche, die im 12. Jh. unter englischen Königen errichtet wurde. Es war ein fragiles Gotteshaus: 1421 stürzte der mächtige Chor ein. Beim Wiederaufbau – ein Meisterwerk gotischer Architektur – wurde die Krypta zugeschüttet (sie ist erst seit 1965 wieder zugänglich).

Auch an den Klostergebäuden, die im 11. Jh. von Benediktinern bezogen wurden, sind die drei genannten Bauphasen abzulesen. Am prächtigsten gestaltet ist ein dreistöckiger Gebäudetrakt aus den Jahren 1211–1228, der den Namen **La Merveille** (das Wunder) trägt. Er besteht u.a. aus Almosenhalle, Speisesaal, Rittersaal und einem wahrlich wundervollen gotischen Kreuzgang. Damals, unter französischen Königen, wurde auch mit dem Bau von Befestigungsanlagen begonnen. Sie bewahrten die Insel im Hundertjährigen Krieg vor Übergriffen aus England. Erst die Französische Revolution wurde dem Mont St-Michel zum Verhängnis: Auf Brand und Plünderungen folgte 1811 die Umgestaltung der Klosteranlage in ein Gefängnis. Napoléon III beendete das traurige Kapitel, stellte den Berg 1874 unter Denkmalschutz und veranlasste eine sorgsame Restaurierung. 1969 zogen erstmals wieder Mönche in La Merveille ein.

OT: am Eingang zum Klosterhügel, 50170 Le Mont-St-Michel, Tel. 02 33 60 14 30, Fax 02 33 60 06 75, www.ot-montsaintmichel.com; Okt.–März Mo–Sa 9–12, 14–18, So 10–12, 14–17, April–Juni, Sept. Mo–Sa 9–12.30, 14–18.30, So 9–12, 14–18, Juli, Aug. tgl. 9–19 Uhr.

Am günstigsten in einem der zumeist netten *chambres d'hôte* entlang der Straße nach Cancale.
Wer gern auf dem Hügel wohnen möchte: *****De la Mère Poulard,** Tel. 02 33 89 68 68, Fax 02 33 89 68 69. ; www.mere-poulard.fr; 100 Zimmer, DZ 100–320 €, im sehr guten Restaurant werden u. a. legendäre Omelettes serviert (Menü 25–65 €).

Einige Gaststätten entlang der Grande Rue, Spezialität Lämmer der Salzwiesen (*agneau présalé*).

Atelier-Galerie Laurette: Chemin de Ronde des Remparts; Schmuck.

Mai: Frühlingsfest.
Juni: Am Monatsende **Marathon de la Baie du Mont-St-Michel.**
Juli: In der Monatsmitte Pilgerzug über das Sandufer zum Mont St-Michel.
Sept.: Fête de la St-Michel d'automne am So, der dem 29. September (Namenstag des Heiligen) am nächsten liegt.

Ballonfahrt: Sélune Montgolfières, ca. 20 km östlich in 50220 Poilley, Tel. 02 33 60 50 00, www.montgolfiere-normandie.com/selune_montgolfieres/.

Bus: Verbindung nach Rennes und Pontorson (Anschluss an die Bahnlinie Dol–Caen).

Dol-de-Bretagne

Reiseatlas: S. 235, D2
Noch im Mittelalter war die Bucht von Mont St-Michel tiefer ins Land eingeschnitten als heute. Aus dem alten Küstensaum wurden Sümpfe und schließlich, durch menschliches Zutun, Äcker, auf denen heute Frühkartoffeln und Karotten gedeihen. Aus diesem Ackerland ragt etwa 20 km westlich des berühmten Tourismusmagneten ein weiterer stattlicher Fels empor, der 65 m hohe **Mont Dol.** Ebenso wie der Mont St-Michel war er ein Kultort der Kelten, zuvor aber schon eine Wohnstätte des Frühmenschen, wie Artefakte der Altsteinzeit belegen.

In dieser geschichtsträchtigen Gegend landete im 6. Jh. ein gewisser Samzun oder Samson, ein um 480 im südlichen Wales geborener Abt, den man zu den sieben heiligen Gründern der Bretagne rechnet. Mit Hilfe seines druidischen Geheimwissens heilte der Neuankömmling Gemahlin und Tochter eines Gallo-Romanen namens Privatus, der dem Waliser zum Dank ein Stück Land überließ. Hier gründete Samson eine Reihe von Pfarren, darunter im Jahre 548 Dol-de-Bretagne südlich des Mont Dol, das er zielstrebig zu einem bedeutenden geistlichen Zentrum entwickelte. Seit der Krönung des ersten bretonischen Herzogs Nominoë, die 848 hier stattfand, war Dol sogar Erzbistum, woraus sich das Bemühen ablesen lässt, die Bretagne auch in kirchlicher Hinsicht unabhängig zu machen.

Inmitten alter Häuser, von denen eines noch ins 12. Jh. datiert (Nr. 17,

Landschaft bei Dol-de-Bretagne

Grande Rue des Stuarts), steht die **Kathedrale,** die dem hl. Samson geweiht ist. Das pompöse Bauwerk wurde im 13. Jh. aus Granit errichtet, nachdem Jean sans Terre (Johann Ohneland) 1203 die Vorgängerkirche hatte niederbrennen lassen. Ein berühmtes gotisches Chorfenster im Osten mit Darstellungen aus dem Leben Samsons überstand die Wirren der Zeit und sogar die Verwüstungen während der Französischen Revolution. Auch das etwas jüngere Chorgestühl aus dem 14. Jh. verdient Beachtung. Gegenüber dem Südportal der Kathedrale war in der **Trésorie,** einem Haus von 1530, einst ein Heimatmuseum eingerichtet. Mehr Beachtung verdiente allerdings schon immer das auf der anderen Seite der Rue des Écoles gelegene **Cathédraloscope,** eine Ausstellung zu Wesen und Architektur der mittelalterlichen Kathedralen (April–Okt. tgl. 10–19 Uhr). Im Süden des Ortes schließlich lohnt ein Abstecher zu dem mit 9,30 m Höhe besonders eindrucksvollen **Menhir von Champ-Dolent.**

OT: 3, Grande-Rue-des-Stuarts, 35120 Dol-de-Bretagne, Tel. 02 99 48 15 37, Fax 02 99 48 14 13, www.pays-de-dol.com; Mo–Sa 10–12.30, 14–18, So 14.30–18 Uhr.

***__Domaine des Ormes:__** Epiniac, Tel. 02 99 73 53 00, Fax 02 99 73 53 55, www.lesormes.com. 45 Zimmer, DZ 74–100 €, Parkplatz, Garten, Pool, Restaurant (Menü 16–25 €), komfortable Campinganlage angeschlossen.
De Bretagne: 17, place Chateaubriand, Tel. 02 99 48 02 03, Fax 02 99 48 25 75;

außerhalb der Saison Sa geschl. Logis de France, 27 Zimmer, DZ 24–55 €, Garten, Parkplatz, Restaurant (Menü 12–28 €).

Camping:

****__Le Vieux Chène:__ Baguer-Pican, Tel. 02 99 48 09 55, Fax 02 99 48 13 37, www.camping-vieuxchene.fr; Ende März–Ende Sept. Komfortable Anlage mit 199 Plätzen, Schatten, Reiten, Tennis, Pool, Restaurant.

**__Municipal Les Tendières:__ rue des Tendières, Tel. 02 99 48 14 68, Fax 02 99 48 19 63; Juni–Sept. Einfache, preiswerte Anlage, 93 Plätze.

Markt: Sa.

Juli: Am Monatsende **Folklorefest.**

Golf: Golf des Ormes, Epiniac, Tel. 02 99 73 54 64; 18 Loch, par 72, 5912 m.

Bahn: Verbindungen nach St-Malo, Pontorson (Busanschluss zum Mont-St-Michel) sowie über Dinan nach Lamballe und St-Brieuc.

Bus: U.a. nach Rennes und St-Malo.

Combourg

Reiseatlas: S. 235, D3

Das südlich von Dol gelegene Örtchen Combourg ist verbunden mit dem Namen des Schriftstellers Chateaubriand, der im hiesigen Schloss zwei Jahre seiner Kindheit verbrachte. Das **Château** aus dem 11.–15. Jh. gehörte der Familie Du Guesclin (s. S. 63), bevor François-Renés Vater das Anwesen erwarb. Vater Chateaubriand war ein äußerst schweigsamer Mensch, der sich ebenso wie die Mutter wenig um die Kinder kümmerte. So trösteten sich René und Schwester Lucille gegenseitig über die düstere Zeit in dem damals fast leeren Schloss hinweg. Das von einem Park umgebene Château befindet sich noch heute im Besitz der Nachfahren Chateaubriands. Das Interieur wurde im späten 19. Jh. weitgehend verändert, es sind aber noch einige Erinnerungsstücke zu sehen, die aus der Pariser Wohnung des Schriftstellers hierher gebracht wurden (April–Juni, Sept. Park 10–12.30, 14–18, Schloss 14–17.30, Juli, Aug. Park 10–18, Schloss 11–17.30, Okt. Park 10–12, 14–16.30, Schloss 14–17 Uhr).

OT: 23, Maison de Lanterne, 35270 Combourg, Tel 02 99 73 13 93, Fax 02 99 73 52 39, www.combourg.org; Sept.–Juni Di–Sa 10–12.30, 14.30–18, Juli, Aug. Mo 10–13, Di–Sa 10–13, 14–18.30, So 10–12.30 Uhr.

***__Du Château:__ 1, place Chateaubriand, Tel. 02 99 73 00 38, Fax 02 99 73 25 78, www.hotelduchateau.com.; Mitte Dez.–Mitte Jan. geschl. 33 Zimmer, DZ 52–111 €, Garten, Parkplatz, sehr gutes Restaurant mit Fischgerichten und Küche der Region (Menü 20–51 €).

Camping:

**__Municipal Le Vieux Châtel:__ Route de Lanrigan, Tel. 02 99 73 07 03; Juni–Aug. Schattige Anlage am See, 105 Plätze, Tennis.

Reiten: Alliance Nature, 14 km südöstl. in Feins, Tel. 02 99 69 65 11, www.chez.com/alliancenature/.

Bahn: Combourg liegt an der Strecke Dol-de-Bretagne–Rennes.

Bus: Nach Rennes, Dol-de-Bretagne und Dinan.

Cancale

Reiseatlas: S. 235, D1
Zurück zur Küste: Ab Le Vivier-sur-Mer kann man Bootsfahrten und bei Ebbe Ausflüge zu den Austernbänken, Vogelreservaten und Robbenkolonien der Bucht von Mont St-Michel unternehmen. Unweit des Ortes sieht man in der Ferne das ehemalige Korsarennest Cancale, das sich malerisch in eine felsige Bucht schmiegt. Vom Turm der **Pfarrkirche St-Méen** (19. Jh.) bietet sich eine glänzende Aussicht über das Städtchen. Einst brachen die Fischer von hier aus nach Neufundland auf. Ein Großsegler, wie er damals zum Einsatz kam, wurde nachgebaut und steht heute für Ausflüge im Hafen La Houle bereit. Bekannt aber ist Cancale für die **Austernzucht.** Bei Ebbe schweift der Blick über rund 400 ha Austernbänke, zu denen die Züchter mit flachen Booten zur Ernte hinausfahren. Emsiges Treiben herrscht dann an den Kais, wo Traktoren auf die wertvolle Fracht warten.

OT: 44, rue du Port, 35260 Cancale, Tel. 02 99 89 63 72, Fax 02 99 89 75 08, www.ville-cancale.fr; Juni, Sept. Mo–Sa 9–12.30, 14–18.30, So 10–13, Juli, Aug. tgl. 9–20, sonst Mo–Sa 9–12.30, 14–18 Uhr.

***__Continental:__ 4, quai A. Thomas, Tel. 02 99 89 60 16, Fax 02 99 89 69 58, www.hotel-cancale.com; Ende März–Mitte Nov. Hotel in schöner Lage am Hafen, 18 Zimmer, DZ 78–148 €, empfehlenswertes Restaurant (Mo sowie Di mittags und Fr mittags geschl., Menü 23–56 €).

**__Le Phare:__ 6, quai A. Thomas, Tel. 02 99 89 60 24, Fax 02 99 89 91 75, www.lephare-cancale.com; Jan., Mitte Nov.–Mitte Dez. geschl. Logis de France am Hafen, 11 Zimmer, DZ 45–75 €, Restaurant (Menü 18–45 €).
Preiswerter als die Hotels sind einige der *chambres d'hôte* entlang der Straße nach Le Mont-St-Michel.
Camping:
***__Le Bois Pastel:__ 13, rue de la Corgnais, Tel. 02 99 89 66 10, Fax 02 99 89 60 11, www.campingboispastel.fr.st; April–Sept. Nähe Strand, Pool, 199 Plätze.

Mehrere Gaststätten unterschiedlicher Qualität und Preisklasse reihen sich entlang der **Uferpromenade.**

Reiten: La Cravache, La Petite Vallée, 5 km westlich von Cancale in St-Coulomb, Tel. 02 99 81 65 03.

St-Malo und Umgebung

Pointe du Grouin und Rothéneuf

Reiseatlas: S. 235, D1
Etwa 5 km westlich von Cancale gelangt man zur **Pointe du Grouin,** einem malerischen Aussichtspunkt, der sich 40 m über dem Meer erhebt. Die vorgelagerte **Île des Landes** bietet Seevögeln ein Schutzgebiet.

Mit herrlichen Ausblicken geht es weiter über die Küstenstraße in den Badeort **Rothéneuf.** Im dortigen Manoir de Limoëlou (Juni–Sept. tgl. 10–11.30, 14.30–18 Uhr, Okt.–Mai Führungen um 10 und 15 Uhr) in der Rue David-Macdonald Stewart wohnte einst

AUSTERN

Austern von der Atlantikküste waren seit Römerzeiten eine Delikatesse und wurden später in Massen dem Hof von Versailles kredenzt. 30 000 t lieferte die Bretagne jährlich, bis gegen Ende des 19. Jh. die natürlichen Vorkommen der typisch bretonischen **Huître plate** *(Ostrea edulis)* fast erschöpft waren. Ein Gesetz von 1759, das den Verkauf zwischen April und Oktober untersagte, hat die Bestände nicht mehr retten können, wohl aber zu der Irrlehre geführt, Austern seien in diesen Monaten ungenießbar.

Ostrea edulis ist ein seltenes und begehrtes Gut geworden. Den Garaus machte ihr ein Pilz, der 1920 die gesamte Atlantikküste befiel. Im Anschluss wurde die **Portugaise** *(Crassostrea angulata)* eingeführt, mit der man schon in der südlichen Region Aquitaine Erfolge erzielt hatte, doch 1970 rückte auch ihr ein Parasit zu Leibe. So experimentierte man seit 1974 mit der **Huître creuse** *(Crassostrea giga),* die zunächst aus Kanada, dann aus Japan importiert wurde. Die Jahresproduktion stieg auf 3000 t, doch nach fünf Jahren nahte mit *Bonamia ostreae* abermals ein Schädling, der fast die gesamten Austernbestände der Bretagne dahinraffte. Verschont blieb nur Cancale, das neben Quiberon bis heute einen glänzenden Ruf für die Qualität seiner Austern genießt, auch wenn mit der zunehmenden Wasserverschmutzung neue Gefahren drohen.

1859 war eine Methode entwickelt worden, Austernlarven im Sommer an gekalkten Tonziegeln zu fangen, sie im nächsten Frühjahr abzulösen und hernach für drei weitere Jahre in Austernbänken auszusetzen. Mit dieser Idee begann die Geschichte der Zucht, die den Fang aus natürlichen Beständen ersetzte. Da die Larven eine Wassertemperatur von 17 °C benötigen, wird Cancale aus der milderen Südbretagne mit Jungtieren versorgt. Nach der dreijährigen Mast erfolgt die Reinigung der Austern in Klärbecken, aus denen regelmäßig Wasser abgelassen wird. Die Weichtiere lernen so, ihre Klappen zu schließen und das überlebensnotwendige Wasser im Innern zu speichern. Diese Lehre wird ihnen zum Verhängnis, denn erst dadurch ist es möglich, Austern frisch an ihren Zielort zu transportieren.

Austernzucht bei Cancale

Jacques Cartier (1491–1557), der 1534 und 1535 auf der Suche nach Gold von St-Malo aus zwei große Atlantikreisen unternahm und im fernen Nordwesten die Mündung des Sankt Lorenz-Stroms entdeckte. Wie Kolumbus so war auch er überzeugt, auf dem asiatischen Kontinent gelandet zu sein. In Wahrheit hatte er einen Seeweg nach Kanada gefunden und seinem Vaterland die Tür für einen ertragreichen Handel geöffnet. Allerdings ließ sich Paris Zeit, die Gelegenheit beim Schopf zu packen: Erst 1608 entstand mit Québec die erste französische Kolonie auf kanadischem Boden.

Eine erstaunliche Leistung ganz anderer Art vollbrachte Rothéneufs Abbé Adolphe-Julien Fouéré (1839–1910). Der Geistliche hatte im Alter von 30 Jahren einen Schlaganfall erlitten und war seither stumm und halbseitig gelähmt. In seinem Kummer zog er sich an einen stillen Ort an der Küste zurück. Nach einer Weile begann er dort Phantasiefiguren in den Fels zu meißeln. Am Ende seiner Tage hatte der schwerbehinderte Künstler etwa 300 Heilige, Dämonen, Tiere und Mythengestalten in Stein verewigt und seiner Heimatstadt mit den Rochers sculptés eine zugkräftige Touristenattraktion hinterlassen (tgl. 10–18.30 Uhr).

In den Jahren, als der Abbé an seinem großen Opus arbeitete, entwickelte sich im Nachbarort **Paramé** ein mondäner Badebetrieb. Prächtige Villen aus dem späten 19. Jh. zeugen davon, wie wohl man es sich an bretonischer Seeluft ergehen ließ. Besonders sehenswert ist das imposante Grand Hotel, das in den 60er Jahren des 20.

Jh. zu einem der ersten Zentren für Thalassotherapie in der Bretagne ausgebaut wurde.

****Du Grouin:** Pointe du Grouin, 35260 Cancale, Tel. 02 99 89 60 55, Fax 02 99 89 92 22, www.pointedugrouin.com; Ende März–Mitte Nov. Logis de France am Meer, 16 Zimmer, DZ 78–100 €, Parkplatz, gutes Restaurant (außerhalb der Saison Di ganztägig und Do mittags geschl., Menü 20–60 €).

Camping:

****Municipal du Grouin,** Pointe du Grouin, Cancale, Tel. 02 99 89 60 15, Fax 02 99 89 84 01; März–Okt. Schattige, recht einfache, aber preiswerte Anlage, 199 Plätze.

Le Bénétin: bei den Rochers sculptés, 35400 Rothéneuf; Tel. 02 99 56 97 64, Mi geschl.; Gourmet-Restaurant mit Meerblick, monatliche wechselnde Speisekarte, Menü ab 40 €.

Escapade: 25, rue Ange Fontan, 35400 Paramé, Tel 02 99 56 38 26; So und Mi abends geschl. Raclette, Fondü, Salate, Grill, Menü 12–20 €.

Markt: Mi und Sa in Paramé.

St-Malo

Reiseatlas: S. 234, C2

In St-Malo begegnet uns ein zweiter heiliger Gründer, Maclow (im Bretonischen: Malo) aus dem walisischen Lancarvan. Er landete im 6. Jh. auf der Île de Cézembre, wo ihm der Einsiedler Aareon riet, sein Missionswerk in der nahen Stadt Aleth aufzunehmen – dort sei geistlicher Beistand dringend vonnöten. Wahrlich, in Aleth, einst Siedlung der keltischen Coriosoliten und später römische Garnison, herrschte die Sünde. Schließlich musste Malo sein Ziel aufgeben und ein neues Glück in Saintes versuchen. Doch kaum hatte er Aleth den Rücken gekehrt, da brachen hier Seuchen und Hungersnöte aus. Die Bürger riefen ihren Geistlichen zurück und versprachen ihm, als Dank für seine Hilfe eine Kathedrale zu errichten. Malo blieb dennoch nicht in Aleth, sondern kehrte nach Saintes zurück, wo er am 16. November 649 starb. Die Alether forderten nun den Leichnam, erhielten nach langem Streit aber nur den Kopf und einen Arm ihres Heiligen. 895 raubten sie die restlichen Gebeine, mussten nun jedoch dafür sorgen, die kostbaren Reliquien vor den Normannen in Sicherheit zu bringen.

Schutz bot eine nahe Granitinsel, auf der schließlich eine stolze befestigte Stadt heranwuchs: die *ville close* (auch: *Intra-Muros*) von St-Malo. Diese Stadt

Zöllnerwege

1806 verhängte Kaiser Napoléon eine Kontinentalsperre gegen England, die den britischen Handel im Mark treffen sollte. Bald darauf blühte in der Bretagne der Schleichhandel auf. Um nun die Schmuggler auf frischer Tat ertappen zu können, wurden entlang der bretonischen Küste Zöllnerwege angelegt. Sie sind heute ideale Wanderpfade, so der ehemalige Zöllnerweg zwischen La Houle und St-Malo.

hat über Jahrhunderte allen Angreifern trotzen und ein beachtliches Maß an Selbstständigkeit bewahren können. 1590 etwa, als der französische Verwalter St-Malo dem Protestanten Henri IV übergeben wollte, rebellierten die katholischen Bürger und riefen eine unabhängige Republik aus. Bei der Rückkehr in den Schoß der französischen Krone 1594 ließ sich St-Malo garantieren, die Stadtflagge höher hängen zu dürfen als die französische.

Ende des 17. Jh. stieg die wehrhafte Stadt, damals Frankreichs größter Hafen, zu einer Hochburg der Korsaren auf. Frankreich besaß bislang keine Tradition als Seemacht. Nun aber, da Europa um Besitzungen in Übersee kämpfte, musste sich das Land um eine eigene Flotte bemühen, die den großen Seefahrernationen gewachsen war. Frankreichs König entschloss sich zu einer kostengünstigen Lösung, indem er Fischer mit einer Lizenz zum Kapern ausstattete und sie auf die Schiffe der Engländer, Niederländer und Spanier hetzte. Der große Erfolg seiner Korsaren basierte vor allem auf der Wendigkeit ihrer Segler, gegen die die mächtigen, aber schwerfälligen Kriegsschiffe der Gegner wenig ausrichten konnten.

Sehenswürdigkeiten

1 Château
2 Grand' Porte
3 Porte St-Louis
4 Bastion de la Hollande
5 Tour Bidouane
6 Porte St-Vincent
7 Rue Chateaubriand Nr. 3
8 Kathedrale St-Vincent
9 Grand Aquarium
10 Aquarium

Übernachten

11 De la Cité
12 Alba
13 Manoir de la Grassinais
14 De la Porte St-Pierre
15 De la Poste

Essen und Trinken

16 À la Duchesse Anne
17 Cap Horn

Noch bis ins 18. Jh. währte St-Malos Ruhm als Korsarennest, dann verlegte man sich auf den Export von Sklaven und Stoffen. Der **Hafen** blieb der bedeutendste Frankreichs, heute ankern hier Jachten, Fischerboote, Frachter und Fähren. Nach einem Blick auf die weitläufigen Anlagen gelangt man im Nordosten der *ville close* zu einem befestigten Schloss, dem **Château** 1 der bretonischen Herzöge (15./16. Jh.). Die Wehrmauern dienten nicht nur dem Schutz gegen Angreifer von außen, sondern auch der Kontrolle über die Stadt, die so häufig ihrer eigenen Wege ging. Daran erinnert ein Turmanbau des Schlosses (1498), der den seltsamen Namen Quic-en-Groigne trägt. Er bezieht sich auf eine Inschrift der misstrauischen Anne de Bretagne: *»Quic-en-groigne, ainsi sera car tel est mon plaisir«* (Murre, wer da will, so soll es sein, denn das ist mein Wille).

Außer dem Rathaus beherbergt das Schloss ein **Musée d'Éthnographie du Pays Malouin** mit Exponaten zur Hochseefischerei, dem frühen Fremdenverkehr und dem Alltag der Region sowie ein Musée d'Histoire du Château (vom Wachttürmchen Blick auf die Stadt; April–Sept. tgl. 10–12.30, 14–18, sonst Di–So 10–12, 14–18 Uhr). Letzteres widmet sich u. a. den Berühmtheiten der Stadt und der Zerstörung St-Malos im Zweiten Weltkrieg. 80 % der Bausubstanz wurden im August 1944 bei Bombenangriffen in Schutt und Asche gelegt. Danach begann man, unter Verwendung noch brauchbaren Materials die Ville close im Stil des 18. Jh. komplett zu restaurieren. Das Ergebnis ist eine sehr kühle, sachlich wirkende Stadt, die wir nun auf einem Gang über die Festungsmauern umrunden wollen.

Die Befestigungsanlagen St-Malos stammen aus dem 12.–14. Jh. und wurden im 17. und 18. Jh. erneuert. Die letzten Ausbauten dienten dem Schutz der Stadt vor den Engländern. In dem Zuge wurden auch auf den vorgelagerten Inseln Wehranlagen errichtet, darunter **Fort National** gegenüber dem Château, das bei Ebbe in 15 Minuten zu Fuß zu erreichen ist. Wir aber folgen den Mauern und gelangen im Uhrzeigersinn zur **Grand' Porte** 2 von 1582,

Panorama von St-Malo

dem alten Haupttor. Zur Rechten liegen prunkvolle Häuser von Reedern aus dem frühen 18. Jh. Ein Domizil in der Nähe der **Porte St-Louis** [3] gehörte einst dem Korsaren Robert Surcouf (1773–1827).

An der **Bastion de la Hollande** [4] von 1674 erinnert ein Standbild an den in St-Malo geborenen Jacques Cartier (s. S. 78). Von hier blickt man auf die **Insel Grand-Bé**, wo sich das Grab von François-René Chateaubriand befindet (bei Ebbe zu Fuß zu erreichen, 45 Min. hin und zurück). Auf Wunsch des Schriftstellers hin trägt es weder Namen noch Inschrift. An der **Tour Bidouane** [5] aus dem 15. Jh. schließlich steht in einer Grünanlage eine Statue Surcoufs.

Nun ist es nur noch ein kurzer Weg zurück zum Château und der **Porte St-Vincent** [6], die 1709 als neues Haupttor errichtet wurde. Sie gewährt Zutritt zur Place Chateaubriand; hier reiht sich ein Restaurant ans andere. Im Haus Nr. 2 wohnte einst die Familie Chateaubriand. Ihr früherer Wohnsitz befindet sich im **Haus Nr. 3 Rue Chateaubriand** [7], wo 1768 François-René geboren wurde.

Weitere Sehenswürdigkeiten sind in der Stadt kaum zu finden, es lohnt aber ein Blick auf und in die **Kathedrale St-Vincent** [8]. Sie wurde vom 11.–19. Jh. über dem angeblichen Grab des hl. Malo errichtet und nach den Verwüstungen

im Zweiten Weltkrieg zwischen 1945 und 1964 wieder aufgebaut und mit Glasfenstern der Künstler Jean Le Moal und Max Ingrand ausgestattet. Ein Bodenmosaik erinnert an die Kanadafahrt von Jacques Cartier, der in einer nördlichen Seitenkapelle begraben ist, gleich neben dem Korsaren René Duguay-Trouin (1673–1736).

Verlässt man St-Malo nun im Südwesten, so gelangt man in den Badeort **St-Servan,** das einstige Aleth. Von der Kathedrale des St-Malo wurden dort die Grundmauern ausgegraben. Ein wenig oberhalb befindet sich an der Corniche d'Aleth eine Festung von 1759, die 1942 von den Deutschen zu einem gewaltigen Betonbollwerk ausgebaut wurde (heute dort ein Campingplatz). Ein stattliches Zeugnis des Mittelalters ist dagegen der 27 m hohe Solidor-Turm (1382), der das Musée international du Long Cours des Cap-Horniers beherbergt, ein Museum zur stürmischen Kap-Hoorn-Fahrt (Öffnungszeiten s. S. 81 Musée d'Éthnographie).

St-Malo für kleine Gäste

Eltern können ihren Kindern in St-Malo eine willkommene Abwechslung bieten: Am Südrand der Stadt liegt an der Avenue Patton das **Grand Aquarium** [9], wo man Fauna und Flora an Bord eines U-Boots erlebt (Okt.–März tgl. 10–18, April–Juni, Sep. tgl. 10–19, 1.–13. Juli und 18.–31. Aug. tgl. 9.30–20, 14. Juli–17. Aug. tgl. 9.30–22 Uhr). Die aufregende Reise beginnt allerdings schon im Internet (www.aquarium-st-malo.com) mit 360-Grad-Touren durch Haifischbecken, Tropengefilde und in die schaurigen Winkel des Wracks der ›Galion‹. Dagegen verblasst natürlich das kleine **Aquarium** 10 mit Süßwasserfischen der Tropen, das in den Stadtmauern an der Place Vauban untergebracht ist (tgl. 10–13, 14–18 Uhr).

OT: Esplanade St-Vincent (am Jachthafen), 35400 St-Malo, Tel. 08 25 13 52 00 (0,12 €/Min.), Fax 02 99 56 67 00, www.saint-malo-tourisme.com, www.saint-malo.fr; Juli/Aug. Mo–Sa 9–19.30, So 10–18, sonst Mo–Sa 9–12.30, 13.30–18.30, Sept. auch So 10–12.30. 14.30–18 Uhr.

***__De la Cité__ 11: Place Vauban, Tel. 02 99 40 55 40, Fax 02 99 40 10 04, www.hotelcite.com. Sehr schönes Haus Nähe Strand, 1990 nach der Architektur des 18. Jh. wiederhergestellt, 41 Zimmer, teils mit Meerblick, DZ 91–192 €, Garage.
***__Alba__ 12: 17, rue des Dunes, Tel. 02 99 40 37 18, Fax 02 99 40 96 40, www.hotelalba.com; 22 Zimmer, teils mit Meerblick, DZ 70–150 €, Terrasse, Parkplatz.
**__Manoir de la Grassinais__ 13: 12, allée Grassinais, Tel. 02 99 81 33 00, Fax 02 99 81 60 90, www.saint-malo-hebergement.com; Ende Dez.–Ende Jan. geschl. Schlosshotel mit 29 Zimmern, DZ 49–79 €, Parkplatz, Gourmet-Restaurant (Sa mittags, So abends und Mo geschl., Menü 19–56 €).
**__De la Porte St-Pierre__ 14: 2, place du Guet, Tel. 02 99 40 91 27, Fax 02 99 56 06 94, www.hotel-porte-stpierre.com; Ende Jan.–Mitte Nov. Logis de France, 24 Zimmer, DZ 60–90 €, Garage, Restaurant (Do mittags und Di geschl., Menü 20–47 €).
**__De la Poste__ 15: 8, rue Godard, Tel. 02 99 81 60 55, Fax 02 99 19 86 63, hoteldelaposte@aol.com, www.logisdefrance.com (Sammelseite mit Suchfunktion), Dez. geschl. Logis de France, eines der preiswertesten Häuser in St-Malo, 22 Zimmer, DZ 39–45 €, Restaurant (außerhalb der Saison So abends geschl., Menü 12–30 €).
Jugendherberge & Camping:
Auberge de Jeunesse: av. du Humbricht, Tel. 02 99 56 22 00.
****__Le P'tit Bois,__ St-Jouan-des-Guérets, Tel. 02 99 21 14 30, Fax 02 99 81 74 14, www.ptitbois.com; Mitte April–Mitte Sept. Komfortable Anlage mit Schatten, 274 Plätze, Pool, Tennis, Restaurant.
**__De la Fontaine:__ 49, rue de la Fontaine aux Pélerins, Tel. 02 99 81 62 62, Fax 02 99 81 68 95, www.campinglafontaine.com; ganzjährig geöffnet. Kleinere Anlage mit Schatten, 90 Plätze.

À la Duchesse Anne 16**:** Place Guy la Chambre, Tel 02 99 40 85 33; Mi und Mo mittags, außerhalb der Saison auch So abends geschl. Hummer, Fisch, Menü mit Austern und Hummer 70 €.
Cap Horn 17**:** 100, bd. Hébert, Plage du Sillon, Tel. 02 99 40 75 40. Gourmet-Restaurant mit Meerblick, Menü 27–53 €.
Außerdem findet man viele Restaurants unterschiedlicher Qualität und Preisklasse zwischen Grande Porte und Porte St-Vincent.

Markt: Di und Fr Intra-Muros.

Casino: 2, chaussée du Sillon; tgl. ab 10 Uhr; im Restaurant kreative Küche (Menü 21–26 €).
Disco: Le 109, 3, rue des Cordiers; 22–3 Uhr. Live und DJ.

Le Théâtre: 6, place Bouvet, St-Servan, Tel. 02 99 81 82 61.

Kino: Vauban, 10, bd. de la Tour d'Auvergne, Tel. 02 99 56 19 70.

April: Monatsanfang **Segelregatta** Tour de Bretagne à la voile.
Mai: Fête du Nautisme, Wassersportfest.
Juli: 2. Woche des Monats **Folklore der Welt,** einwöchiges Fest.
Aug.: Am 15. des Monats **Pardon** zu Ehren der Notre-Dame, der Statue, die in der Grande Porte zu sehen ist. Monatsmitte **Route du Rock,** Rockmusik.

Ausflüge: Cotre Corsaire, Tour Ouest, Grande Porte, Tel. 02 99 40 53 10, www.cotre-corsaire-renard.com; Segelfahrten mit ›Le Renard‹, dem letzten Schiff des Korsaren Surcouf. Emeraude Lines und Corsaire (s.u. Fähre); Ausflüge über die Rance nach Dinan, zum Cap Fréhel und zur Île de Cézembre (Franziskanerkloster).
Fahrradverleih: Cycles Le Bourg, 76, rue de la Marne, Tel. 02 99 81 74 13; auch Roller und Motorräder. Vélos Bleus, 47, quai Duguay-Trouin, Tel. 02 99 40 31 63; 300 Fahrräder an verschiedenen Standorten in der Stadt, Mitte März–Mitte Nov.
Golf: St-Malo Golf Club, Domaine de St-Yvieux, 35540 Le Tronchet, Tel. 02 99 58 96 69. 18 Loch, par 72, 5936 m; 9 Loch, par 36, 2684 m.

Ballonfahrt

Den schönsten Eindruck von St-Malo und der Rance-Mündung gewinnt man zweifellos aus der Luft. Fahrten mit dem Heißluftballon in der Region bietet Emeraude Montgolfières, 10, rue des Rochettes, 35870 Minihic-sur-Rance, Tel. 02 99 88 64 42.

Labyrinth: Labyrinthe du Corsaire, Route de Quelmer, La Passagère, Tel. 02 99 81 17 23, www.labyrintheducorsaire.com; mit 11 ha eines der größten Maislabyrinthe Europas (Ende Juni–Ende Sept.).
Thalasso: Les Thermes Marins, Grande Plage du Sillon, 100, bd. Hébert, Tel. 02 99 40 75 00, www.thalassosaintmalo.com; großes Thalassozentrum am Strand.
Tauchen: Corsaires Malouins, 10, rue des Cordiers, Tel 02 99 40 92 04.
Meereskajak: Cormarin Newdive, Port de Plaisance des Bas Sablons, St-Servan, Tel. 02 99 21 38 38.
Segeln: Étoile Marine Croisières, 41 quai Duguay-Trouin, Tel. 02 99 40 48 72, www.etoile-marine.com.
Surfen: Surf School, 2, av. de la Hoguette, Tel. 02 99 40 07 47, www.surfschool.org; auch Strandsegeln.

Bahn: Verbindung über Dol-de-Bretagne nach Rennes.
Bus: St-Malo Bus, 88, rue de la Hulotais, Tel. 02 99 81 43 29; Stadtbusse. Überlandbusse u.a. nach Dinan, Lancieux und St-Cast-Le-Guildo.
Fähre: Brittany Ferries, Terminal Ferry du Naye, Tel. 08 25 82 88 28 (0,15 €/Min.), www.brittany-ferries.fr.
Autofähren nach Portsmouth. Condor Ferries, Gare Maritime de la Bourse, Tel. 02 99 20 03 00, www.condorferries.fr.
Autofähren zu den Kanalinseln. Emeraude Lines, Terminal Ferry du Naye, Tel. 08 25 13 51 80 (0,15 €/Min.), www.emeraudelines.com.
Autofähren zu den Kanalinseln, Fähre nach Dinard (April–Sept.). Schnellboote nach Dinard mit Corsaire, cale de Dinan, Tel. 02 23 18 15 15.
Autovermietung: National Citer, 46, bd. de la République sowie am Gare Maritime und am Flughafen Pleurtuit, Tel. 02 23 18 00 00. T.I.V. Tourisme Verney, 16, rue Augustin Fresnel, Tel. 02 99 82 26 26.

Von den Ufern der Rance zum Cap Fréhel

Dinan und Umgebung

Reiseatlas: S. 234, C2
In einer Szene des berühmten Wandteppichs von Bayeux nehmen die Normannen im Jahre 1065 eine Holzfestung ein. Dargestellt ist die Burg von Dinan, die einen bedeutenden Hafen an der Rance schützte. Der Warenverkehr auf dem Fluss blieb über Jahrhunderte ein einträgliches Geschäft und umfasste im 18. Jh. insbesondere den Tuchhandel. Stoffe aus Dinan wurden bis Südamerika exportiert; der Niedergang setzte Mitte des 19. Jh. ein. Heute sieht man im Flusshafen vor allem Jachten und Ausflugsboote. Von alten Zeiten kündet noch der **Vieux Pont,** eine Brücke aus dem 15. Jh.

Die **Rue du Petit-Fort** und **Rue Jerzual** mit Häusern aus dem 15./16. Jh. verbinden den Flusshafen mit der von einer 3 km langen Mauer (13.–16. Jh.) umgebenen Oberstadt. Unterwegs passiert man die **Porte du Jerzual,** ein Tor aus dem 14. Jh., und gelangt im Stadtkern zur **Place des Cordeliers** mit einigen Fachwerkhäusern. Im Norden des Platzes befinden sich ein ehemaliges **Franziskanerkloster** aus dem 13. Jh. (Couvent du Cordeliers), von dem sich noch der Kreuzgang erhalten hat, sowie die gotische Kirche St-Malo (15.–19. Jh.). Im Süden erhebt sich – jenseits der Place des Merciers mit weiteren Fachwerkhäusern – die **Basilika St-Sauveur** aus dem 12.–16. Jh. Von ihrem romanischen Hauptportal blickt man geradeaus auf den 60 m hohen Uhrturm **Tour de l'Horloge** (Ende 15. Jh.; tgl. 10–18.30 Uhr), von dem sich ein prächtiger Ausblick auf die Stadt bietet. Zu Füßen des Turms steht die **Maison du Gisant** aus dem 17. Jh., in der eine kopflose Liegefigur aus dem 14. Jh. geborgen wurde, wahrscheinlich von einem Bildhauer als Vorrat gefertigt. Der Rundgang endet beim **Schloss** aus dem 14./15. Jh. am Südrand der Oberstadt, in dem ein Museum über die Geschichte der Region informiert (Juni–Sept. tgl. 10–18.30 Uhr).

Im südlichen Vorort **Léhon** lohnt ein Besuch der Prieuré de St-Magloire. Sie geht auf ein Kloster aus dem 9. Jh. zurück, das von Normannen zerstört und im 12. Jh. neu aufgebaut wurde. Erhalten sind die Abteikirche (13. Jh.) sowie von den Klostergebäuden das Refektorium, der Schlafsaal und der Kreuzgang aus dem 17. Jh.

Auf der Rückfahrt Richtung Meer führt ein kleiner Abstecher von Dinan auf der D 794 nach **Corseul.** In der einstigen Hauptstadt der keltischen Coriosoliten (s. S. 19) und späteren römischen Garnison kamen zahlreiche Kleinfunde der Antike zutage, während von der Architektur dieser Zeit die Grundmauern eines gallo-römischen Marstempels (Temple du Haute-Bécherel) künden.

OT: 9, rue du Château, 22100 Dinan, Tel. 02 96 87 69 76, Fax 02 96 87 69 77, www.dinan-tourisme.com; Juli/Aug. Mo–Sa 9–19, So 10–12.30, 14.30–18, sonst Mo–Sa 9–12.30, 14–18 Uhr.

*****D'Avaugour:** 1, place du Champ, Dinan, Tel. 02 96 39 07 49, Fax 02 96 85 43 04, www.avaugourhotel.com;

Mitte Nov.–Mitte Dez. geschl. 21 Zimmer, 3 Suiten, DZ 107–240 €, Garten.
****De France:** 7, place du 11 Novembre, Dinan, Tel. 02 96 39 22 56, Fax 02 96 39 08 96. Logis de France, 14 Zimmer, DZ 44 €; mit sehr gutem Restaurant (Menü 14,50–36 €, Sa und So abends geschl.).
***Duchesse Anne:** 10, place Duguesclin, Dinan, Tel. 02 96 39 09 43, Fax 02 96 87 57 26; zentral gelegenes Haus, 9 Zimmer, DZ 32–40 €, Garage, Restaurant (Menü 10,50–26 €).
Camping:
******La Hallerais,** 2 km nördlich von Dinan in Taden, Tel. 02 96 39 15 93, Fax 02 96 39 94 64, www.wdirect.fr/hallerais; Mitte März–Ende Okt. 226 Plätze in herrlicher Lage, Tennis, Pool.
****Chateaubriand,** am Fuß der Stadtmauern, Dinan, Tel. 02 96 39 11 96, Fax 02 96 85 08 40; Ende März–Ende Sept. 49 Plätze.

Chez La Mère Pourcel: 3, place des Merciers, Dinan, Tel. 02 96 39 03 80; So abends und Mo geschl. Gourmet-Restaurant mit traditioneller Küche, Terrasse, Menü 28–63 €.
L'Atelier Gourmand: 4, rue du Quai, Dinan Port, Tel. 02 96 85 14 18; So abends und Mo geschl. Terrasse an der Rance, lokale Küche, Menü ca. 20 €.
St-Louis: 9–11, rue de Léhon, Dinan, Tel. 02 9´6 39 89 50; Nov.–Ende Juni So abends, Mi, Mo vormittags, im Juli, Aug. Mi geschl. Gute französische Küche, Büffet, Menü 17–40 €.

Markt: Do Place du Guesclin, Dinan.

Der Vieux Pont in Dinan führt über die Rance

Sept./Okt.: Fête des Remparts, mittelalterliches Fest zum Monatswechsel.

Golf: Golf de la Corbinais, 22980 St-Michel-de-Plelan, Tel. 02 96 27 64 81; 9 Loch, par 35, 2850 m.
Reiten: Écuries des Perrières, rue d'Aleth, ca. 20 km nördlich von Dinan in La Ville-ès-Nonais, Tel. 02 99 58 38 00.

Bahn: Über Dol-de-Bretagne nach Rennes und St-Malo, über Lamballe nach St-Brieuc.
Bus: Verbindungen u.a. nach St-Malo, Dinard, Lancieux, St-Cast-Le-Guildo und St-Brieuc.
Fähre: Einmal täglich nach Dinard.

Dinard

Reiseatlas: S. 234, C2
Statt von St-Malo am Rance-Ufer landeinwärts nach Dinan zu fahren, hätte man den Fluss auch auf einem Staudamm queren und die Reise gleich nach Dinard fortsetzen können. Der 750 m lange Damm wurde in den Jahren 1961–66 gebaut und ist Teil des ersten Gezeitenkraftwerks der Welt. Schon im 12. Jh. wurde an der Rance die Kraft des ein- und ausströmenden Wassers genutzt, um Mühlräder anzutreiben. Immerhin wird am Mündungstrichter ein Gezeitenunterschied von 14 m gemessen, der schließlich den Bau der Usine Marémotrice rechtfertigte. Durch sechs Tore im Damm fließt das Wasser und treibt 24 Turbinen an, die Strom für Industrien und Privathaushalte liefern. Zwar hat das Kraftwerk viele Firmen in die Region gelockt und damit neue Arbeitsplätze geschaffen, doch fand die Usine wegen der hohen Betriebskosten keine Nachahmer (Führungen wochentags nach Voranmeldung unter Tel. 02 99 16 37 14).

Das am anderen Ufer gelegene Dinard versprüht dann wieder den Belle Époque-Charme. Über 400 Villen aus dem 19. Jh. stehen hier unter Denkmalschutz, sie bekunden den regen Badebetrieb der High Society aus England und Amerika, die das einstige Fischernest ab ca. 1850 belagerte. Dank ihrer entstand in Dinard 1879 der erste Tennisclub und 1888 der (nach Pau) zweite Golfplatz Frankreichs. Der Zauber endete mit dem Börsencrash von 1929. Danach hat der Ort nie wieder zu seiner Größe zurückgefunden, denn die betuchte Gesellschaft wandte sich fortan eher der sonnenreichen Mittelmeerküste zu. Immerhin blieben die steinernen Zeugen, etwa an der Plage de l'Écluse (auch Grande Plage) das Casino sowie mehrere Luxushotels oder am Boulevard Fréart die Villa Montplaisir, das heutige Rathaus.

Erbaulich ist zudem ein Spaziergang entlang der **Promenade du Clair-de-Lune** bis zur Plage du Prieuré. Ein beheiztes Meerwasserschwimmbecken an der ›Mondscheinpromenade‹ verlängert die Badesaison beträchtlich. An Regentagen bleibt indes nur der Besuch eines der beiden Museen: Das **Musée de la Mer** (mit angeschlossenem Aquarium) informiert über die Polarexpeditionen von Jean-Baptiste Charcot (1867–1936), dessen Schiff nach abenteuerlichen Fahrten vor Island sank (Mitte Mai–Mitte Sept. tgl. 10.30–12.30, 15.30–19.30 Uhr). Am anderen Ende der Promenade widmet sich das **Musée du Site Balnéaire** der

Traum des Bürgers vom Adelsschloss: Strandvilla bei Dinard

Geschichte der Stadt und ihrem Badeleben (Ostern–Allerheiligen tgl. 10–12, 14–19 Uhr). Untergebracht ist das Museum in der Villa Eugénie, gebaut für die Kaiserin, auf die Dinard freilich vergeblich wartete: Die Gattin von Napoléon III vergnügte sich lieber in Biarritz.

OT: Bd. Féart, 35800 Dinard, Tel. 02 99 46 94 12, Fax 02 99 88 21 07, www.ot-dinard.com; Mo–Sa 9.30–12.30, 14–18, So 14–18, Juli/Aug. tgl. 9.30–19.30 Uhr.

***Novotel Thalassa:** 1, av. du Château Hébert, Tel. 02 99 16 78 10, Fax 02 99 16 78 29, www.novoteldinard.com; Hotel und Thalassozentrum am Meer, 106 Zimmer, DZ 118–162 €, Parkplatz, Tennis, Pool, Restaurant (Menü 13–28 €).

***Le Roche Corneille:** 4, rue Georges Clemenceau, Tel. 02 99 46 14 47, Fax 02 99 46 40 80, www.dinard-hotel-roche-corneille.com. Sehr gutes Logis de France, 28 hell und freundlich eingerichtete Zimmer, DZ 90–140 €, gutes Restaurant (Menü 30–54 €).

Emeraude Plage: 1, bd. Albert 1er, Tel. 02 99 46 15 79, Fax 02 99 88 15 31, www.hotelemeraudeplage.com. Am Meer gelegenes Haus, 47 Zimmer, DZ 54–87 €, Restaurant (Menü 20–31 €).

Kyriad: 14, rue des Genêts, 35780 La Richardais, Tel. 02 99 46 69 55, Fax 02 99 88 16 16, www.kyriadsaintmalo.fr; Mitte Dez.–Ende Jan. geschl. 49 Zimmer, DZ 40–78 €, Parkplatz, im Restaurant Mo–Fr exquisites Frühstück (ab 10 €), Büffet mit Vor- und Nachspeisen, Menü 16–25 €.

Altaïr: 18, bd. Féart, Tel. 02 99 46 13 58, Fax 02 99 88 20 49. Schönes altes Logis de France, 100 m zum Strand, 22 Zimmer,

DZ 55–75 €, Garten, Terrasse, gutes Restaurant (Menü 20–45 €).
Camping:
***Municipal Port-Blanc:** rue du S. Boulanger, Tel. 02 99 46 10 74, Fax 02 99 16 90 91, dinard.camping@free.fr.; April–Sept. 315 Plätze am Strand, Wassersport.

Didier Méril: 6, rue Yves Verney, Tel. 02 99 46 95 74. Sehr gute traditionelle Küche, 50 m vom Strand, Terrasse, Menü 22–29 €.

Markt: Di, Do, Sa auf der Place Crolard.

Casino: Barrière de Dinard, 4, boulevard Wilson, Plage de l'Écluse, Tel. 02 99 16 30 30; gutes Restaurant (Meeresfrüchte, Menü ab 16 €).

Kino: Les 2 Alizés, 2, bd. Albert 1er, Tel. 02 99 88 17 93.

Juli: Am Monatsende **Meeresfest.** **Aug.:** In der letzten Woche des Monats großer **Flohmarkt.**

Ausflüge: Mit dem Restaurant-Boot ›Chateaubriand II‹ Rundfahrt auf der Rance (12–15 und 20–23 Uhr; Fahrt einschließlich Menü 45–74 €; Tel. 02 99 46 44 40, www.chateaubriand.com).
Mit Emeraude Lines (promenade du Claire de Lune, Tel. 02 99 46 10 45, www.emeraudelines.com) u. a. zum Cap Fréhel, zur Île de Bréhat und Hochseefischen,
Fahrräder: Cycles Duval, 53, rue Gardiner, Tel. 02 99 46 70 39.
Golf: Golf de Dinard, 35800 St-Briac, Tel. 02 99 88 32 07; 18 Loch, par 68, 5256 m.
Reiten: Dinard Équitation, Le Val-Porée, Tel. 02 99 46 23 57, www.dinard-equitation.com.
Tennis: Parc de Port-Breton, bd. de la Libération, Tel. 0299 46 10 17.
Wassersport: Wishbone Club, Pont d'Emeraude, Plage de l'Écluse, Tel. 02 99 88 15 20, www.wishbone-club-dinard.com; Windsurfen. Espace Mer et Loisirs, Plage du Prieuré, Tel. 06 81 45 55 35; Windsurfen, Meereskajak, Segeln u. a. Club Subaquatique Dinardais, 25, rue Barbine, Tel. 02 99 46 25 97; Tauchen (Mai–Nov.).

Flugplatz Pleurtuit (5 km südlich). Aurigny Air Services, Tel. 02 99 46 70 28. Ryanair, Tel. 08 92 55 56 66; nach Paris, Großbritannien, Jersey, Guernsey.
Bus: U. a. nach Dinan, St-Malo und Lancieux.
Fähre: Schnellboote nach St-Malo mit Corsaire, promenade du Claire de Lune, Tel. 02 99 46 10 45.

Zum Cap Fréhel

Reiseatlas: S. 234, B1, C2
Prächtige Villen finden sich auch in **St-Lunaire,** wo Claude Debussy seine Sinfonie »La Mer« schrieb. Die Dorfkirche, dem hl. Leonorius (6. Jh.) geweiht, besitzt noch romanische Bausubstanz aus dem 11. Jh. und birgt u.a. den gallo-römischen Sarkophag des Leonorius, dessen Liegefigur seit dem 14. Jh. den Steinsarg schmückt.

Zwischen dem Kap von St-Lunaire und dem Festland spannt sich ein imposanter Felsbogen, bekannt als **Saut du chat** (›Katzensprung‹), unter dem sich die ›Grotte der Sirenen‹ befindet. Nach der Besichtigung geht die Fahrt weiter über **St-Briac-sur-Mer** (Fischerei- und Jachthafen) nach **Lancieux,** das mit einer schönen Badebucht aufwartet. Am Ortsausgang verabschiedet eine Mühle aus dem 16. Jh. den Reisenden auf dem Weg nach **Trégon.**

Am Cap Fréhel

Sehenswert sind hier das romanische Portal der Kirche St-Pétrock sowie in der Umgebung mehrere Denkmäler der Megalithkultur.

Nach einem Blick von der Steilküste an der **Pointe du Chevet** kann man bei **Notre-Dame-du-Guildo** so genannte Plonolithe ertönen lassen. Diese ›Klingenden Steine‹ (*Pierres sonnantes*) klirren wie Kristallglas, wenn man sie mit einem Kiesel anschlägt.

Kanonendonner erklang am 11. September 1758 in der Bucht von **St-Cast-Le-Guildo,** wo sich die Bretonen einer walisischen Flotte erwehrten. 150 Jahre später kamen auch hierher die Feriengäste, um an einem der sieben Strände das Badeleben zu genießen. Eine Burgruine hat sich im Stadtteil Le Guildo erhalten, hier wurde im 15. Jh. der Poet Gilles de Bretagne, Bruder des damaligen Herzogs, umgebracht, weil man ihn der Verschwörung bezichtigte.

Eine wahre Filmkulisse eröffnet sich an der **Baie de la Frénaye,** und tatsächlich wurden beim Fort de la Latte mehrere Hollywood-Streifen gedreht, darunter 1957 »Die Wikinger« mit Kirk Douglas. Die Festung aus dem 13./14. Jh. wurde 1690/91 von Vauban erweitert, da sie wegen ihrer strategischen Lage große Bedeutung hatte. Später diente sie als Gefängnis und ging dann in Privatbesitz über. Wer sich das Fort näher ansehen möchte (Führungen Juli, Aug. tgl. 10–12.30, 14–18 Uhr, April–

Juni, Sept. nur Sa, So), der entdeckt am Fußweg auch den Menhir Doigt du Gargantua.

Lohnendstes Ziel der ohnehin schönen Strecke ab Dinard ist das 70 m über dem Meer aufragende **Cap Fréhel,** dessen durch Eisenoxid rötlich gefärbter Stein in Kontrast zum Blau und Grün des Wassers tritt. Das atemberaubende Kap, wo Papageientaucher, Haubenkormorane, Lummen und Silbermöwen ein geschütztes Paradies gefunden haben, gehört sicherlich zum Pflichtprogramm einer Bretagne-Reise. Der weiteste Ausblick eröffnet sich von der Plattform des 1946–50 errichteten Leuchtturms. Nur die Parkplatzgebühr trübt ein wenig das Vergnügen.

OT: Place de Gaulle, 22380 St-Cast-Le-Guildo, Tel. 02 96 41 81 52, Fax 02 96 41 76 19, www.ot-st-cast-le-guildo.fr; Mo–Sa 9–12, 14–18 Uhr.

*****Les Bains:** 20, rue du Poncel, 22770 Lancieux, Tel. 02 96 86 22 07, Fax 02 96 86 22 85, www.membres-lycos.fr/lancieuxhotels/, Mitte Dez.–Anfang Feb. geschl. 11 Zimmer, eine Suite, Parkplatz, Garten, DZ 68–95 €.
****De la Plage et Fréhel:** Phéherel Plage, 22240 Fréhel, Tel. 02 96 41 40 04, Fax 02 96 41 57 96. Jan.–März, Okt. und Mitte Nov.–Ende Dez. geschl. Kleines Logis de France, 27 Zimmer, DZ 29–52 €, Garten, Parkplatz, Restaurant (Menü 15–38 €).

La Fauconnière: Cap Fréhel, Tel. 02 96 41 54 20; April–Sept. Gourmet-Restaurant mit Panoramablick, Menü 16–30 €.

Markt: Mi in Matignon, So in St-Lunaire (in der Saison). Mo (Mitte Juni–Mitte Sept.) auf der Place du Marché, Fr (ganzjährig) auf der Place A. Le Braz, beide in St-Cast-Le-Guildo.

Golf: Golf de St-Cast, Tel. 02 96 41 91 20; 18 Loch, par 68, 4945 m.
Reiten: Écuries de-St-Lunaire, Le Pont, 35800 St-Lunaire, Tel. 02 99 46 06 20.

Bus: Von St-Cast nach Lamballe und Fréhel, über Lancieux nach Dinan und St-Malo.

Fachwerk oder wie hier Granit: Landschaftstypisches Baumaterial

An der Côte de Penthièvre

Erquy

Reiseatlas: S. 234, B2
Für **Sables-d'Or-les-Pins** wurden in den 1920er Jahren Pläne geschmiedet, nach denen hier eine ausladende Feriensiedlung entstehen sollte. Die Umsetzung blieb – vielleicht zum Glück – weit hinter den damaligen Vorhaben zurück. Wer heute Erholung sucht, der wählt womöglich lieber einen der sieben Strände von **Erquy.** Für Familien mit Kindern empfehlen sich hier die Plage du Centre und vor allem die 2 km lange Plage de Caroual. Im übrigen ist Erquy bekannt für seine Jakobsmuscheln. Die Tiere, deren Schalen im Mittelalter Erkennungszeichen der Jakobspilger waren, werden im Unterschied zu Austern nicht gezüchtet, sondern aus natürlichen Vorkommen in 10–100 m Tiefe gefischt. Fangzeit sind die Monate November bis April.

Zu einem Ausflug ab Erquy lädt das **Château de Bien-Assis** an der D 786. Das Schloss aus dem 15.–18. Jh. besitzt einen Garten im französischen Stil (Mitte Juni–Mitte Sept. Mo–Sa 10.30–12.30, 14–18.30, So nur nachmittags)

OT: 29, bd. de la Mer, 22430 Erquy, Tel. 02 96 72 30 12, Fax 02 96 72 02 88, www.erquy-tourisme.com; Juli, Aug. Mo–Sa 9.30–13, 14–19, So 10–12.30, 15.30–18.30 Uhr, April–Juni Mo–Sa 9.30–12.30, 14–18, So 10–12.30, Sept.–März Mo–Sa 9.30–12.30, 14–17 Uhr.

****De Diane:** Sables-d'Or-les-Pins, 22240 Fréhel, Tel. 02 96 41 42 07, Fax 02 96 41 42 67, www.hoteldiane.fr; Logis de France Nähe Strand, 28 Zimmer, DZ 74–93 €, gepflegtes Restaurant (Menü 19–42 €), Parkplatz.
****Beauséjour:** 21, rue de la Corniche, Erquy, Tel. 02 96 72 30 39, Fax 02 96 72 16 30, www.beausejour-erquy.com; außerhalb der Saison Mo und Mitte Feb.–Mitte Nov. geschl. Schönes altes Logis de France, 100 m vom Strand, 15 Zimmer, teils mit Meerblick, DZ 48–63 €, Parkplatz, im Restaurant Fisch und Meeresfrüchte (Menü 18–33 €).
L'Eden: 4, rue Notre-Dame, Erquy, Tel. 02 96 72 32 13. Kleines, gemütliches Haus mit 6 Zimmern, DZ 27,50–30 €, preiswertes Essen auf Vorbestellung.
Camping:
*****De la Plage de St-Pabu:** St-Pabu, Tel. 02 96 72 24 65, Fax 02 96 72 87 17, www.saintpabu.com; April–Mitte Okt. 409 Plätze, am Strand.

La Cassolette: 6, rue de la Saline, Erquy, Tel. 02 96 72 13 08; Feb.–Mitte Nov., außerhalb der Saison Do und Fr mittags geschl. Fisch, Meeresfrüchte, Jakobsmuscheln, Menü 24–40 €.
Le Relais St-Aubin: Route de la Bouillie, 3 km südl. von Erquy in St-Aubin, Tel. 02 96 72 13 22; in der Saison Mo, außerhalb der Saison Mo und Di geschl. Rustikales Haus mit Garten, Fisch, gegrillter Hummer, Jakobsmuscheln, Menü 14–50 €.

Markt: Sa.
Biscuiterie de la Côte d'Émeraude: Rond-point des Jeannettes, Erquy; Lebensmittelprodukte der Bretagne.

Disco: Le 37°2, 29, bld. de la Mer, Erquy.

Kino: rue du Chemin Vert, Erquy.

April: Fête de la Coquille St-Jacques, Erquy, Teilnahme an Fang und Verkauf von Jakobsmuscheln.
Juli, Aug.: Les Mercredis Celtiques, jeden Mi Konzerte im Freien, Erquy. **Fêtes de la Mer,** an einigen So im Sommer Meeresfeste in Erquy.

Ausflüge: Mit dem Schnellboot in 75 Min. zur Île de Bréhat, Abfahrt 8.30 Uhr, Infos/Tickets im OT (s.o.). Maison de la Mer, Tel. 02 96 72 39 27, www.saintejeanne.com; mit dem Segelboot.
Fahrradverleih: C. Couapel, Z. A. les Jeanettes, Tel. 02 96 72 04 97.
Tanz: Club des Danseurs Réginéens, Salle Omnisports, Erquy; Einführung in bretonische Tänze, Juli, Aug. Di ab 20.30, übrige Monate Sa ab 15.30 Uhr.
Wassersport: Club Histoire d'Eau, Maison de la Mer, am Hafen von Erquy, Tel. 02 96 72 49 67, www.histoiredeauplongee.com; Tauchen. École de Voile, Maison de la Mer, Tel. 02 96 72 32 62, www.everquy.org; Segeln, Strandsegeln, Meereskajak. Sloop.

Bus: Nach Pléneuf-Le-Val-André und nach Fréhel.

Nach Lamballe

Reiseatlas: S. 234, B2
Ein besonders schöner Sandstrand erwartet Reisende in **Pléneuf-Val-André,** das im 17. Jh. von der Salzgewinnung lebte und ab 1882 zu einem florierenden Badeort entwickelt wurde. Spaziergänge führen vom Ortskern zur Pointe de Pléneuf (15 Minuten hin und zurück) oder zum Ende der Promenade de la Guette (60 Minuten hin und zurück). Bei Ebbe kann man auch zur vorgelagerten Île de Verdelet wandern, einer Insel, die als Vogelschutzgebiet ausgewiesen ist.

Ältere Wurzeln als Le Val-André hat **Lamballe,** das bereits im 6. Jh. gegründet wurde. Der Ort besitzt ein Schloss aus dem 13./14. Jh. sowie die Kirchen St-Martin (ab 12. Jh.), St-Jean (ab 15. Jh.) und Notre-Dame-de-la-Puissance (12.–16. Jh.). Letztere erhebt sich dort, wo einst die Festung stand; sie war bereits 1591 während der Religionskriege umkämpft und wurde 1626 von den Heeren Richelieus geschleift. 1792, zur Zeit der Französischen Revolution, fiel noch einmal ein Schlaglicht auf Lamballe, als eine Prinzessin aus dem Ort allzu große Sympathien für Marie-Antoinette offenbarte und für diesen Frevel hingerichtet wurde.

Ein Fachwerkhaus aus dem 15. Jh., in dem einst der Scharfrichter wohnte, beherbergt heute die Touristeninformation. Außerdem befinden sich hier das Musée du Pays de Lamballe (Heimatmuseum) und das Musée Mathurin Méheut, das an den in Lamballe geborenen Künstler (1882–1958) erinnert (Juni–Sept. Mo–Sa 10–12, 14.30–18, April Mo–Sa 10–12, 14.30–17, Mai, Okt.–Dez. Mi, Fr, Sa 14.30–17 Uhr). Méheut malte Aquarelle und Gouachen mit schönen Ansichten seiner Heimat.

OT: 1, rue Winston Churchill, 22370 Pléneuf-Val-André, Tel. 02 96 72 20 55, Fax 02 96 63 00 34, www.val-andre.org; Mo–Sa 9–12.30, 14.30–18 Uhr.
OT: Place du Martray, 22402 Lamballe, Tel. 02 96 31 05 38, Fax 02 96 50 01 96, otsi.lamballe@netcourrier.com; April–Juni, Sept. Mo–Sa 10–12.30, 14–18, Juli/Aug. Mo–Sa 9.30–18.30, So 10–12, sonst Mo–Sa 10–12.30, 14–17 Uhr.

Manoir de la Hazaie: 22400 Planguenoual, Tel. 02 96 32 73 71, Fax 02 96 32 79 72, www.manoir-hazaie.com. Schlosshotel mit 6 Zimmern, Park, DZ 130–240 €.
****Grand Hotel:** 80, rue Amiral Charner, Pléneuf-Val-André, Tel. 02 96 72 20 56, Fax 02 96 63 00 24, www.grand-hotel-val-andre.fr; Jan. geschl. 39 Zimmer, teils mit Meerblick, DZ 77–97 €, Restaurant (Menü 26–76 €), Parkplatz.
****De la Mer:** 63, rue Amiral Charner, Pléneuf-Val-André, Tel. 02 96 72 20 44, Fax 02 96 72 85 72, hdlm2@wanadoo.fr. 50 m zum Strand, 12 Zimmer (teils mit Meerblick), Parkplatz, DZ 39–64 €, Restaurant (Menü 24–42 €).
***Du Casino:** 10, rue Charles Cotard, Plé-

Gesattelt

Lamballe ist bekannt für sein 1825 gegründetes Gestüt *(haras).* Es kann zwischen Mitte Juni und Mitte September täglich, außerhalb der Saison an Wochenenden besichtigt werden. Im August findet ein großes Reitturnier statt.

neuf-Val-André, Tel. 02 96 72 20 22; Ostern–Mitte Okt. 30 m zum Strand, 15 Zimmer, DZ 29–52 €, Parkplatz.

Camping:

*****La Ville-Berneuf:** Val-André, Tel./Fax 02 96 72 28 20; März–Mitte Nov. 75 Plätze, 100 m zum Strand.

****St-Alban:** Rue des Jonquilles, 22400 St-Alban, Tel. 02 96 32 96 05, Fax 02 96 32 98 22, mairie-saint-alban@wanadoo.fr. Mitte Juni–Mitte Sept. Einfache Anlage mit 77 Plätzen.

La Filibuste: 39, rue Amiral Charner, Pléneuf-Val-André, Tel. 02 96 63 13 28. Mit Terrasse, Spezialität Kartoffelgerichte und Muscheln, Menü 22–35 €.

Le Connétable: 9, rue Paul Langevin, Lamballe; So abends und Mo geschl. Fischgerichte, Menü ab 11 €.

Markt: Di in Pléneuf, Do in Lamballe, Fr in Val-André.

Bar: Le Gatsby, 125, rue Clemenceau, Val-André; tgl. 16–3 Uhr.

Casino: 1, cours W. Churchill, Val-André; tgl. 10–3 Uhr, Restaurant, Theater, Kino.

Ausflüge: Mit dem Logger ›La Pauline‹, Quai des Terre-Neuvas, Pléneuf-Val-André, Tel. 02 96 63 10 99.

Fahrräder: Garage Huitric, 69, rue Amiral Charner, Pléneuf-Val-André, Tel. 02 96 72 20 12.

Golf: Rue de la Plage des Vallées, Pléneuf-Val-André, Tel. 02 96 63 01 12; 18 Loch, par 72, 5836 m. Golf de la Crinière, Manoir de la Ville Gourio-Morieux, Lamballe, Tel. 02 96 32 72 60; 9 Loch, par 36, 2964 m.

Reiten: Centre Équestre Poney Club, La Jeanette, Pléneuf-Val-André, Tel. 02 96 72 95 79.

Tennis: Tennis de l'Amirauté, Pléneuf-Val-André, Tel. 02 96 72 23 25.

Wassersport: Centre Nautique, Pléneuf-Val-André, Tel. 02 96 72 95 28; Segeln, Strandsegeln.

Bus: Von Pléneuf-Le-Val-André nach Erquy und Fréhel sowie über Lamballe nach St-Brieuc.

St-Brieuc

Reiseatlas: S. 234, A2

Von den sieben heiligen Gründerväter der Bretagne war schon die Rede. Ein weiterer von ihnen, Brioc aus Wales, errichtete im 6. Jh. ein Kloster an der Côte de Penthièvre und legte damit den Grundstein für den heutigen Badeort St-Brieuc, der sich rühmt, Geburtsstätte der Schriftsteller Villiers de l'Isle-Adam (1838–1889) und Louis Guilloux (1899–1980) zu sein. Außer den Stränden im Norden – vor allem Plage Martin und Plage des Rosaires – hat das Städtchen freilich wenig zu bieten. Fachwerkhäuser aus dem 15./16. Jh. (z.B. Place du Martray) umgeben die **Kathedrale St-Étienne,** die 1170 gegründet und später zur Wehrkirche ausgebaut wurde. Die Apsis stammt noch aus dem 14. Jh., das Langhaus wurde im 18. Jh. neu aufgebaut. Zu beachten ist ein Flamboyant-Fenster aus dem 15. Jh. im rechten Querhaus.

Überdies lohnt ein Gang über die **Grandes Promenades,** den Stadtpark mit einigen sehenswerten Statuen, oder ein Besuch des **Musée d'Art et d'Histoire** (Cours Francis Renaud; Di–Sa 10–18, So 11–18 Uhr), das Geschichte und Brauchtum der Region beleuchtet. Ein Kleinod des Museums ist ein steinernes Kultbild keltischer Zeit, ›Gottheit mit Harfe‹ tituliert, das

50 km südwestlich von St-Brieuc in St-Symphorien-en-Paule geborgen wurde.

OT: Pavillon du Tourisme, 7, rue St-Gouéno, 22000 St-Brieuc, Tel. 08 25 00 22 22, Fax 02 96 61 42 16, www.baiedesaintbrieuc.com; Mo–Fr 9–12, 13.30–18, Sa 9–12.30, 14–18 Uhr.

****Au Chène Vert:** route St-Laurent-de-la-Mer, 3 km nördlich in Plérin, Tel. 02 96 79 80 21, Fax 02 96 79 80 21, www.hotel-au-chene-vert.com. Logis de France mit Garten, 70 Zimmer, DZ 54–74 €, Restaurant (Menü 15–28 €).
Camping &Jugendherberge:
Auberge de Jeunesse »Ty Coat«, rue Alphonse-Daudet, Tel. 02 96 61 91 87; Haus aus dem 15. Jh.
*****Des Vallées,** Parc de Brézillet, Tel./Fax 02 96 94 05 05, ganzjährig geöffnet. Recht komfortable Anlage, 108 Plätze, Schatten, Pool, Restaurant.

La Croix Blanche: 61, rue de Genève, Tel. 02 96 33 16 97; So abends und Mo geschl. Ausgezeichnete traditionelle Küche, Menü 21–43 €.

Markt: Mi und Sa.
Boutiquen: Rue St-Guillaume.

Mai: Am letzten So im Monat **Pardon** zur Notre-Dame-d'Espérance.
Juli, Aug.: Les Nocturnes, nächtliche Kleinkunstdarbietungen.
Sept.: Am Monatsende dreitägiger **Michaelis-Markt.**

Bahn: Gare SNCF, Bd. Charner, Tel. 08 92 35 35 35; u.a. nach Rennes, Morlaix, Brest, Paimpol, Dol-de-Bretagne.
Bus: U.a. nach Morlaix, Paimpol und St-Malo.

Ins Hinterland

Reiseatlas: S. 234, A3
Fachwerkhäuser säumen den Weg des Reisenden, der von Ort zu Ort durch die bretonischen Lande streift. In **Quintin,** 18 km südwestlich von St-Brieuc und damit abseits der Küste, sind weitere Beispiele dieser anheimelnden Architektur zu finden. Die Häuser stammen aus dem 17./18. Jh., als Quintin seinen Aufstieg mit dem Tuchhandel nahm. In geschichtliche Details führt ein Besuch des Museums, das im Schloss (17. Jh.) an der Place 1830 eingerichtet wurde (Mitte Juni–Mitte Sept. tgl. 10.30–12, 13.30–18 Uhr, sonst nur für Gruppen von mindestens zehn Personen; Garten im französischen Stil).

Weitere 2 km südwestlich lockt **Château Robien** (18. Jh.) mit einem weitläufigen Park, in dem man ausgedehnte Spaziergänge unternehmen kann. Station am Wegesrand ist die Ruine einer Kapelle aus dem 14. Jh.

Camping: **Municipal du Lac, route du Menhir, 22800 Quintin, Tel. 02 96 74 92 54, Fax 02 96 74 06 53; Mitte April–Mitte Okt. Einfache Anlage am See, 30 Plätze, Wassersport, Pool.

Crêperie du Château: 16, rue du Vau de Gouët, Tel. 02 96 74 92 39; Mo geschl. Sehr gute Crêpes und Galettes, Menü um 10 €.

Markt: Di.

Mai: Am 2. So im Monat **Pardon** zur Statue Notre-Dame-de-la-Délivrance (unter dem Portalvorbau der Basilika Notre-Dame).

CÔTE DE GRANIT ROSE UND CÔTE DE BRUYÈRE

Ein paar Flaschen Cidre und eine ferne Erinnerung an diese bizarren Felsen bei ... ja, wie hieß er denn noch, dieser Ort in der Bretagne? Aber sicher, Trégastel! Studentenromantik schwingt mit, wenn der Zeiten an der Rosa Granitküste gedacht wird. Aber nicht nur Trégastel bietet landschaftliche Attraktionen, nicht nur der Fels reizt die Sinne, nicht nur die Erinnerung weckt Lebensgeister. Die Côte de Granit Rose begeistert vielmehr in jeder Hinsicht – ein Ferienziel der Superlative. Es reicht weiter bis zur Côte de Bruyère, die noch einige Felsenmeere, vor allem aber schöne Strände und einsam gelegene Kunstdenkmäler besitzt.

Nach Tréguier

Zur Pointe de Minard

Reiseatlas: S. 234, A1
Wenn die bretonischen Fischer ihrer großen Vergangenheit gedenken, dann kommt die Sprache oft auf den Kabeljaufang, der einst vor Neufundland betrieben wurde. Beute unserer Tage sind Makrelen, Seelachs, Seebarsch und Jakobsmuscheln aus heimischen Gewässern, so auch in **Binic** und **St-Quay-Portrieux,** den beiden Nachbarorten, die zahlreiche Badegäste und Jachtbesitzer an ihre Küsten locken. In Binic stehen am Quai Jean-Bart noch einige alte Reederhäuser aus der Zeit der Hochseefischerei, in denen heute Restaurants und Cafés Quartier bezogen haben. Sehenswert ist zudem das Musée de Binic, das Heimatkundemuseum mit nachgestellten Szenen aus dem traditionellen Leben der Fischer und einigen Funden aus der Römerzeit (Ostern–Juni und Sept. Mi–Mo 14.30–18, Juli, Aug. tgl. 14.30–18 Uhr).

Urlauber sollten von den Stränden auch einen Ausflug ins Hinterland unternehmen, z.B. nach **Kermaria-an-Isquit,** dessen Kapelle (13.–16. Jh.) für ihre Holzschnitzereien und mehr noch für die Fresken aus dem 15. Jh. bekannt ist. Thema der Malereien ist der ›Totentanz‹ (*Danse macabre*), in dem Personen aller Stände schicksalsergeben dem Sensenmann folgen.

Weiter landeinwärts liegt **Guingamp,** dessen Befestigungen und Schloss

1626 von Richelieu geschleift wurden. Fachwerk- und Granithäuser aus dem 16.–18. Jh. umgeben die Place du Centre mit dem Renaissance-Brunnen Fontaine-de-la-Plomée. Er besteht aus drei übereinander liegenden Becken, die mit Bleifiguren verziert sind (u.a. Kinderköpfe und Nymphen, aus deren Brüsten Wasser spritzt). Sehenswert sind auch das barocke Hôtel de Ville an der Place de Verdun (einst Klosterkrankenhaus, 1699) und die Basilika Notre-Dame-de-Bon-Secours. Das Gotteshaus stammt eigentlich aus dem 14. Jh., ist also gotisch, doch wurde im 16. Jh. nach dem Einsturz des Südturms das teilweise zerstörte Kirchenschiff im Stil der damals in der Bretagne noch kaum verbreiteten Renaissance neu aufgebaut. Am Nordportal, das noch aus dem 14. Jh. stammt, thront die einzige schwarze Madonna der Bretagne, sie ist im Juli Ziel eines großen Pardons.

Nördlich von Guingamp finden Architekturfreunde in **Lanleff** eine weitere Besonderheit, nämlich die Ruine einer runden romanischen Kapelle mit drei Apsiden und einer Vorhalle (11. Jh.). Der in Frankreich seltene Bautyp – in diesem Fall bekannt als Temple – geht wahrscheinlich auf orientalische Grabkirchen zurück. Das Dach des Zentralbaus muss man sich als Kalotte vorstellen, gestützt auf Säulen, deren teilweise erhaltene Kapitelle eindrucksvollen Reliefschmuck zeigen.

In **Pors-Pin** trifft man wieder auf die Küste, die hier bereits mit bizarren Felsen aufwartet. Weiter nördlich ist die **Pointe de Minard** erreicht, von der sich ein prächtiger Rundblick bietet.

OT: 17 bis, rue Jeanne d'Arc, 22410 St-Quay-Portrieux, Tel. 02 96 70 40 64, Fax 02 96 70 39 99, www.saintquay-portrieux.com; im Sommer Mo–Sa 9–19, So 10.30–12.30, 15.30–18, sonst Mo–Sa 9–12.30, 14–18.30 Uhr; Autovermietung.
OT: Av. de Gaulle, 22520 Binic, Tel. 02 96 73 60 12, Fax 02 96 73 35 23, www.ville-binic.fr; April–Juni, Sept. Mo–Fr 9.30–12.30, 14–18, Sa 10–12.30, 14–17, Juli, Aug. tgl. 9–19, sonst Mo–Fr 10–12, 14–18 Uhr.
OT: Place Champ au Roy, 22200 Guingamp, Tel. 02 96 43 73 89, Fax 02 96 40 01 95, www.ot-guingamp.org; tgl. 10–12, 14–18 Uhr (außerhalb der Saison nur Mi–Sa).

****Le Gerbot d'Avoine:** 2, bd. du Littoral, St-Quay-Portrieux, Tel. 02 96 70 40 09, Fax 02 96 70 34 06, www.gerbotdavoine.com. Logis de France, 20 Zimmer, 46–56 €, Parkplatz, Garten, Restaurant (Menü 18–35 €).
Camping:
*****Bellevue,** 68, bd. du Littoral, St-Quay-Portrieux, Tel. 02 96 70 41 84, Fax 02 96

Weltweite Fauna in der Bretagne

In **Trégomeur,** südwestlich von Binic, beherbergt der Jardin Zoologique de Bretagne Tiere aus aller Welt in weitläufigen Gehegen. Das gesamte sehenswerte Areal umfasst immerhin 14 ha und bietet damit genügend Vergnügungsfläche für Familien mit Kindern (Juni–Aug. Mo–Sa 10–18, So 10–19, Jan.–Mai, Sept.–Dez. Mo–Fr, So 14–18 Uhr).

Binic

70 55 46, www.campingbellevue.net; Mitte April–Mitte Sept. 800 m zum Strand, 195 Plätze, Pool.

A la Table de Margot: Place de l'Église, Binic, Tel. 02 96 73 35 56; Tapas und Jakobsmuscheln in einem Haus aus dem 17. Jh., Menü 19–29 €.
Chez Fabrice: 52, quai de la République, St-Quay-Portrieux, Tel. 02 96 70 58 44; außerhalb der Saison Mi, Do geschl. Fisch und Meeresfrüchte, Menü 10–26 €.

Markt: Do in Binic, Fr, Sa in Guingamp, Mo, Fr in St-Quai-Portrieux.

Casino: 6, bd. de Gaulle, St-Quay-Portrieux, 10–4 Uhr.
Disco: Le Némo, esplanade du Port d'Armor.

Kino: Cinéma Arletty, 3, place de la Poste, St-Quay-Portrieux.

Mai: Monatsmitte **Marionettenfestival** in Binic und St-Quay-Portrieux.
Juli: Am 1. Sa im Monat **Pardon** (nächtliches Freudenfeuer und Prozession) zur Notre-Dame-de-Bon-Secours in Guingamp, am folgenden So **Festival de Danses bretonnes.** Am 26. des Monats **Pardon** und Fackelzug in St-Quay-Portrieux.
Aug.: In der Monatsmitte einwöchige **Fête de St-Loup** mit bretonischer Musik und Tanz in Guingamp.
Sept.: Pardon am 3. So des Monats zur Kapelle von Kermaria-an-Isquit.

Golf: Des Ajoncs d'Or, Route de Lanvollon (D 9), Lantic, Tel. 02 96 71 90 74; 18 Loch, par 72, 6125 m.

Hochseefischen: Juni–Sept. Mo–Sa an Bord des ›Chalutier‹ ab St-Quay-Portrieux (Infos OT).
Tennis: Place de la Poste, St-Quay-Portrieux, Tel. 02 96 70 42 29; tgl. 10–13, 15–20 Uhr.
Wassersport: École Municipale de Voile, Plage du Casino, St-Quay-Portrieux, Tel. 02 96 70 54 65; Segelschule. Plongée Narco Club, Esplanade du Port d'Armor, Tel. 02 96 73 05 79; Tauchen.

Fähre: Zu den britischen Kanalinseln Jersey und Guernsey ab St-Quay-Portrieux.
Bus: Nach St-Brieuc und Paimpol.

Paimpol und Umgebung

Reiseatlas: S. 233, F1
Beauport im Westen der Pointe de Minard war bis 1790 Sitz der Prämonstratenser, die hier eine Abtei im Stil der normannischen Gotik bauten. Von der Kirche blieb eine überaus beeindruckende Ruine, während sich von den Klostergebäuden (13.–17. Jh.) der Kapitelsaal, das Refektorium, ein Vorratskeller und eine Pilgerherberge erhalten haben (Mitte Juni–Mitte Sept. tgl. 10–19 Uhr, sonst tgl. 10–12, 14–17 Uhr).

Für das wirtschaftliche Auskommen der Abtei sorgte der nahe Ort **Paimpol,** dessen Bewohner später – zwischen 1852 und 1935 – Kabeljaufang vor Island und Neufundland betrieben. Der Schriftsteller Julien Viaud alias Pierre Loti (1850–1923) sammelte hier den Stoff für seinen Roman »Die Islandfischer« (1886). Die Hauptfigur Gaud Mével lebt in einem Haus an der Place du Martray/Ecke Rue de l'Église, wo auch Loti während der Arbeit an seinem Werk wohnte. Wer mehr über den Fischfang erfahren möchte, der besucht in der Rue de Labenne das Musée de la Mer in einem Haus, in dem früher Dorsche getrocknet wurden (Mitte April–Mitte Juni, 1–22. Sept. tgl. 14.30–18, Mitte Juni–Ende Aug. 10.30–12.30, 14.30–18 Uhr). Trachten und Möbel kann man dagegen im Musée du Costume Breton in der Rue Raymond Pellier anschauen (Juli, Aug. tgl. 10.30–12.30, 14.30–18 Uhr).

Wichtige Einnahmequellen für Paimpol sind heute die Austernzucht und der Gemüseanbau, aber auch der Jachthafen bringt beträchtliche Einkünfte. Bei einer Hafenbesichtigung kann man die alten Reederhäuser am Quai Morand bewundern und entdeckt auch den denkmalgeschützten Kutter »Le Vieux Copain«, der im Jahre 1940 für den Thunfischfang gebaut wurde und heute seine Tage als Ausflugsboot fristet (Ostern–Okt. Sa, So, Juli, Aug.

Unter Dampf

Von Juni bis September verkehrt Do–So, in der Hochsaison auch Di, Mi zwischen Paimpol und Pontrieux eine restaurierte **Dampflok,** die dem Ufer des Trieux folgt. Gegessen wird unterwegs in der Maison de l'Estuaire de Traou-Nez in Plourivo. Am Zielbahnhof stehen Pferdekutschen und Boote für weitere Unternehmungen bereit. Infos und (erforderliche) Reservierung: Tel. 08 92 39 14 27.

tgl., Tel. 02 96 20 59 30). Ansonsten locken die Strände: der bewachte La Tossen und die sandige Bucht Le Lédano.

Wahrlich, die Zeiten des Kabeljaufangs waren rau. Viele Fischer ließen ihr Leben auf hoher See, ihre Namen sind auf einer Friedhofsmauer in Ploubazlanec zu lesen. Weiter nördlich gelangt man zur **Pointe de l'Arcouest,** von wo Fähren zur autofreien **Île de Bréhat** übersetzen. Die 3,5 x 1,5 km große Insel – bestehend aus zwei Teilen, die im 18. Jh. durch eine Brücke miteinander verbunden wurden – besitzt ein besonders mildes Klima, und so gedeihen hier Oleander, Agaven, Mimosen, Feigen und Palmen.

Eine Inselrunde von der Anlegestelle Port-Clos kann man bequem zu Fuß oder mit einem Mietfahrrad unternehmen. Im Osten von Port-Clos lädt zunächst der Kieselstrand **Grève du Guerzido** zum Bad, während im Westen der Kiefernwald **Bois de la Citadelle** Gelegenheit zu einem erholsamen Spaziergang bietet.

Im Herzen der Insel gelangt man zum Hauptort **Le Bourg** mit einer Kirche aus dem 12.–18. Jh. Westlich des Ortes steht die Ruine der Mühle **Crec'h Tarek,** die zur Zeit der Religionskriege als Galgen diente. Von hier geht es weiter zum höchsten Punkt der Insel bei der Kapelle St-Michel und zu einem Gedenkkreuz an der Küste, das 1788 zur Erinnerung an einen Mönch errichtet wurde. Im kargeren Nordteil der Insel schließlich lohnt der Besuch des Leuchtturms **Phare du Paon** aus dem Jahre 1853, der 1949 neu aufgebaut wurde.

OT: Place de la République, 22500 Paimpol, Tel. 02 96 20 83 16, Fax 02 96 55 11 12, www.paimpol-goelo.com; Mitte Juni–Mitte Sept. Mo–Sa 9.30–19.30, So 10–18, sonst Mo–Sa 9.30–12.30, 13.30–18.30 Uhr.
Pointe de l'Arcouest, 22620 Ploubazlanec, Tel. 02 96 55 80 36, Fax 02 96 55 72 35; Mitte Juni–Mitte Sept. Mo–Sa 9.30–12.30, 14.30–18.30, So 10–13 Uhr.

****La Vielle Auberge:** Le Bourg, 22870 Île de Bréhat, Tel. 02 96 20 00 24, Fax 02 96 20 05 12, www.ilotels.com; 20. April–31. Okt. 15 Zimmer, DZ 76–92 €, Garten, Restaurant (Menü 21–31 €).
*****Le Barbu:** Pointe de l'Arcouest, Tel. 02 96 55 86 98, Fax, 02 96 55 73 87; Mitte Nov.–Ende Febr. geschl. Sehr schön gelegenes Logis de France, 19 Zimmer, DZ 69–122 €, Garten, Pool, sehr gutes Restaurant (Menü 16–99 €).
****De la Marne:** 30, rue de la Marne, Paimpol, Tel. 02 96 20 82 16, Fax 02 96 20 92 07, www.marne-paimpol.monsite.wanadoo.fr. Gemütliches, einfaches Haus, 11 Zimmer, DZ 57 €, Parkplatz, Restaurant (Menü 26–80 €).
Camping & Jugendherberge:
Auberge de Jeunesse: im Schloss Kerraoul, Paimpol, Tel. 02 96 20 83 60.
****Municipal de la Pepinière,** rue R. Cassin, 22470 Plouézec, Tel. 02 96 20 64 90, Fax 02 96 20 63 87; Mitte Juni–Mitte Sept. Einfache, preiswerte Anlage am Meer, 66 Plätze.

Du Port: 17, quai Morand, Paimpol, Tel. 02 96 20 82 76; 19. Dez.–25. Jan. und Di, Mi geschl. Fisch und Meeresfrüchte, Menü 11,50–39 €.
La Vieille Tour: 13, rue de l'Église, Paimpol, Tel. 02 96 20 83 18; außerhalb der Saison So abends und Mi, in der Saison Mo vormittags geschl. Feinschmecker-Restaurant, Menü 23–65 €.

Markt: in Paimpol Di (Place des Halles) und Fr (Kérity), in Ploubazlanec So.
Les Verreries de Bréhat: La Citadelle, Île de Bréhat, Artikel aus Glas.

Cinéma Breiz: 1, rue Henri Dunant, Paimpol, klassische und Autorenfilme.

April: Austernfest in Paimpol.
Juni: Regatta Paimpol–Reykjavik.
Juli: Am 20. **Pardon** de la Madeleine, am 27 **Pardon** de Paul, beide in Plouézec.
Aug.: Am 15. **Pardon** de l'Abbaye de Beauport. Monatsmitte **Fête du Chant de Marin,** Fest der Seemannslieder.

Ausflüge: Mit dem Boot ›Le Vieux Copain‹ den Trieux flussaufwärts zum Schloss Roche-Jagu (15. Jh., Garten; im Sommer Ausstellungen und Kulturveranstaltungen; Restaurant, Menü 19–42 €; Mitte Juni–Mitte Sept. tgl. 10–19, sonst tgl. 10.30–12.30, 14–18 Uhr).
Segelfahrten mit ›La Nébuleuse‹, Brézel Nevez, 22470 Plouézec, Tel. 02 96 55 44 36.
Hochseefischen: Mit der ›L'Eulalie‹ um die Insel Bréhat, 14, chemin de Moulouarn, 22860 Plourivo, Tel. 02 96 55 99 99.
Labyrinth: Labyrinthe végétal, 9 bis, chemin de Goasmeur, Pflanzenlabyrinth, Juli–Aug. Di–So 13.30–18.30.
Reiten: Écurie du Doctoral, 15, rue Joliot Curie, Paimpol, Tel. 06 81 62 12 59.
Tennis: Tennis Club de Paimpol, Rue de Bel-Air, Tel. 02 96 20 70 82.
Wassersport: Centre Nautique de Loguivy-de-la-Mer, Roc'h Hir, Tel. 02 96 20 94 58, http://cnloguivy.free.fr/; Segeln, Meereskajak.

Bahn: Nach Guingamp, dort gibt es einen Anschluss an die Strecke Brest- Rennes.
Bus: U. a. nach Guingamp und Lannion.
Fähre: Les Vedettes de Bréhat, Tel. 02 96 55 79 50, www.vedettesdebrehat.com; ganzjährig ab Pointe de l'Arcouest zur Île de Bréhat, im Sommer 8.30–19.30 Uhr ca. stündlich.

Die Presq'île Sauvage

Reiseatlas: S. 233, F1
Zwischen den Mündungen der Flüsse Trieux und Jaudy erstreckt sich die Prequ'île Sauvage, die ›Wilde Halbinsel‹, die man, von Paimpol kommend, über eine 154 m lange Hängebrücke erreicht. Am linken Ufer des Trieux gelangt man zunächst nach Lézardrieux. Von hier kann man Bootsfahrten entlang der Küste unternehmen, aber auch zu einem Rundkurs mit dem Auto über die Halbinsel starten. Dazu wählt man die D 20 Richtung Norden. Nach 3 km geht es rechts zu einer verfallenen Flutmühle, **Ancien Moulin à Marée,** am nächsten Abzweig wiederum rechts zum Leuchtturm Phare du Bodic.

An der äußersten Spitze der Halbinsel liegt die 3 km lange und 30 m breite Landzunge **Sillon de Talbert.** Hier werden jährlich 8000–10 000 t Algen gesammelt und getrocknet, bevor man sie zur Weiterverarbeitung in eine nahe Fabrik transportiert. Algen und Seetang wurden in der Bretagne schon früh als Viehfutter und Dünger eingesetzt. Im 18. Jh. entdeckte man neue Möglichkeiten in der Seifen- und Glasindustrie, denn aus Algen lässt sich u.a. Kaliumkarbonat gewinnen. Die gerinnungs- und tumorhemmende Wirkung hat heute Bedeutung in der Medizin, aber auch in der Kosmetik wie in der Thalassotherapie finden Algen Verwendung. Als Gelier-, Binde-, Gleitmittel und Stabilisator nehmen sie schließlich einen hohen Stellenwert in der Lebensmittelindustrie ein und finden sich u. a. in Pudding, Streichkäse und Suppen.

Zurück auf der D 20, geht es am nächsten Abzweig rechts zum Aussichtspunkt **Créac'h Maout.** Südwestlich davon, wiederum von der D 20 aus zu erreichen, lockt die **Plage de Kermagen** zu einem Bad im Meer, bevor man über **Pleubian** (Kirche mit Außenkanzel aus dem 16. Jh.) Richtung Tréguier fährt.

******Relais de Brenner:** 6, route de St-Julien, Pont de Lézardrieux, 22500 Paimpol, Tel. 02 96 22 29 95, Fax 02 96 22 22 72; April–Okt. Ruhiges Haus mit Park an der Flussmündung, 18 Zimmer, DZ 60–105 €, Parkplatz, Restaurant (Menü 25–55 €).

Tréguier

Reiseatlas: S. 233, F1

Als Hafen an der Mündung der Flüsse Jaudy und Guindy und Sitz von Leinenmanufakturen errang Tréguier wirtschaftliche Bedeutung, wichtiger aber war der Ort als Zentrum kultureller und religiöser Begegnung. Um 540 hatte der Brite Tugdual im heutigen Vorort Minihy (1 km südlich des Zentrums) ein Kloster gegründet. Einige Jahrhunderte später überflügelte Ivo Hélori den Rang des heiligen Tugdual. Ivo (oder Yves) wurde 1253 in Minihy geboren, studierte Jura und Theologie in Paris und war dann als Pfarrer und Richter in seiner Heimat tätig. Dank seiner weisen Schiedssprüche gelangte er bald zu Berühmtheit. Bereits 1347, nur 44 Jahre nach seinem Tod, wurde Yves heilig gesprochen und ist seither Schutzpatron der Armen ... und der Juristen.

Ein Doppelbogen aus dem 13. Jh. auf dem Friedhof von Minihy ist als »Grab des St-Yves« bekannt, tatsächlich aber wurde der Heilige in Tréguier in der ehemaligen Kathedrale und heutigen Kirche **St-Tugdual** beigesetzt. Sein Schädel, in einem Reliquienschrein verwahrt, gehört zum Kirchenschatz, den man in der Sakristei besichtigen kann. Das eigentliche Grabmal wurde während der Französischen Revolution, als auch das Bistum Tréguier aufgelöst wurde, zerstört und im 19. Jh. durch einen Nachbau ersetzt (im linken Seitenschiff). Die Kirche selbst stammt aus dem 14./15. Jh. und ist ein besonders schönes Beispiel der Gotik. Von den drei Türmen gehört einer noch zu einem romanischen Vorgängerbau (12. Jh.). Der Mittelturm wurde Ende des 14. Jh. begonnen und blieb unvollendet. Er wird überragt vom neogotischen Südturm (1785), der die stattliche Höhe von 63 m erreicht.

Das Innere des Gotteshauses beeindruckt durch den überraschend starken Lichteinfall. Berühmt ist das große Fenster im südlichen Querschiff. Es zeigt einen Weinstock, dessen Laub u.a. die sieben Gründerväter der Bretagne umgibt. Zu beachten sind außerdem das Renaissance-Gestühl (1509) im Chor sowie eine Holzskulptur in der südlichen Vorhalle. Sie wurde im 15. Jh. gefertigt und zeigt den heiligen Yves in der typischen Darstellung zwischen einem Reichen und einem Armen. Nicht versäumen sollte man den spätgotischen Kreuzgang (15. Jh.), der um einen mit Hortensien bepflanzten Rasen gelegt ist. Auf dem Friedhof hinter der einstigen Kathedrale schließlich befinden sich Gräber deutscher Soldaten aus dem Ersten Weltkrieg.

Bei einer weiteren Berühmtheit des Ortes, **Ernest Renan,** schieden sich die Geister. Der Schriftsteller wurde 1823 in einem alten Fachwerkhaus (16. Jh.) in der Rue Renan geboren, das heute ein kleines **Museum** zu seinem Wirken beherbergt (April–Juni, Sept. Mi–Fr 10–12, 14–18, Sa, So 14–18, Juli, Aug. tgl. 10–13, 14.30–18.30 Uhr). Renan studierte Theologie und Orientalistik in Paris und unternahm ausgiebige Reisen in den Vorderen Orient, wo er u.a. an Ausgrabungen in Palästina teilnahm. Nach seiner Rückkehr verfasste er den Roman »Vie de Jésus«, der das Leben Jesu in ein wissenschaftlich fundiertes Licht rückt. Die allzu menschliche Darstellung des Gottessohnes traf in der Bretagne auf harte Widersacher. 1904 wurde in Tréguier gar ein **Calvaire de la protestation,** ein ›Kalvarienberg des Protestes‹, angelegt. Er richtete sich gegen ein Denkmal auf der Place du Martray, das an den 1892 verstorbenen Renan erinnert.

SI: 67, rue Ernest Renan, 22220 Tréguier, Tel. 02 96 92 22 33, Fax 02 96 92 95 11, www.paysdetreguier.com; in der Saison Mo 10–13, 14–19, Di–Sa 9–19, So

Granitfelsen bei Trégastel

10–13, 14.30–17.30, sonst Di–Sa 9–12.30, 14–18 Uhr.

***L'Estuaire:** 5, place du Gal.-de-Gaulle, Tel. 02 96 92 30 25, Okt.–Ende Nov. geschl. 15 Zimmer, 32–55 €, mit guten Restaurant (Menü 15–35 €).

Auberge du Trégor: 3, rue St-Yves, Tel. 02 96 92 32 34, So abends und Mo geschl. Fisch und Meeresfrüchte, Menü 18–29 €.

Markt: Mi.

Mai: Am dritten Sonntag **St-Yves-Pardon** von Minihy nach Tréguier.

Ausflüge: Mit ›L'Odyssée‹, einem kleinen Hausboot, Fahrt auf dem Estuaire du Jaudy ab Capitainerie du Port, Reservierungen Tel. 02 96 92 00 65. **Reiten:** La Ferne du Syet, Minihy, Tel. 02 96 92 31 79; Reitschule, Übernachtung.

Bus: Nach Lannion und Paimpol.

Das Felsenmeer rings um Trégastel

Nach Port-Blanc

Reiseatlas: S. 233, E1

7 km nördlich von Tréguier steht in **St-Gonéry** eine Kapelle aus dem 15./16. Jh. Schon das Äußere beeindruckt durch die auffällige bleigedeckte Kirchturmspitze, die dem Turm (10. Jh.) im Jahre 1612 aufgesetzt wurde. Eigentliche Attraktion aber ist die bemalte Holzdecke (Ende 15. Jh.), die als schönste der Bretagne gilt. Dargestellt sind u. a. die Erschaffung der Erde, die Erschaffung des Menschen und das Abendmahl.

Die Fahrt führt weiter zur **Pointe du Château,** von der sich ein prächtiger Ausblick bietet. Hier steht ein einfaches Haus aus Granit, das allein wegen seiner Lage – eingezwängt zwischen zwei Felsen – zu einem der beliebtesten Fotomotive der Bretagne wurde (s. S. 8). Westlich der Landspitze liegt **Le Gouffre,** ein tiefer Einschnitt, den sich das Meer ins Land gefressen hat. Er markiert den Beginn jenes Felsenmeeres, das die Rosa Granitküste berühmt machte.

Mächtige Steinbrocken erheben sich auch in der **Anse de Pors-Scaff,** einer Badebucht südwestlich der Pointe du Château. Nächste Station ist **Port-Blanc** mit einem malerischen kleinen Hafen und der Kapelle Notre-Dame (16. Jh.), deren tiefgezogenes Dach fast bis auf den Boden reicht. Im Pfarrhof steht ein Calvaire (s. S. 141) aus dem Jahre 1663, sein Figurenprogramm umfasst u. a. den hl. Yves zwischen dem Armen und dem Reichen.

****Le Grand Hotel:** Port-Blanc, 22710 Penvenan, Tel. 02 96 92 66 52, Fax 02 96 92 81 57, www.hotel-port-blanc.com; Mitte März–Mitte Nov., 30 Zimmer, Meerblick, Garten, DZ 37–60 €, Restaurant (Menü 19–42 €).
Camping:
***Municipal des Dunes:** Rue des Dunes, Penvenan, Tel. 02 96 92 63 42, Fax 02 96 92 74 64; Mitte Mai–Mitte Sept. 82 Plätze in Strandnähe, Wassersport.

Aug.: Am 15. des Monats **Pardon** in Port-Blanc.

BIZARRE FORMEN IN GRANIT

Von ›chaos‹ spricht man in Frankreich, wenn eindrucksvolle Felsformationen gemeint sind, aber das Chaos aus Granit hat seine Ordnung. Die schweren Brocken erwecken in ihrer Regelmäßigkeit oft den Eindruck, als hätten Riesen sie zu Festungen und Pfeilern aufgetürmt, und so nennt man die Naturgebilde oft auch Felsburgen. Nähere Informationen über die Gesteinsbildung und die Nutzung von Granit erhält man in der **Maison du Littoral** in Ploumanac'h.

In der Bretagne sind drei Gesteinsgruppen zu unterscheiden. Bei Sedimentgesteinen handelt es sich um Ablagerungen des Meeres, aber auch um Erosionsmaterial von Gebirgen. Hierzu zählen vor allem Sandstein, Kalkstein und Ton. Metamorphe Gesteine sind Sediment- oder Magmagesteine, die unter hohem Druck und hoher Temperatur z.B. zu Schiefer, Quarzit, Gneis und Marmor umgewandelt wurden. Erstarrte Magma schließlich bildet die dritte Gesteinsgruppe, hierzu zählt insbesondere der Granit, dem an der Küste bei Perros-Guirec rosa Felsspat beigemischt ist.

Die aufsteigende Magma begann in 6 km Tiefe zu erkalten. Je nach Dauer der Erkaltung bildete sich beim Granit ein feineres oder gröberes Korn. Im Anschluss wurden die oberen Erdschichten durch Erosion abgetragen, und als nach der Eiszeit das Meer anstieg, war der inzwischen freiliegende Granit von Wasser umspült. Er bot durch seine grobe Struktur viele Angriffsflächen. Bodenwasser zirkulierte in Spalten, wo eine Vergrusung stattfand, während sich abseits der Spalten lediglich die Kanten durch Verwitterung rundeten. Wurde Gestein auf diese Weise abgetragen, so verminderte sich der Druck auf tiefere Schichten. Durch die Druckentlastung klüftete sich das Material, indem sich oberflächenparallele Schichten absprengten. Genau dieser Prozess führte zu den eindrucksvollen Formationen, die beim ersten Anblick wie von Menschenhand erschaffen scheinen.

Perros-Guirec und Umgebung

Reiseatlas: S. 233, E1
»Befindet sich Napoléons Hut immer noch in Perros-Guirec?« Mit dieser Frage sandte die BBC am 3. April 1943 um 18 Uhr das Signal für den bewaffneten Widerstand gegen die Deutschen. Napoléons Hut ist der Name einer hiesigen Felsformation, und die befindet sich natürlich noch heute an Ort und Stelle. Ansonsten erinnert in Perros-Guirec nichts an die Résistance. Beim malerischen Hafen zeigt das **Musée de Cire** [1] Wachsfiguren u. a. zur Chouans-Bewegung (Juni–Aug. tgl. 9.30–18.30, April, Mai, Sept. 10–12.15,14–18 Uhr), während die gotische **Kirche St-Jacques** [2] im Ortskern mit einem Portal und einigen Kapitellen aufwartet, die noch in die Romanik datieren.

Östlich des Zentrums lockt die Plage de Trestrignel, im Westen die von altehrwürdigen Hotels, dem **Casino** [3] (1924) und einem Thalassozentrum gesäumte Plage de Trestraou zu Bad und Sonnenbad. Beide Strände sind wegen des feinen Sandes und der geschützten Lage besonders gut für Kinder geeignet.

Am westlichen Ende der **Plage de Trestraou** befindet sich die Ablegestelle der Schiffe zu den 1912 zum Schutzgebiet und 1976 zum Naturreservat erklärten **Sept-Îles.** Rundfahrten (Febr.– Nov.; mehrere Touren werden angeboten) sollte man am Morgen oder am Abend unternehmen, denn in der Mittagszeit ruht das (Tier-)

Sehenswürdigkeiten
1 Musée de Cire
2 Kirche St-Jacques
3 Casino
4 Château du Diable
5 Pointe de Squéouel
6 Skulpturenpark Christian Gad
7 Chapelle St-Guirec
8 Moulin à Marée

Hotels
9 Manoir du Sphinx
10 Ker-Ys
11 St-Guirec et de la Plage
12 Les Violettes

Essen und Trinken
13 Au St-Yves
14 Crémaillère

Leben auf den ›Sieben Inseln‹, die in bester Abgeschiedenheit 15 km vor der Küste liegen. Ein Landgang wird lediglich auf der **Île aux Moines** unternommen, wo es einen Leuchtturm (1834), eine verfallene Festung (18. Jh.) und ein ehemaliges Franziskanerkloster (15. Jh.) zu besichtigen gilt. Die größte Vogelpopulation besitzt die **Île Rouzic,** hier leben zwischen Frühjahr und Herbst vor allem Basstölpel, aber auch Zwergpinguine, Kormorane, Papageientaucher, Austernfischer und Eissturmvögel. Insgesamt beherbergt das 40 ha große Archipel 27 Brutvogelarten sowie eine Kolonie von Kegelrobben.

Beim Schiffsableger in Perros-Guirec beginnt aber auch einer der schönsten Spazierwege der Bretagne, der Sentier des Douaniers entlang beeindruckender Felsformationen nach Ploumanac'h (Hin- und Rückweg etwa 3 Std.). Höhepunkte an diesem ›Zöllnerweg‹ sind das so genannte **Château du Diable** (›Teufelsschloss‹) 4 und die von einigen Felsbögen besetzte **Pointe de Squéouel** 5. Sie gehören zum Parc municipal, dem ›Stadtpark‹ von Ploumanac'h, der eigentlich ein Naturschutzgebiet ist und die Wunder in Stein vor rücksichtsloser Bebauung bewahrt. Im **Skulpturenpark Christian Gad** 6 wurden einige der Granitkolosse von Künstlern bearbeitet.

Der Zöllnerweg endet an der Plage St-Guirec, wo auf einem Felsen eine **romanische Kapelle** 7 steht. Genau dort soll der hl. Guirec aus Wales an Land gegangen sein. Sein hölzernes Bildnis, das sich einst in der Kapelle befand, wurde längst durch eine Granitplastik ersetzt: Einem lokalen Brauch folgend, hatten Generationen lediger Frauen dem Heiligen so oft mit Nadeln in die Nase und schließlich auch in den Körper gestochen, dass das Kultbild den wortwörtlich eindringlichen Heiratswünschen nicht mehr standhielt.

Gegenüber der Kapelle fällt der Blick auf die vorgelagerte **Île Costaérès.** Im dortigen Schloss von 1892 soll Henryk Sienkiewicz seinen Roman »Quo Vadis« geschrieben haben, lange bevor der Komiker Dieter Hallervorden die Insel zu seinem Privatbesitz erkor und sie – reichlich unkomisch – für Fremde sperrte.

Südlich des Hafens von **Ploumanac'h** befindet sich eine **Gezeitenmühle** (Moulin à Marée) 8 aus dem späten 14. Jh., durch die Führungen veranstaltet werden (Juli und Aug. tgl. 10–19, 15.–30. Juni und 1.–15. Sept. Mi–Mo 15–18 Uhr).

Über den Chemin de Randreux gelangt man von hier in die **Vallée de Traouïero,** ein verwunschenes Tal, in dem inmitten seltener Farn- und Moosarten weitere Granitbrocken stehen (Führungen Di 15, Sa 9.30, Juli, Aug. Di 15, Do und So 9.30 Uhr.).

OT: 21, place de l'Hôtel-de-Ville, 22700 Perros-Guirec, Tel. 02 96 23 21 15, Fax 02 96 23 04 72, www.perros-guirec.com; Juli, Aug. Mo–Sa 9–19.30, So 10–12.30, 16–19 Uhr, übrige Monate Mo–Sa 9–12.30, 14–18.30 Uhr.

***__Manoir du Sphinx__ 9: 67, chemin de la Messe, Perros-Guirec, Tel. 02 96 23 25 42, Fax 02 96 91 26 13, www.lemanoirdusphinx.com; Jan.–Mitte Febr. geschl. Herrschaftliches Haus an der Plage de Trestignel, 20 Zimmer, teils mit Meerblick, DZ 104–122 €, Restaurant (Menü 29–50 €), Garten, Parkplatz.

Ker-Ys 10: 12, rue du Mal.-Foch, Perros-Guirec, Tel. 02 96 23 22 16, Fax 02 96 23 28 36; zentral gelegenes Haus mit durchschnittlichem Komfort, 30 Zimmer, DZ 37–58 €.

St-Guirec et de la Plage 11: Plage St-Guirec, Ploumanac'h, Tel. 02 96 91 40 89, Fax 02 96 91 49 27, www.hotelsaint-guirec.com; Nov.–März geschl. Am Strand gelegenes, ruhiges Logis de France, 24 Zimmer, teils mit Meerblick, DZ 30–85 €, Restaurant (Menü 13–46 €), Parkplatz.

Les Violettes 12: 19, rue du Calvaire, Perros-Guirec, Tel. 02 96 23 21 33, Fax 02 96 23 10 08. Einfaches, sehr preiswertes Haus, 17 Zimmer, DZ 36–46 €, Garten, Restaurant (Menü ab 12 €).

Camping:
****__Le Ranolien,__ Ploumanac'h, Tel. 02 96 91 43 58, Fax 02 96 91 41 90, www.leranolien.com; April–Sept. Sehr komfortable Anlage mit 560 Plätzen, 50 m zum Strand, Pool, Restaurant und Disco.
***__Trestraou,__ 89, av. du Casino, Perros-Guirec, Tel. 02 96 23 08 11, Fax 02 96 23 26 06, www.trestraou-camping.com.; Mai–Mitte Sept. 180 Plätze, Nähe Plage de Trestraou.

Au St-Yves 13: Rue St-Yves, Perros-Guirec, Tel. 02 96 23 21 31, Dez., Jan. geschl. Hotel-Restaurant mit traditioneller bretonischer Küche, Menü 13–29 €.

Crémaillère 14: Place de l'Église, Perros-Guirec, Tel. 02 96 23 22 08; Menü 16–36 €.

Markt: Fr in Perros-Guirec.
Conserverie La Belle-Iloise, Plage de Trestraou, eingemachte Spezialitäten.

Casino: Plage de Trestraou, Perros-Guirec; mit Bar und Restaurant (Menü 17–30 €); 10–3 (4) Uhr.
Disco: Le Neway, 12, rue de Trébuic, Perros-Guirec.

April: Monatsmitte **Festival de la Bande Dessinée,** Fest des Comic.
Mai: Am 2. So nach Ostern **Pardon** zur Chapelle de Kernivinen, 2 km südlich von Perros-Guirec. Monatsende **Pardon** de St-Guirec, Ploumanac'h.
Juli: Surf- und Segelregatten.
Aug.: Am 15. des Monats **Pardon** zur Chapelle Notre-Dame-de-la-Clarté), Ploumanac'h.

Ausflüge: Mit der ›Ar Jentilez‹, einem Tangfangschiff (Tel. 02 96 49 81 21), und dem Segelkutter ›St-C'hireg‹ (Tel. 02 96 23 22 11).
Ferner ab Gare Maritime in Perros-Guirec

In einer Bar in Ploumanac'h

(Tel. 02 96 91 10 00) und ab Hafen Ploumanac'h (Tel. 02 96 91 44 40) zu den Sept-Îles, Febr.–Nov.; Reservierung auch im OT, s.o.

Hochseefischen: Les 7 Îles en Vedette, Gare Maritime, Plage de Trestraou, Tel. 02 96 91 29 60. Vedettes du Trégor, Gare Maritime, Plage de Trestraou, Tel. 02 96 91 10 00.

Tennis: Tennis Club Municipal Perrosien, rue de Kerabram, Tel. 02 96 23 01 33.

Wassersport: Centre Nautique, Plage de Trestraou, Tel. 02 96 49 81 21; Segeln, Bodyboard, Seekajak, Windsurfen. Emotion Sub, 37, rue G. Vicaire, Ploumanac'h, Tel. 02 96 91 67 20; Tauchen. Seven Islands Surf Club, Plage de Trestraou, Tel. 06 10 17 92 62, (Okt.–Mai); Surfen.

Bus: Nach Lannion und Trégastel.

Entlang der Corniche Bretonne

Reiseatlas: S. 233, D/E1

Ploumanac'h lässt sich natürlich auch mit dem Auto von Perros-Guirec ansteuern, und zwar über die Küstenstraße Corniche Bretonne. Dabei passiert man nach 3 km den Ort **La Clarté,** in dem die Kapelle Notre-Dame aus dem 15. oder 16. Jh. zu einem kurzen Besuch einlädt (Pardon am 15. August). Nicht weit davon ist das fast legendäre **Trégastel-Plage** erreicht, das 1880 als Vorort von **Trégastel-Bourg** (3 km landeinwärts) gegründete Seebad. Auch an seinen herrlichen Stränden, Grève Blanche und Coz-Pors, harren bizarre Felsformationen der Be-

Trébeurden

wunderer: »König Gradlon« (Roi Gradlon) und der »Korkenzieher« (Tire-Bouchon), die »Hexe« (Socière) und die »Schildkröten« (Tortues). Unter letzteren befinden sich zwei Höhlen, sie beherbergten bis ins 19. Jh. eine Kapelle und bieten heute Raum für ein neu renoviertes Aquarium mit 30 Becken, in denen man die bretonische Meeresfauna studieren kann (Mai/Juni/Sept. Mo 14–18, Di–So 10–18, Juli/Aug Di 10–21, Mi–Mo 10–19, Okt.–Mitte Nov., Mitte–Ende Dez. Di–Sa 14–18, So 10–12, 14–18 Uhr). Und an der Nordspitze des Strandes Coz-Pors schließlich stehen der »Totenkopf« (Tête de Mort) und der »Pfannkuchenstapel« (Tas de Crêpes), zwei weitere Granitbrocken, an denen sich die Erosionsformen des harten Gesteins ablesen lässt.

Bei der Weiterfahrt über die Corniche lohnen zwei Abstecher links zu Dolmen und Allée couverte von **Kerguntull** und (ab Penvern über die D 21) zum 8 m hohen Menhir von **St-Uzec** (auch St-Duzec). Dieser mächtige Brocken wurde im späten 17. Jh. christianisiert, indem ein unbekannter Künstler auf der Spitze ein Steinkreuz ausmeißelte und darunter christliche

Symbole anbrachte (Muttergottes, Marterwerkzeuge der Passion etc.).

Hinter Pleurven führt ein Abzweig rechts zur **Île Grande,** dem Flitterwochenparadies Joseph Conrads, das inzwischen über eine Brücke mit dem Festland verbunden ist. Der blaue Granit der Insel ist seit dem 19. Jh. ein beliebtes Baumaterial. Außer einigen Denkmälern der Megalithkultur besitzt die Île eine Station ornithologique, in der Videoaufnahmen von der Basstölpelkolonie auf der **Île Rouzic** (s. S. 109) empfangen werden (Juli, Aug. Mo–Fr 10–13, 14.30–19, Sa, So 14.30–19, Okt.–Mai Sa, So 14–18 Uhr).

Die Fahrt entlang der Corniche endet im Badeort **Trébeurden.** Er bietet neben weiteren Megalithbauten (z.B. Ganggrab Lan-Kérellec auf der Île Milliau) vor allem Strände, darunter als beliebtestem die Plage de Tresmeur.

OT: place Ste-Anne, 22730 Trégastel, Tel. 02 96 15 38 38, www.villetregastel.fr; Juli, Aug. Mo–Sa 9.30–13, 14–19, So 10–12.30, April–Juni, Sept. Mo–Sa 9.30–12, 14–18, Okt.–März Mo–Sa 9.30–12, 14–17.30 Uhr.
OT: place de Crec'h-Hery, 22560 Trébeurden, Tel. 02 96 23 51 64, Fax 02 96 15 44 87, http://trebeurden.free.fr; Juli, Aug. Mo–Sa 9–19, So 10–13, sonst Mo–Sa 9–12.30, 14–18 Uhr.

******Manoir de Lan-Kérellec:** Allée centrale de Lan-Kérellec, Trébeurden, Tel. 02 96 15 00 00, Fax 02 96 23 66 88, www.lankerellec.com; Mitte März–Mitte Nov. Schlosshotel am Meer, 19 Zimmer, DZ 100–410 €, Parkplatz, hervorragendes Restaurant (Mo und Di mittags geschl., Menü 38–66 €).
***Bellevue:** 20, rue des Calculots, Trégastel, Tel. 02 96 23 88 18, Fax 02 96 23 89 91, www.hotelbellevuetregastel.com; Mitte März–Mitte Nov. 31 Zimmer, teils mit Meerblick, DZ 64–124 €, Garten, Parkplatz, Restaurant (Menü 26–56 €).
De la Mer et de la Plage: Plage du Coz-Pors, Trégastel, Tel. 02 96 15 60 00, Fax 02 96 15 31 11, www.hoteldelamer.ifrance.com; April–Dez. Gemütliches Strandhotel, 20 Zimmer, DZ 38–80 €, Restaurant (Menü 14–41 €).
Camping & Jugendherberge:
Auberge de Jeunesse: Pors Toëno, Corniche de Goas-Treiz, Tel. 02 96 23 52 22.
***Tourony:** 105, rue Poul Palud, Trégastel, Tel. 02 96 23 86 61, Fax 02 96 15 97 84, www.camping-tourony.com; April–Sept. 100 Plätze am Meer.

Le Coz-Pors: Plage du Coz-Pors, Trégastel, Tel. 02 96 23 40 28. Fisch und Meeresfrüchte, Menü 14–32 €.
La Tourelle: 45, rue de Trozoul, Trébeurden, Tel. 02 96 23 62 73; Mitte Febr.–Mitte Nov geschl. außerhalb der Saison Di/Mi geschl. Fisch, Hummer, Menü 22–40 €.

Markt: Mo Trégastel, Di Trébeurden, Mi Île Grande, So La Clarté.

Ausflüge: Ab Plage du Coz-Pors zu den Sept-Îles, Tel. 02 96 15 31 00 und 02 96 91 10 00.
Hochseefischen: Armor Découverte, Plage du Coz-Pors, Tel. 02 96 15 31 00.
Reiten: Poney-Club Rulan, route de Lannion, Trégastel, Tel. 02 96 23 85 29.
Tennis: Rue de Poul-Palud, Tel. 02 96 15 31 54.
Wassersport: Club Nautique, Grève Rose, Trégastel, Tel. 02 96 23 45 05; Segeln, Meereskajak. École de Voile, 3, route de Traou-Meur, Trébeurden; Segeln.

Bus: Trégastel-Perros-Guirec–Lannion–Trébeurden–Pleumeur-Bodou.

COSMOPOLIS

Reiseatlas: S. 233, E1

Zu ihrer Zeit, Anfang der 1960er Jahre, war sie eine progressive und dabei eingängige Melodie: Telstar. Sie trug den Namen des Satelliten, der als erster – am 11. Juli 1962 um 0.47 Uhr – eine Verbindung zwischen Frankreich und den USA herstellte. Für die riesige Trichterantenne, die Signale von der Erde aussandte und empfing, wurde eigens ein wetterfestes, nylonumspanntes Kugelgerüst von 64 m Durchmesser errichtet. Dieser 340 Tonnen schwere **Radôme** (*radar dome* = Radarkuppel) beherrscht noch heute die Landschaft bei Pleumeur-Bodou; in seinem Innern demonstriert eine Videoshow die Geschichte des Bauwerks.

Rings um Radôme und seine 15 gigantischen Nachbarteleskope, die Verbindungen mit den fünf Kontinenten herstellen, ist inzwischen der Wissenschaftspark Cosmopolis entstanden. Sein Kernstück bildet das **Museum für Telekommunikation,** das die Entwicklung der Fernverbindungen von den Zeiten Graham Bells bis heute nachzeichnet (April, Sept. Mo–Fr 11–18, Sa, So 14–18, Mai, Juni tgl. 11–18, Juli, Aug. tgl. 11–19 Uhr). Besucher können beispielsweise eine Nachbildung der »Agamemnon« besteigen, des ersten Schiffes, das Kabel zwischen Amerika und Europa verlegte, oder in einem anderen Raum an Bord der startbereiten »Ariane« gehen. Videobildschirme zeigen aktuelle Übertragungen der französischen Nachrichtenagentur AFP, während der Meteosat Bilder der Wettersituation der letzten fünf Stunden überbringt.

Etwas abseits des Museumsgeschehens wird unter die Kuppel des **Planetariums** die 3-D-Simulation einer Reise durchs All projiziert (Juli, Aug. tgl. 11–17 Uhr zur vollen Stunde, Okt.–März Do–Fr, So–Di je eine Führung, April–Juni, Sept. wechselndes Programm, Infos Tel. 02 96 15 80 30, www.planetarium-bretagne.fr). Das Planetarium bietet mehrere Programme an, deren Inhalt sich über die Titel erschließen: »De la terre aux étoiles« (»Von der Erde zu den Sternen«), »À la découverte des planètes« (»Entdeckungsreise zu den Planeten«), »La vie dans l'univers« (»Das Leben im All«), »Du big bang aux galaxies« (»Vom Urknall zu den Milchstraßen«), »L'astronomie de la mer« (»Meeresastronomie«), »Constellations et légendes« (»Sternenkonstellationen und Legenden«). Mit »L'auveugle aux yeux d'étoles« (»Der Blinde mit den Sternenaugen«) wird auch eine spezielle Darbietung für Kinder präsentiert.

Als denkbar größten Kontrast zum zukunftsorientierten Planetarium hat der in Cosmopolis ansässige Verein zur Förderung von Forschung und Technik die Hütten des Gallierdorfes von Asterix und Obelix nachgebildet, wobei lokale Ausgrabungen als Vorbild dienten. Kinder dürfen hier beim Aufrichten eines Hinkelsteins oder bei der Zubereitung des Zaubertranks helfen. Mit den Erlösen aus diesem **Village Gaulois** werden Schulen im westafrikanischen Staat Togo finanziert (Juli, Aug. tgl. 10.30–19, April–Juni, Sept. So–Fr 14–18 Uhr).

Unterwegs nach Morlaix

Lannion und Umgebung

Reiseatlas: S. 233, E1
Früher war der Hafen wirtschaftliches Standbein des Städtchens **Lannion,** heute ist es die elektronische Industrie und – Pleumeur-Bodou sei's gedankt – die Weltraumforschung. Lannion wird durchschnitten vom Léguer, an dessen linkem Ufer lediglich das ehemalige Kloster Ste-Anne (17. Jh.) einen kurzen Blick lohnt, am besten von der alten Brücke über den Fluss. Das eigentliche Zentrum erstreckt sich nördlich der Brücke am rechten Flussufer und besitzt rings um die Place du Général-Leclerc einige hübsche Fachwerkhäuser aus dem 15./16. Jh. Sehenswert sind auch die gusseisernen Markthallen aus dem 19. Jh., mehr noch die auf einem Hügel gelegene Église de Brélévenez im Norden der Altstadt (nicht zu verwechseln mit der Kirche St-Jean-du-Baly aus dem 16./17. Jh. im Zentrum). Das Gotteshaus, zu dem man 142 Stufen erklimmen muss, wurde im 12. Jh. für die Templer errichtet und später im gotischen Stil umgebaut. Aus der Romanik haben sich noch das Südportal, die Krypta und der Chor erhalten.

Im Süden von Lannion führt die D 11 nach **Ploubezre,** dessen Kirche St-Pierre-et-St-Paul (16. Jh.) einige Kapitelle aus dem 12. Jh. und Fenster aus dem 14. Jh. bewahrt hat. Aus dem Dorfkern führt eine kleine Straße links zur Ruine der Burg Coatfrec (15. Jh.), die einen kurzen Abstecher lohnt.

Bei der Weiterfahrt durch die bewaldeten Täler entlang des Flusses Léguer wählt man ab Ploubezre die D 11 Richtung Süden. Am zweiten Abzweig hinter dem Dorf geht es links auf die D 31b und dann abermals links weiter zur Kapelle von **Kerfons.** Das von Kastanien beschattete Bauwerk stammt aus dem 15./16. Jh. und ist ein schönes Beispiel für den späten Flamboyant-Stil. Der sehenswerte Holzlettner im Innern wurde in den Jahren 1481–85 gefertigt.

Zum nächsten Ziel, dem **Château de Tonquédec,** wählt man die Straße (zurück zur D 31b, dort links, am nächsten Abzweig abermals links) oder besser noch den Wanderweg GR 34a. Das selbst als Ruine imposante Bauwerk wurde im frühen 13. Jh. errichtet und 1622 von den Truppen Richelieus geschleift. Südwestlich von hier erhebt sich das **Château de Kergrist,** das man wiederum über den Wanderweg oder per Asphalt (ab Tonquédec zurück auf die D 31b, dann links zur D 11, von dieser am nächsten Abzweig erneut links) erreicht. Vom Schloss aus dem

Hochprozentig

Die Bretagne ist bekannt für ihren Cidre, doch werden hier auch einige kräftigere Alkoholika zubereitet. In Lannion brennt die **Distillerie Warenghem** einen bretonischen Whisky, der sich sehr gut als Mitbringsel eignet (Route de Guingamp; Mitte Juni–Ende Aug. Mo 15–18, Di–Fr 10–12, 15–18, Sa 10–12 Uhr).

14.–18. Jh. können nur Teile des Innern besichtigt werden, doch auch der Garten bietet genügend Anreiz (Juli–Sept. tgl. 11–18.30, April–Juni Di–So 11–18, Okt.–1. Nov. Di–So 14–18 Uhr).

Zurück geht es zur D 11 und hinter dem Weiler Run links zur **Chapelle des Sept-Saints,** ebenfalls eine Station am Wanderweg GR 34a. Die Kapelle ist den Siebenschläfern (Sept-Saints) geweiht, die Kaiser Decius 250 n. Chr. in einer Höhle bei Ephesus einmauern ließ. 431 sollen die sieben Brüder – pünktlich zum Konzil in Ephesus – wieder zum Leben erwacht sein. Die bretonische Kapelle greift das Motiv auf ihre Weise auf: 1703–1714 wurde sie über einem Dolmen errichtet, darunter befindet sich die höhlenartige Krypta, in der die sieben Heiligen verehrt werden. Seit 1945 ist das Kirchlein am vierten Wochenende im Juli Ziel einer Wallfahrt, an der nicht nur Christen, sondern auch Muslime teilnehmen.

OT: quai d'Aiguillon, 22300 Lannion, Tel. 02 96 46 41 00, Fax 02 96 37 19 64, www.ot-lannion.fr; Juli, Aug. Mo–Sa 9–19, So 10–13, sonst Mo–Sa 9.30–12.30, 14–18 Uhr.

****Arcadia:** Route de Perros, Lannion, Tel. 02 96 48 45 65, Fax 02 96 48 15 68, www.hotel-arcadia.com. 23 Zimmer, DZ 47–67 €, Pool, Terrasse, Garten.
Le Coatilliau: 16, rue Paul Salaun, Ploubezre, Tel. 02 96 47 18 32, Fax 02 96 47 18 86. Einfaches, sehr preiswertes Haus, 15 Zimmer, DZ 29–34 €.
Camping & Jugendherberge:
Auberge de Jeunesse Les Korrigans, rue du 73e Territorial, Lannion, Tel. 02 96 37 91 28, Fax 02 96 37 02 06; 68 Betten, 15 €/Person, Fahrradverleih.
*****Plages de Beg Léguer,** Route de la Côte, Lannion, Tel. 02 96 47 25 00, Fax 02 96 47 27 77, www.campingdesplages.com; April–Okt., 350 m vom Strand, 240 Plätze, Pool, Tennis.

La Flambée: 67, rue Georges Pompidou, Lannion, Tel. 02 96 48 04 85; Mo geschl. Preiswerte bretonische Küche, Fisch und Meeresfrüchte, Menü 13–30 €.
La Gourmandine: Rue R. Barbé, Lannion, Tel. 02 96 46 40 55; So und Mo geschl. Grillgerichte vom Holzkohlenfeuer, Menü 23–29 €.

Markt: tgl. in den Hallen von Lannion, Do **Wochenmarkt,** Sa in Pleumeur-Bodou.

Juli, Aug.: Fest der Orgelmusik und Musik- und Tanzfestival Les Tardives.

Fahrräder: Cycle Le Saux, Rond-Point St-Marc, Lannion, Tel. 02 96 37 62 50.
Golf: St-Samson Golf Club, Kerenoc, 22560 Pleumeur-Bodou, Tel. 02 96 23 87 34; 18 Loch, par 71, 5895 m.

Flug: Aéroport de Lannion-Pégase, Route de Trégastel, Tel. 02 96 05 82 22.
Bahn: Über Plouaret nach Morlaix und St-Brieuc.
Bus: Nach Perros-Guirec und Morlaix.

Die Corniche de l'Armorique

Reiseatlas: S. 233, D/E1
Zurück in Lannion, wählen wir die D 88 über das alte Fischernest **Locquémeau** (Kirche 15. Jh.), an dessen westlichem Ende sich der Aussichtspunkt

Pointe de Séhar befindet. Die Straße führt weiter nach **Trédrez,** wo St-Yves 1284–92 in doppelter Funktion als Pfarrer und Richter tätig war.

Im Nachbarort **St-Michel-en-Grève** beginnt die Corniche de l'Armorique, eine Küstenstraße mit phantastischen Ausblicken aufs Meer. Bevor man sich auf die Reise begibt, lohnt ein Besuch des Seemannsfriedhofs, der sich vom Ort St-Michel bis hinunter zum Küstensaum erstreckt. Der Strand ist hier bei Ebbe besonders breit und lädt zu ausgedehnten Wattwanderungen ein. Dabei stolpert man je und je über fossile Baumstümpfe, Reste eines Waldes, der im Mittelalter bei der Absenkung der Festlandplatte in den Fluten versank.

Hinter St-Michel verläuft der 5 km lange Sandstrand **Lieue de Grève,** der den allerschönsten Badespaß verspricht. Ein Fels links der Straße, der 80 m hohe **Grand Rocher,** lädt zu einer kurzen Kletterpartie und belohnt den fleißigen Wanderer mit einer herrlichen Aussicht (hin und zurück ab Parkplatz 45 Minuten). Vor dem Felsen führt ein Abzweig (D 22) links zum **Château de Rosanbo,** das im 15.–18. Jh. auf Grundmauern einer älteren Festung errichtet und im 19. Jh. restauriert wurde. Speisesaal und Salon des 18. Jh. sind originalgetreu wiederhergestellt, die Bibliothek überrascht mit etwa 8000 Bänden, die weitgehend aus dem 17. Jh. stammen. Besonders sehenswert aber ist der Terrassengarten, der im 19. Jh. von Achille Duchêne gestaltet wurde. Hecken und Bäume sind zu sogenannten Salons zusammengestellt, die ihre jeweiligen Gartenfreuden bereiten (etwa als Tennisplatz oder Reitbahn). Der 2,5 km lange Laubengang zählt zu den längsten in Frankreich (Juli, Aug. tgl. 11–18.30, April–Juni tgl. 14–17, Sept., Okt. So 14–17 Uhr).

In **St-Efflam,** nun wieder an der Küste, soll um 470 der irische Einsiedler Efflam gelandet sein. Kurz darauf gründete er im nahen **Plestin-les-Grèves** ein Kloster, wo er 512 starb. Die heutige Kirche mit dem Grab des Heiligen stammt aus dem 16. Jh., wurde im Zweiten Weltkrieg zerstört und danach wiederaufgebaut.

Hinter St-Efflam bietet die Corniche atemberaubende Ausblicke hinüber zum Fischerei- und Jachthafen **Locquirec,** wo gleich neun Strände auf badelustige Urlauber warten. Vom Chor der Kirche (14.–19. Jh.), die ursprünglich für die Malteser errichtet wurde, führt ein Spazierweg zur Landspitze Pointe de Locquirec (30 Minuten hin und zurück). Ein schönerer Aussichtspunkt ist allerdings **Marc'h Sammet,** das sich ein kleines Stück westlich von Locquirec direkt an der Corniche befindet.

Ein Abstecher landeinwärts führt nach **Lanmeur** mit der Kirche St-Mélar. Sie ist neueren Datums, erhebt sich aber über einer vorromanischen Krypta, die zu den ältesten christlichen Baudenkmälern der Bretagne zählt (6. Jh.). Mélar, der Namengeber der Kirche, war der Legende nach ein Prinz, dem sein Onkel die rechte Hand und den linken Fuß abschlagen ließ, um ihn als Thronfolger untauglich zu machen. Der Unglückliche erwarb dennoch Meriten, und zwar als Heiliger, dem ein Engel Hand und Fuß aus Silber verlieh.

DIE RÖMER IN DER BRETAGNE – DIE WAHRHEIT ÜBER ASTERIX

Jeder Asterix-Band beginnt mit einem Verweis auf jenes gallische Dorf, das den Römern eifrig Widerstand leistete. Ein Kartenausschnitt bezeichnet seine Lage inmitten der Römerfestungen, doch genau dieser Ausschnitt verhindert die Ortung des Dorfes. Es liegt, soviel ist klar, irgendwo an der Nordwestküste Aremoricas, der Bretagne also. Tatsächlich war zur damaligen Zeit gerade diese Region recht störrisch und passte sich nur in geringem Maße dem römischen Kulturimport an.

Caesars Feldherr Crassus hatte die Bretagne gleichsam im Sturm eingenommen, geriet dann aber in Versorgungsschwierigkeiten und musste die soeben unterworfenen Veneter um Getreide und Schlachtvieh bitten. Die Verhandlungspartner setzten kurzerhand die römische Delegation gefangen und forderten die Geiseln zurück, die sie den Römern gestellt hatten. Caesar eilte persönlich zu Crassus und erklärte ihm, dass man hier nicht nachgeben dürfe, denn das Beispiel würde in ganz Gallien Schule machen. In der Tat wurden bald überall in Aremorica Römer von Bewohnern gefangen genommen. Für die Besatzer war es schwierig, die bretonischen Hafenstädte zu belagern, denn bei Ebbe gab es kein Fahrwasser für angreifende Schiffe, während bei Flut der Landzugang schwierig wurde. Caesar ließ Flutdämme bauen, um von Land aus angreifen zu können, doch immer wieder nahm die Flotte der Veneter die Bedrohten auf und brachte sie an sichere Orte.

Eine Seeschlacht vor der Küste des Morbihan brachte schließlich die Entscheidung zugunsten der Römer. Caesar selbst soll den Verlauf der Kriegshandlungen von einem Tumulus bei Arzon (s. S. 203) aus verfolgt haben. 220 Segelschiffe hatten die Veneter aufgeboten, doch war ihnen der Wettergott nicht wohlgesonnen. Windstille verdammte die gallische Flotte zur Unbeweglichkeit und begünstigte zugleich die Manöver der römischen Galeeren, die unter dem Befehl des Brutus standen. Die Römer hatten eine List erdacht: Sie stießen Sicheln in die Takelage der gegnerischen Schiffe und rissen dann die Masten nieder. Hernach war es einfach, die Segler zu kapern.

Trotz des siegreichen Ausgangs der Schlacht hielten im Westen der Bretagne noch lange Zeit Freischärler dem römischen Druck stand. Erst mit der Schlacht von Alesia, an die sich laut »Asterix« kein Gallier erinnerte, endete der Widerstand. Ein engmaschiges Straßennetz wurde über die Bretagne gelegt, auf dem römische Heere rasch zu möglichen Krisenherden gelangen konnten. Der Rest aus »Asterix« ist pure Phantasie, die, erstmals 1959 in einer Comiczeitschrift niedergelegt, seit 1961 in eigenen Asterix-Bänden unter das protestbereite Volk gebracht wird.

Nächster Halt ist **St-Jean-du-Doigt.** Seit dem 15. Jh. besitzt der Ort ein Fingerglied Johannes' des Täufers, dessen Verehrung angeblich Augenkrankheiten heilt. Am Sonntag nach St-Johannes (24. Juni) findet ein Pardon zu dieser Reliquie statt, die in der hiesigen Kirche (1440–1513) verwahrt wird. Der Renaissance-Brunnen (1691) im umfriedeten Pfarrbezirk (s. S. 141) thematisiert die Taufe Jesu durch Johannes.

Über Plougasnou geht es nach **Primel-Trégastel**, wo Bauten der Belle Époque den Sandstrand säujmen. Noch einmal türmt sich rötlicher Granit zu eindrucksvollen Naturgebilden auf, vor allem an der Pointe de Primel (30 Minuten zu Fuß hin und zurück).

Dem Küstensaum über den Hafen **Térénez** folgend, gelangt man zu einem Abzweig, der rechts zum **Cairn de Barnenez** führt, einem der bedeutendsten prähistorischen Denkmäler der Bretagne (2. Mai–4. Sept. tgl. 10–18.30, 5. Sept.–30. April Di–So 10–12.30, 14–17.30 Uhr). Der in Terrassen aufgebaute Grabhügel von 70 m Länge und 10 m Höhe umfasst elf Kammern, von denen zwei besichtigt werden können. Der Hügel wurde nicht etwa in einem Zug angelegt, sondern entstand in zwei Phasen, wobei die älteren Kammern (um 4600 v. Chr.) aus dem örtlichen Dolerit gefertigt sind, während die jüngeren (um 4400 v. Chr.) aus Granit von der nahen Insel Stérec bestehen; der Farbkontrast zwischen den beiden Materialien ist ein deutliches Merkmal des Cairn. Spuren der Bronze- und Eisenzeit und sogar des Mittelalters belegen, dass die Gräber noch lange nach ihrem Bau benutzt wurden. Vandalismus prägte dann leider die jüngere Geschichte des Denkmals, das vor seiner Erforschung (ab 1955) als Steinbruch missbraucht wurde.

OT: Place du Port, 29241 Locquirec, Tel. 02 98 67 40 83, Fax 02 98 79 32 50, www.locquirec.com; Juli, Aug. Mo–Sa 10–19, sonst Mo–Sa 10–12, 14–18 Uhr.

***Grand Hotel des Bains:** 15, rue de l'Église, Locquirec, Tel. 02 98 67 41 02, Fax 02 98 67 44 60, www.grand-hotel-des-bains.com. Sehr komfortables Haus am Strand, 36 Zimmer, DZ 141–208, Parkplatz, Pool, Restaurant (Menü 44–54 €).

Le Ty Pont: Place Robert Le Meur, 29630 St-Jean-du-Doigt, Tel. 02 98 67 34 06, Fax 02 98 67 85 94; Nov.–Ostern geschl. Nettes, kleines Logis de France, 20 Zimmer, DZ 41 €, Garten, Restaurant (Menü 15–20 €).

Camping:

Municipal du Port-ar-Gler: Pont-ar-Gler, St-Jean-du-Doigt, Tel. 02 98 67 32 15, Fax 02 98 67 84 64, st-jean-du-doigt-mairie@wanadoo.fr; Ende Juni–Ende Aug. Einfache Anlage mit Schatten, Meernähe, 34 Plätze.

Municipal de la Mer: 15, rue Karreg-an-Ty, 29630 Plougasnou, Tel. 02 98 72 30 06, Fax 02 98 72 30 06, www.mairie-plougasnou.fr; Juni–Sept. 63 Plätze am Meer.

Morlaix

Reiseatlas: S. 233, D2

Der Name des Ortes soll auf eine martialische Losung zurückgehen: »S'ils te mordent, mords-les.« »Wenn sie Dich beißen, beiße zurück.« Gemeint waren die Engländer, die 1522 bei einem Versuch, die Stadt zu plündern, zurückgeschlagen respektive – gebissen wur-

Reiseatlas: S. 233

den. Nicht nur dieses eine Mal lockten die Einkünfte aus Tuch- und Lederindustrie Angreifer in die Hafenstadt am Zusammenfluss von Jarlo und Queffleuth. So wurde zum Schutz gegen weitere Übergriffe 1543–58 das **Château du Taureau** (s. S. 124) am Eingang zur Bucht von Morlaix errichtet.

Doch keine Festung beherrscht das Stadtbild, sondern der 285 m lange und 58 m hohe Eisenbahnviadukt (1861) an der Strecke Paris–Brest. Im Zweiten Weltkrieg nahmen Bomber den Koloss ins Visier, verfehlten aber ihr Ziel und richteten nur in der Altstadt größeren Schaden an.

Erhalten blieb dort, in der Rue du Mur, die **Maison de la Duchesse Anne** (15. Jh.), in der Anne de Bretagne 1505 bei einer Wallfahrt nach Le Folgoët (s. S. 129) Rast machte (Mo–Sa 11–17 Uhr). Die 11 m hohe Spindel der Treppe ist aus einem Stück gefertigt und reich mit Schnitzwerk geschmückt. Solche Wendeltreppen waren das Kernstück der so genannten Laternenhäuser, deren Innenhöfe durch ein Glasdach Licht erhielten.

Morlaix ist aber auch eine Stadt der Kirchen. Während **St-Mélaine** noch im spätgotischen Stil errichtet wurde, war **St-Mathieu** ein besonders frühes Beispiel für die Renaissance in der Bretagne. Leider wurde sie im 19. Jh. umgebaut, und nur ihr Turm hat sich im Original erhalten (16. Jh.). Im Innern verdient eine stillende Madonna Beachtung. Die Holzskulptur, die wahrscheinlich im 14. Jh. im Rheinland gefertigt wurde, lässt sich öffnen und zeigt, aufgeschlagen, ein Dreifaltigkeitsbildnis, das von sechs auf die Innenflügel gemalten Szenen aus dem Leben Christi umrahmt wird.

Eine dritte Kirche der Stadt, die der Jakobiner, stammt aus dem 13.–15. Jh. und besitzt noch eine gotische Fensterrose. Das Gebäude beherbergt heute das **Stadtmuseum** mit einer Kunst- und Folkloresammlung (Okt.–März, Juni Mo, Mi–Sa 10–12, 14–17, April, Mai, Sept. Mo, Mi–Sa 10–12, 14–18, So 14–18, Juli, Aug. tgl. 10–12.30, 14–18.30 Uhr).

OT: Place des Otages, 29600 Morlaix, Tel. 02 98 62 14 94, Fax 02 98 63 84 87, www.morlaixtourisme.fr; Juli, Aug. tgl. 10–19, So 10.30–12.30, sonst Mo–Sa 10–12, 14–18 Uhr.

****De l'Europe:** 1, rue d'Aiguillon, Tel. 02 98 62 11 99, Fax 02 98 88 83 38, www.hotel-europe-com.fr. Komfortables Haus, leider an der Hauptdurchfahrtstraße, 60 Zimmer, DZ 63–250 €, Restaurant (So geschl., Menü 20 €).
****Le Shako:** Route de Lannion, Tel. 02 98 88 08 44, Fax 02 98 88 80 15. 26 Zimmer, DZ 52 €, Restaurant (Sa abends und So geschl., 14–16 €).

Le Chaudron: 7, rue A. de Guernisac, Tel. 02 98 63 47 59; außerhalb der Saison Di abends geschl. Grillgerichte, Menü 18 €.

Juli, Aug.: Jeden Mi **Arts dans les rues,** Straßenfest.

Flug: Flugplatz Morlaix-Ploujean am Nordrand der Stadt.
Bahn: Nach Brest, Roscoff und St-Brieuc.
Bus: U.a. nach Brest, Roscoff und Lannion.

CM 185160

Die Westküste und das bretonische Hochland

Camaret

Reiseatlas S. 232–233

Reiseatlas: S. 232

VON DEN ABERS INS TAL DES ÉLORN

Auftakt der nächsten Etappe ist das Land des Blumenkohls und der Artischocke, der ›Goldene Gürtel‹ (Ceinture dorée), in dem bretonische Bauern Spitzenerträge einfahren. Viele Touristen schwenken hier bereits nach Süden ab und überlassen die Strände den Artgenossen, die geruhsamere Ferien anstreben. In der Tat, noble Badeorte gibt es an der Westspitze der Bretagne nicht, Kulturdenkmäler nur wenige. Dafür locken wild-romantische Landschaften von den Abers, den versunkenen Flussmündungen, bis hin zur Insel Ouessant.

Baie de Morlaix und Grève de Goulven

Carantec und St-Pol-de-Léon

Reiseatlas: S. 232, C1/2

Dem linken Ufer des Morlaix-Flusses folgend, geht es zum Seebad **Carantec** mit den Stränden Grève Blanche und Grève du Kélenn. An letzterem befindet sich der Felsen Chaise du Curé (›Predigerstuhl‹), ein beliebter Aussichtspunkt, von dem man auch die vorgelagerte **Île Callot** erblickt. Ein bei Flut überspülter Damm führt vom Hafen hinüber zur Insel, auf der die Kapelle Notre-Dame-de-Callot (16.–19. Jh.) steht. Östlich von Carantec gelangt man zur Landspitze Pen-al-Lann. Ihr gegenüber wurde im 16. Jh. zum Schutz der Bucht das **Château du Taureau** errichtet.

Die Gegend um **St-Pol-de-Léon** ist gänzlich dem Gemüseanbau gewidmet. 1960/1 wurde der Ort über die bretonischen Grenzen hinaus durch den ›Artischockenkrieg‹ bekannt. Damals rebellierten Bauern gegen die geplante Aufhebung der Preisbindung und das Diktat der Großhändler. Gemüse aus der Region Léon wird seit dem erfolgreichen Widerstand genossenschaftlich vermarktet, und zwar unter dem Gütesiegel ›Prince de Bretagne‹. Neben Artischocken und Blumenkohl stehen auf den Feldern auch Karotten, Brokkoli, Tomaten, Lauch, Zwiebeln, Kartoffeln sowie Narzissen und Tulpen, mit denen heute der schwere Wettstreit gegen die konkurrierenden Erzeugnisse der EU geführt wird.

St-Pol trägt seinen Namen nach einem weiteren Gründervater, Paul Aurélien aus Wales (gestorben 573), der als Bezwinger von Ungeheuern in die Kirchengeschichte einging. Der Reliquienschrein mit dem Gebein des Heiligen wird in der Kathedrale des Ortes verehrt (in der Kapelle links des Chors). Das Gotteshaus mit zwei 50 m hohen Türmen wurde im 13.–16. Jh. errichtet und zählt zu den größten gotischen Bauwerken der Bretagne. Sehenswert ist u. a. das reich verzierte Chorgestühl aus dem Jahre 1512.

Von der ehemaligen Kathedrale (Aufhebung des Bistums 1790) führt die von altehrwürdigen Häusern gesäumte Rue Général-Leclerc zur Chapelle du Kreisker (14./15. Jh.), deren 77 m hoher Turm diejenigen der Kathedrale noch in den Schatten stellt. Dieser Kreisker (›Haus in der Mitte‹), von dem sich der schönste Ausblick über die Stadt bietet, entstand nach dem Vorbild der Kirche St-Pierre im normannischen Caen und wurde seinerseits Vorbild für die Türme des Léon.

OT: Place de l'Évêché, 29250 St-Pol-de-Léon, Tel. 02 98 69 05 69, Fax 02 98 69 01 20, www.saintpoldeleon.fr; Mo–Sa tgl. 9–12, 14–18, So 9–12 Uhr, außerhalb der Saison So geschl.
OT: 4, rue Pasteur, 29660 Carantec, Tel. 02 98 67 00 43, Fax 02 98 67 90 51, www.ville-carantec.com, Mo 14–17.30, Di–Sa 10–12, 14–17.30, in der Saison Mo–Sa 9–19 Uhr.

*****Hôtel de Carantec:** Rue du Kelenn, Carantec, Tel. 02 98 67 00 47, Fax 02 98 67 08 25, www.hoteldecarantec.com; im Sommer Mo und Di mittags, sonst auch So abends geschl. Sehr schönes Haus am Meer, 12 Zimmer, DZ 142–215 €, erlesenes Restaurant (Menü 32–108 €).
****De France:** 29, rue des Minimes, St-Pol-de-Léon, Tel. 02 98 29 14 14, Fax 02 98 29 10 57, www.hoteldefrancebretagne.com. Sehr freundliches, helles Haus in Strandnähe, 22 Zimmer, Parkplatz, DZ 42–50 €.
Camping:
******Les Mouettes:** Route de la Grande Grève, Carantec, Tel. 02 98 67 02 46, Fax 02 98 78 31 46, www.les-mouettes.com; Mai–Mitte Sept. 400 Plätze an der Plage Grande Grève, Aquapark.

Aux Délices de la Mer: Rue Pilote Trémintin, Carantec, Tel. 02 98 78 31 78. Gemütliches Haus mit kleiner Terrasse an der Kirche, Fisch und Meeresfrüchte, Spezialität Hummer, Menü 25–55 €.
Kreiz Kastell: 12, rue aux Eaux, St-Pol-de-Léon, Tel. 02 98 69 15 83. In ruhiger Seitengasse, Crêpes und Grill, Menü 12–28 €.

Markt: Do in Carantec.

Juni: Am So nach Mariä Himmelfahrt **Pardon** auf der Île Callot.
Aug.: Am 15. des Monats **Regatta** mit traditionellen Booten in Carantec.

Fahrräder: Verleih im Supermarkt Casino, Rond-point de Kérouguelen, Carantec.
Golf: Golf de Carantec, Rue de Kergrist, Carantec, Tel. 02 98 67 09 14; 9 Loch, par 34, 2400 m.
Reiten: Centre Équestre du Mouster, St-Pol-de-Léon, Tel. 02 98 69 51 48.
Tauchen: Carantec Plongées, Base Nautique du Kélenn, Carantec, Tel. 02 98 67 95 37, www.carantec.org; Kurse ab 260 €.

Bahn: Nach Morlaix und Brest.
Bus: Nach Roscoff, Morlaix, Carhaix und Quimper.

Roscoff

Reiseatlas: S. 232, C1
Der Name klingt slawisch, ist aber urbretonisch und bedeutet ›Hügel‹. Roscoff, der alte Hafen von St-Pol, der 1790 eigenes Stadtrecht erhielt, lebte von Hummer- und Langustenfang, von Piraterie und Handel. Von hier brachen im 19. Jh. die so genannten *Onion Johnnies* auf, die auf Englands Straßen bretonische Zwiebeln feilboten. Aus der alten Tradition erwuchsen neue Verbindungen: Heute ist Roscoff nicht nur Fischerei- und Jacht-, sondern auch Fährhafen, von dem Schiffe nach England und Irland auslaufen.

Aber auch zu Schottland bestehen Affinitäten. Am 13. Aug. 1548 landete die damals fünfjährige Maria Stuart in Roscoff, um mit dem Dauphin François II vermählt zu werden. Von der Kapelle, bei der die junge Schottin an Land ging, hat sich eine Tür erhalten, zu sehen am Haus Nr. 25, rue Réveillère, nicht weit von der **Kirche Notre-Dame de Kroaz-Baz** (16. Jh.). Hier befindet sich auch das **Hochseeaquarium Charles-Pérez** des 1872 gegründeten Meeresbiologischen Forschungszentrums (wegen Renovierung geschl., www.sb-roscoff.fr/Aquarium/index.html). Weiter südwestlich gelangt man zu den Stränden und dem **Kurzentrum Roc-Kroum,** das auf eine lange Geschichte zurückblicken kann: Bereits 1889 wurde in Roscoff die Thalassotherapie angewandt, damals gegen Rheumaleiden

Roscoff

(heutige Kurwillige können sich unter Tel. 02 98 29 20 00 informieren und anmelden oder das Zentrum im Internet unter www.thalasso.com besuchen).

Den besten Blick auf Stadt und Hafen genießt man von der **Chapelle Ste-Barbe** (1619), die sich auf einem Fels im Osten des Zentrums erhebt. Unterhalb der Kapelle leben im **Meerwasserbecken Les Viviers** Muscheln und Krustentiere, die nach wie vor zum Unterhalt von Roscoffs Bevölkerung beitragen (Mo–Fr 9–12, 14–16.30, Sa 9–11 Uhr). Wer sich indes eher für subtropische Pflanzen interessiert, der fährt von der Kapelle Richtung Süden zum **Jardin exotique,** in dem Dank des Golfstroms die Flora Chiles, Neuseelands, Australiens und Südafrikas prächtig gedeiht (Nov., März tgl. 14–17, April, Mai, Okt. tgl. 10.30–12.30, 14–18, Juni–Sept. tgl. 10–19 Uhr). Dem milden Klima verdankt auch ein 1625 in einem Kloster in der Rue des Capucins gepflanzter Feigenbaum sein langes Leben.

Zurück am Hafen, kann man eine 20-minütige Überfahrt zur **Île de Batz** unternehmen. Auf der 4 km langen und gut 1 km breiten Insel soll Paul Aurélien (s. S. 124) einen Drachen bezwungen haben. Der Legende nach brachte der Heilige das Ungeheuer dazu, sich im Westen der Insel beim 41 m hohen Leuchtturm Grand Phare (1836–52) in das ›Schlangenloch‹ (Trou du Serpent) zu stürzen. Die schönsten Strände erstrecken sich dagegen im Norden, während im Osten die Ruine der Kapelle Ste-Anne einen Besuch lohnt. Im Südosten schließlich kann man durch den Jardin Colonial streifen, der ebenfalls Zeugnis für das milde Klima der Region ablegt. Der botanische Garten wurde 1906 von einem gewissen Georges Delaselle angelegt. Nachdem seine Ärzte ihn bereits als unheilbar krank aufgegeben hatten, zog Delaselle von Paris auf die bretonische Insel und erreichte hier ein fast biblisches Alter.

Aus dem Meer gefischt

Auf den ersten Blick scheinen sie für uns Menschen nutzlos, doch die Palette von Produkten, die man aus Algen herstellt, ist beachtlich groß. Eine kleine Auswahl bietet die **Boutique Algoplus,** 2, quai Charles-de-Gaulle, Roscoff.

OT: Chapelle Ste-Anne, rue Gambetta, 29680 Roscoff, Tel. 02 98 61 12 13, www.roscoff-tourisme.com; Mo–Sa 9–12, 14–18 Uhr, in der Saison tgl. 9–19 Uhr.

*****Le Brittany:** Bd. Ste-Barbe, Tel. 02 98 69 70 78, Fax 02 98 61 13 29, www.hotel-brittany.com. Schlosshotel am Meer, 25 Zimmer, Pool, Parkplatz, DZ 90–200 €, Restaurant (Menü 32–65 €).
*****Le Temps de Vivre:** 19, place Lacaze-Duthiers, Tel. 02 98 19 33 19, Fax 02 98 19 33 00, www.letempsdevivre.net. Schönes altes Haus an einem ruhigen Platz, 15 Zimmer, Parkplatz, DZ 80–200 €, sehr gutes Restaurant (Menü 38–88 €).
****Bellevue:** Rue Jeanne d'Arc, Tel. 02 98 61 23 38, Fax 02 98 61 11 80, hotelbellevue.roscoff@wanadoo.fr. Logis de France, 18 Zimmer, alle mit Meerblick, Parkplatz, DZ 56–68 €, Restaurant (Menü 15–25 €).

STRANDSEGELN

Die einsamen Sandbuchten, die sanft gewellten Dünen, die schroffen Felskämme – sie sind das überzeugende Urlaubsargument, doch dabei völlig ungeeignet für eine Sportart, die gerade im Norden Frankreichs zahllose Anhänger hat. Die Rede ist vom *char à voile,* dem leisen Dahingleiten in einem dreirädrigen Gefährt, das bei aufgestelltem Segel leicht über 100 km/h erreicht. Es braucht festen Sand und breite Küstensäume, um sich zu solchen Geschwindigkeiten aufzuschwingen. Kein Ort der Bretagne ist dazu besser geeignet als die Bucht von Goulven und hier vor allem das Dorf Plounéour-Trez, in dem auch das Profiherz höher schlägt.

Da auch beim Strandsegeln kein Meister vom Himmel fällt, haben sich in der einschlägigen Region mehrere Schulen angesiedelt, die Unterricht erteilen und Ausrüstung verleihen. Adressen u. a.: Centre Nautique Municipal, Pors-Guen, 29430 Plouescat, Tel. 02 98 69 63 25; Rêves de Mer, 1, place de la Mairie, 29890 Plouneour-Trez, Tel. 02 98 83 55 17, www.revesdemer.com. Ein Kurs mit fünf mal zwei Stunden kostet etwa 140 € für Erwachsene, 90 € für Kinder. Wer bereits Erfahrung hat, kann das Gefährt für ca. 15 € pro Stunde mieten.

Die Goulven-Bucht bietet ideale Voraussetzungen für Strandsegler

****D'Angleterre:** 28, rue Albert de Mun, Tel. 02 98 69 70 42, Fax 02 98 69 75 16. Altbau, 33 Zimmer, Garten, April–Okt., DZ 33–54 €, Restaurant (Menü 12–14 €).

Camping:

****Manoir de Kerestat Peoc'h:** Tel./Fax 02 98 69 71 92, www.perso.wanadoo.fr/kerestat/; Mitte April–Mitte Aug. 22 Plätze, 500 m zum Strand, Tennis.

Les Chardons Bleus: 4, rue Amiral Réveillère, Tel. 02 98 69 72 03. Gourmet-Restaurant im gleichnamigen Hotel, Meeresfrüchte und Fisch, Menü 18–45 €.

Les Mouettes: Place de la République, Tel. 02 98 69 73 81. Menü 16–21 €.

Le Surcouf: 14, rue Amiral Réveillère, Tel. 02 98 69 71 89. Menü 14,50–24 €.

Casino: Port de Bloscon; mit Restaurant (Menü 20–35 €).

Disco: L'Évasion, Port de Bloscon.

Kino: Cinéma Ste-Barbe, 14 bis, rue Yan'Dargent, Tel. 02 98 61 19 23.

Juli: Am dritten Mo im Monat **Pardon** der Ste-Barbe in Roscoff, am letzten So **Pardon** auf der Île de Batz.

Markt: Mi in Roscoff.

Ausflüge: Compagnie Finistérienne de Transports Maritimes, Le Rhú, 29253 Île de Batz, Tel. 02 98 61 78 87, www.vedettes-ile-de-batz.com; Überfahrt zur Île de Batz, im Sommer 8–20 Uhr alle 30 Min., außerhalb der Saison ca. alle 90 Min. Thalado, 2, rue Victor Hugo, Tel. 02 98 69 77 05, www.thalado.fr; Exkursionen zu den Algenfeldern (in der Hochsaison).

Fahrräder: Cycles Desbordes, 13, rue Brizeux, Tel. 02 98 69 03 38.

Hochseefischen: Association Barabord, Tel. 06 60 09 74 99.

Wassersport: Centre Nautique, Place Charles de Gaulle, Tel. 02 98 69 72 79, www.roscoff-nautique.com; Segeln, Meereskajak, Surfen. Aquacamp, Camping de Perharidy, Le Ruguel, Tel. 02 98 69 70 86, www.aquacamp.fr; Tauchen.

Fähre: Brittany Ferries, Port de Bloscon, Tel. 08 25 82 88 28; Autofähre nach Plymouth und Cork (Irland). Irish Ferries, Port de Bloscon, Tel. 02 98 61 17 17; nach Cork.

Bahn: Nach Morlaix.

Bus: U.a. nach Morlaix und Brest.

Autovermietung: Roscoff Automobiles, 69, rue A. de Mun, Tel. 02 98 69 72 09.

Zum Phare de la Vierge

Reiseatlas: S. 232, B1/2

Auf der D 10 unterwegs nach Westen, bieten sich immer wieder Abstecher zur Küste an, wo zwischen Felsen sandige Badebuchten locken. Beliebt sind beispielsweise die Strände Pors-Meur und Pors-Guen bei **Plouescat** (dort Markthalle aus dem 17. Jh.).

Besonders hohe Dünen türmen sich bei **Keremma** auf, einem Ort mit alten Villen, der im 19. Jh. gegründet wurde. Ältere Wurzeln hat **Goulven** mit einer Kirche aus dem 15./16. Jh., die einen schönen Renaissance-Turm besitzt.

Wer im September reist, sollte nun einen Abstecher ins Landesinnere nach **Le Folgoët** einplanen. Am 8. des Monats findet dort nämlich der zweitgrößte Pardon der Bretagne statt. Ziel ist eine spätgotische Kirche, die im 15. Jh. über einer Quelle errichtet wurde. Genau dort soll 100 Jahre zuvor ein Bettler namens Salaün gelebt haben, der zeitlebens nur die Worte »Ave Maria«

sprechen konnte, freilich auf bretonisch: *»Itron Gwerc'hez Vari«*. Bekannt wurde Salaün nach seinem Tod, als auf seinem Grab eine weiße Lilie wuchs, auf deren Blättern eben diese Worte standen. Neugierige Geister gruben nach der Wurzel und entdeckten sie im Munde des Verstorbenen – Wunder genug für eine Wallfahrt, an der 1505 auch Anne de Bretagne teilnahm. Die Möbelstücke, die sie damals mitführte, sind neben Statuen des 15.–17. Jh. in der ehemaligen Pilgerherberge gegenüber der Kirche, dem heutigen Musée Notre-Dame, zu sehen (Mo–Sa 10–12.30, 14.30–18.30, So14.30–18.30 Uhr).

Spätestens in **Brignogan-Plages** werden die Strände deutlich einsamer, weil viele Reisende den weiten Bogen um die Westspitze der Bretagne scheuen ... ein Fehler, denn die wild-romantischen Klippen verdienen durchaus einen Besuch. Bis ins 19. Jh. lief hier manch ein Schiff auf Grund, angelockt von verwirrenden Leuchtfeuern der Dorfbewohner, die bei den Gestrandeten fette Beute machten.

Vorbei am 8 m hohen Menhir Men-Marz, auf dessen Spitze ein Kreuz eingemeißelt ist, geht es zur **Landspitze von Pontusval.** Inmitten beeindruckender Felsen steht hier ein Leuchtturm und nebenan eine Kapelle zu Ehren des hl. Paul Aurélien. Geradezu dramatisch wird die steinige Szenerie dann in **Guissény** und an den Stränden Grève de Zorn und Grève St-Michel. Die Etappe endet auf der **Île de la Vierge,** wo der 1897–1902 errichtete und mit 82,5 m höchste Leuchtturm Frankreichs steht. Überfahrten zur Insel finden im Sommer vom Badeort **Lilia** aus statt.

Ein Traum der Renaissance

Etwas abseits der Route, an der D 30 von Plouescat nach Landivisiau, liegt inmitten eines Parks Château de Kerjean, eines der schönsten Beispiele der Renaissance in der Bretagne. Hier finden alljährlich Wechselausstellungen statt (April–15. Juni, 15.–30. Sept. Mi–Mo 14–18, restliche Tage im Juni und Sept. Mi–Mo 10–18, Juli, Aug. tgl. 10–19, Okt. Mi–Mo 14–17, Nov.–März Mi, So 14–17 Uhr).

OT: 7, av. Général-de-Gaulle, 29890 Brignogan-Plages, Tel. 02 98 83 41 08, Fax 02 98 83 40 47, www.ot-brignogan-plage.fr; Juli, Aug. Mo 11–19.30, Di–Sa 10–19.30, So 10–13, sonst Di–Fr 10.30–12.30, 13.30–16, Sa 10.30–12.30 Uhr.

****Ar-Reder-Mor:** 35, av. Général-de-Gaulle, Brignogan, Tel. 02 98 83 40 09, Fax 02 98 83 56 11; Jan–Mitte März geschl. Sehr einfaches Haus, Parkplatz, 25 Zimmer, DZ 38–54 €, Restaurant (Menü 20 €).

Camping:

****Du Phare:** Plage du Phare, Brignogan, Tel. 02 98 83 45 06, Fax 02 98 83 52 19, www.camping-du-phare.com; April–Sept. Schattige Anlage am Meer, 144 Plätze.

Markt: Fr in Brignogan (nur Juli, Aug.).

Bus: Nach Roscoff und Brest.

Bretonische Pferde an der Côte des Abers

Die Abers

Vom Aber Wrac'h nach Portsall

Reiseatlas: S. 232, A/B2

Südlich von Plouguerneau quert die Straße (D 113) den Aber Wrac'h. Der bretonische Begriff *Aber* bezeichnet weit ins Land eingreifende Buchten, die äußerlich Fjorden ähneln. Fjorde indes wurden durch eiszeitliche Gletscher ausgeschürft, während es sich bei den Abers um ›ertrunkene‹ Flusstäler handelt, die am Ende der Eiszeiten unter den Meeresspiegel sanken. Sie sind im Gegensatz zu anderen bretonischen Flussmündungen bei Ebbe ziemlich flach, so dass hier keine bedeutenden Häfen entstanden. Hohen Nutzen bringt jedoch der Reichtum an Tang und Algen, die bei Niedrigwasser eifrig gesammelt werden.

Vom Dorf **Aber Wrac'h,** einem Badeort mit Jachthafen und Segelzentrum, geht es auf der Küstenstraße weiter zu den Dunes de Ste-Marguerite und dem Aber Benoît. An dessen Westufer erstrecken sich die Dunes de Corn-ar-Gazel, ein besonders schöner Küstenabschnitt mit weißen Sandstränden. Auf der vorgelagerten Insel Carne, die bei Ebbe zu Fuß erreichbar ist, befindet sich eine neolithische Grabstätte. **Portsall** schließlich verfügt über einen kleinen Hafen. An seinem Ende bietet ein Kalvarienberg die beste Aussicht über den Ort und die Küste.

Brennig: Aber Wrac'h, Tel. 02 98 09 81 12; Di geschl. Gourmet-Restaurant, Terrasse am Aber, Menü 19–28 €.

Wassersport: Centre de Voile de l'Aber Wrac'h, 4, port, 29870 Landéda, Tel. 02 98 04 90 64; Meereskajak, Katamaran, Segelschule und Segelausflüge.

Bus: Ab Lannilis nach Brest.

Die Côte Sauvage

Reiseatlas: S. 232, A2/3
Bei der Ruine des Château Trémazan (13. Jh.), am Ortsausgang von **Kersaint,** beginnt eine reizvolle Küstenstraße, die über die Häfen Argenton und Porspoder nach Melon führt. Weiter südlich markiert der Rocher du Crapaud (›Krötenfels‹) die Hafeneinfahrt des Aber Ildut. Dieses versunkene Flusstal – das Nordufer bewaldet, das Südufer von Dünen besetzt – ist als einziges tief genug, dass Schiffe auch bei Ebbe einfahren können. Anlaufpunkt ist **Lanildut,** Europas bedeutendster Algenfischereihafen, der im übrigen für seinen rosaroten Granit bekannt ist. Von der großen Zeit des Ortes künden Reederhäuser aus dem 17./18. Jh. im Viertel Rumorvan.

Ein Abstecher landeinwärts führt zum restaurierten **Château de Kergroadès** (1602–13) und zum **Menhir von Kerloas** östlich von Plouarzel, dem mit 12 m Höhe größten aufrecht stehenden Menhir der Bretagne. Nach dem Besuch geht die Fahrt weiter zur **Pointe de Corsen.** Die 50 m hohe Steilküste bildet die äußerste Westspitze des französischen Festlands. Weiter südlich liegt die **Pointe de Kermorvan,** ein Felsenmeer, das unter Naturschutz gestellt wurde.

Im Hafenstädtchen **Le Conquet** hat man sich auf den Fang von Krustentieren spezialisiert. Ein Museum an der Place de Brest informiert nicht nur über diesen Erwerbszweig, sondern auch über das Algensammeln (Mo–Fr 9–12, 14–18 Uhr). An altehrwürdiger Architektur hat der Ort wenig zu bieten, nachdem er 1558 von Engländern zerstört wurde. Aus der Zeit davor haben sich nur acht Häuser erhalten, als bekanntestes die Maison des Anglais aus dem 15. Jh. (Rue Aristide Briand). Ansonsten überzeugt Le Conquet vor allem durch seine schöne Küste.

An der **Pointe de St-Mathieu,** einer 30 m hohen Landzunge, wurde im 6. Jh. ein Kloster für die Reliquien des hl. Matthäus errichtet. Benediktiner bauten es im 12.–16. Jh. zu stattlicher Größe aus, doch wurden die Gebäude während der Französischen Revolution weitgehend zerstört (kleines Museum, tgl. 14–19.30 Uhr). 1835 baute man mit den Steinen der Ruine den 54 m hohen Leuchtturm, der eine erstaunliche Reichweite von 60 km besitzt.

OT: Le Trez-Hir, 29217 Plougonvelin, Tel. 02 98 48 30 18, Fax 02 98 48 25 94, www.plougonvelin-fr.com; Juli/Aug. Mo–Sa 9–12, 14–19, sonst Di–Sa 10–12.30, 14–18 Uhr, Fahrradverleih.
OT: Parc de Beauséjour, 29217 Le Conquet, Tel. 02 98 89 11 31, Fax 02 98 89 08 20, www.leconquet.fr; Juli, Aug. Mo–Sa 9–12.30, 15–18.30, So 9–12.30, sonst Di–Fr 9–12, 14–17, Sa 9–12 Uhr.

*****Hostellerie de la Pointe St-Mathieu:** Plougonvelin, Tel. 02 98 89 00 19, Fax 02 98 89 15 68. Haus aus dem 14. Jh., 25 Zimmer, DZ 63–150 €, Gourmet-Restaurant (Menü 25–65 €).

TANKER VOR DER BRETONISCHEN KÜSTE

Die bretonische Küste, insbesondere der Westen, ist unter Seeleuten bestens bekannt für ihre Gefahren. Früher brachte dieser Umstand den Bewohnern ein ansehnliches Zubrot: Fast täglich kenterten hier Schiffe, die gemäß uraltem Grundrecht geplündert werden durften. In manchen Orten wagte man sogar, Schiffe durch falsche Signale überhaupt erst in Seenot zu bringen. Die Praxis beeinträchtigte den Handel, und so ging Conan der Dicke 1127 dazu über, Schutzbriefe auszustellen, um die christliche Seefahrt vor den Missetätern zu bewahren. Doch nicht einmal das staatliche Verbot des Strandraubs im Jahre 1681 vermochte den einträglichen Brauch gänzlich zu stoppen.

In der Neuzeit offenbart der Segen indes eine Kehrseite. Die Bretagne liegt heute an einer der meistbefahrenen Seerouten der Welt, sie wird insbesondere von Öltankern genutzt, die die Häfen der Niederlande und Deutschlands ansteuern. Dies bedeutet für die Region nicht nur Aufschwung, sondern auch Bedrohung. Vor allem die als Abkürzung beliebten Passagen **Chenal du Four** und **Chenal de la Helle** zwischen der Insel Ouessant und dem Festland bergen enorme Gefahren. Nicht weit von hier erlitt am 16. März 1978 die unter liberianischer Flagge verkehrende »Amoco Cadiz« der Standard Oil einen Ruderschaden und strandete auf den Felsen von **Portsall.** 230 000 t Öl liefen aus und verseuchten 200 km Küste. Nie zuvor hatte ein Tankerunglück solchen Schaden angerichtet. Doch zum Glück erwiesen sich die Helfer in der Region als äußerst tatkräftig und erfinderisch, so dass sich die Natur schon nach wenigen Monaten zu regenerieren begann.

Die Prozesse gegen Standard Oil zogen sich noch bis 1992 hin. Immerhin wurden hier zum ersten Mal die Verursacher einer solchen Ölkatastrophe zur Verantwortung gezogen. Im Anschluss an die Havarie beschied der französische Staat, dass Tanker und Frachter nur noch 13 km vor der Küste verkehren dürfen. Dennoch ereignete sich 1999 ein weiteres schweres Unglück in der Bretagne, als 12 000 t Öl aus dem Tanker »Erika« ausliefen.

****De la Pointe Ste-Barbe:** Le Conquet, Tel. 02 98 89 00 26, Fax 02 98 89 14 81, hotelpointestebarbe@wanadoo.fr. 48 Zimmer, DZ 42–115 €, ausgezeichnetes Restaurant (Menü 19–79 €).

Camping:

****Le Théven,** Les Blancs Sablons, Le Conquet, Tel. 02 98 89 06 90, Fax 02 98 89 12 17, www.lescledelles.com; April–Sept. 100 m zum Strand, 400 Plätze.

Ar Dagenta: Le Conquet, Tel. 02 98 89 01 80. Restaurant mit Meerblick, Menü 13–20 €.

Les Boucaniers: 3, rue Poncelin, Le Conquet, Tel. 02 98 89 06 25; Di geschl. Gutes Angebot an Crêpes und Galettes, Menü 15–23 €.

Markt: Juli, Aug. So in Plougonvelin.

Ausflüge: Aquafaune, Le Port, Le Conquet, Tel. 02 98 89 14 13; Ausflüge mit Glasbodenboot.
Golf: Golf de Brest-Les Abers, 29810 Plouarzel, Tel. 02 98 89 68 33; 18 Loch, par 68, 5200 m.

Bus: Von Le Conquet nach Brest.
Fähre: Zu den Inseln Ouessant und Molène mit den Vedettes Rapides Finist'-mer ab Lanildut (Juli, Aug., Tel. 08 00 50 03 88) und Le Conquet (April–Okt., Tel. 02 98 89 16 61), mit der Compagnie Maritime Penn-ar-Bed (ganzjährig) ab Le Conquet (Tel. 02 98 80 80 80).

Île de Molène und Île d'Ouessant

Reiseatlas: S. 232, A/B1
Vor der Westspitze der Bretagne liegen zwei Inseln, die wegen ihrer Abgeschiedenheit erst im 17. Jh. christianisiert wurden. Fähren dorthin starten in Le Conquet (und in Brest), sie legen zunächst auf der **Île de Molène** an. Die Bewohner der ca. 1,2 x 0,8 km großen Insel leben von der Algenernte und vom Fischfang, der Tourismus hingegen hat kaum Bedeutung. Tatsächlich bietet Molène außer dem Musée du Drummond Castle (darin Fundstücke aus Wracks; Juni–Sept. tgl. 10.30–12, 13.30–17 Uhr) keine Attraktionen. Auch die Nachbarinsel **Quéménès** lockt lediglich mit zwei Menhiren. Auf dem unbewohnten Eiland wird der Besucher von ein paar Schafen empfangen, deren Vorfahren 1936 von dem untergegangenen Frachter »Mykonos« hierher schwammen.

Mit 7 x 4 km ist die **Île d'Ouessant** deutlich größer als Molène und zudem wilder und interessanter. Die Insel, deren Steilküsten bis 60 m Höhe aufragen, zählt seit 1969 zum Parc Naturel Régional d'Armorique und bietet Lebensraum für Kormorane, Austerntaucher und Zwergpinguine. An der Baie de Beninou im Norden lebt auch eine kleine Kolonie von Graurobben.

Die Straßen der Insel, die man am besten mit dem Fahrrad oder zu Fuß erkundet, verlaufen sternförmig vom Hauptort **Lampaul** aus. Auf dem Friedhof des Dorfes befindet sich ein Gebäude, in dem Wachskreuze für verschollene Seeleute (sogenannte Proëlla-Kreuzen) aufgestellt sind. Über das weitere Brauchtum der Insel informiert westlich von Lampaul ein heimatkundliches Écomusée, das in zwei Bauernhäusern eingerichtet wurde (Juni–Sept. tgl. 10.30–18.30, April, Mai Di–So 14–18.30, Okt.–März Di–So 14–16 Uhr). Ausgestellt sind u.a. Möbelstücke, die aus Treibholz gefertigt wurden, denn Bäume findet man auf Ouessant kaum.

Weiter westlich, am **Phare Le Créac'h,** nehmen Landschaft und Wellen dramatische Züge an. Der Leuchtturm von 1862 warnt Schiffe auf eine Distanz von 80 km vor den hier drohenden Gefahren. Für Inselbesucher bietet er ein kleines Museum zur Geschichte der Leuchtfeuer (Mai–Sept. tgl. 10.30–18.30, April Di–So 14–18.30, sonst Di–So 14–16 Uhr).

OT: Bourg de Lampaul, 29242 Ouessant, Tel. 02 98 48 85 83, Fax 02 98 48 87 09, www.ot-ouessant.fr; Juli, Aug. Mo–Sa 9–12, 14–19, So 9–12, sonst Mo–Sa 10–12, 14–18 Uhr.

**Kastell An Daol: 29259 Molène, Tel. 02 98 07 39 11, Fax 02 98 07 39 92, kastell.an.daol@libertysurf.fr; Mitte Febr.–Mitte Nov. Kleines Haus am Strand, 10 Zimmer, DZ 58–72 €, Restaurant (Menü 21–34 €).

Le Roc'h ar Mor: Lampaul, Ouessant, Tel. 02 98 48 80 19; Mo geschl. Fisch, lokale Gerichte, Menü 14–31 €.

Sept.: Pardon am 1. oder 2. So im Monat zur Chapelle Notre-Dame-de-Bon-Voyage auf Ouessant.

Fahrradverleih: La Bicyclette, Place de l'Église, Ouessant, Tel. 02 98 48 81 34.
Reiten: Ty Crenn, Ouessant, Tel. 02 98 48 83 58.

Flug: Mit Finist Air (Tel. 02 98 84 64 87) von Ouessant nach Brest.

Fähre: Täglich ab Le Conquet, Camaret, Lanildut und Brest (s. dort). Infostationen der Gesellschaft Penn-ar-Bed auf den Inseln: Molène Tel. 02 98 70 90 37, Ouessant Tel. 02 98 48 80 13.

Am Ufer des Élorn

Brest

Reiseatlas: S. 232, B3
Im Kriegsjahr 1940 nisteten sich deutsche Truppen im Hafen von Brest ein, vier Jahre später flogen alliierte Bomber 165 Angriffe auf die Stadt, um die Besatzer zu vertreiben. Brest sank in Schutt und Asche und wurde nach dem Krieg am Reißbrett neu entworfen. Eine Stadt hatte ihr Gesicht verloren. Sie ließ so sehr an Prägnanz vermis-

Der Hafen von Brest

sen, dass Jean Genet die fiktiven Schauplätze seines Romans »Querelle« (1947) ungestraft hierher verlegen konnte.

Wirklich beeindruckend ist nach Bombardement und Wiederaufbau einzig Brests Geschichte. Bereits die Phönizier betrieben von hier aus Zinnhandel. Ihnen folgten die Römer, die am Élorn eine Garnison anlegten. Der Hafen besaß seine Vorteile, war er doch bestens geschützt: vom Atlantik aus durch eine 5 km lange und 1,8 km breite Passage, den Goulet de Brest, nach dessen Durchquerung man in den Fluss Penfeld abschwenken musste. Normannen, Engländer und Franzosen stritten um die Aufsicht über diesen Ort. Auch nachdem Charles IV ihn 1397 für die französische Krone erobert hatte, kam es noch zu manch einer Auseinandersetzung mit den Briten. 1631 bestimmte Richelieu Brest zum Flottenstützpunkt, der unter Marineminister Colbert zum bedeutendsten Kriegshafen Frankreichs erweitert wurde. Colbert richtete hier Marineschulen ein und baute eine wahre Armada auf, die die Feinde das Fürchten lehrte.

Sehenswürdigkeiten
1 Port de Commerce
2 Cours Dajot
3 Château
4 Pont de Recouverance
5 Tour de la Motte-Tanguy
6 Musée des Beaux-Arts
7 Kulturzentrum Le Quartz

Übernachten
8 Le Continental
9 Abalys
10 Bellevue
11 St-Louis

Essen und Trinken
12 L'Amirauté
13 La Chaumière
14 La Fleur de Sel

Da die enge und bei Ebbe nur 10 m tiefe Zufahrt über den Penfeld für moderne Schiffe bald untauglich wurde, verlegte man den Stützpunkt der Marine im 19. Jh. ans Ufer des Élorn, wo noch heute die Kriegsschiffe ankern. Während dort nur Touristen mit französischem Pass Zutritt gewährt wird, steht der 1860 angelegte **Port de Commerce** 1 im alten Hafenbecken allen Besuchern offen. Umgeschlagen werden hier überwiegend Erdölprodukte, Getreide, Futter- und Düngemittel. Eine der Attraktionen des Port ist am Quai du Commandant Malbert der Zweimaster ›La Recouvrance‹, ein Nachbau der traditionellen Goelettes. Im übrigen ist am Hafen auch für das leibliche Wohl gesorgt, trifft man hier doch auf eine stattliche Anzahl an Kneipen und Restaurants.

Nördlich des Hafens verläuft die 600 m lange **Promenade Cours Dajot** 2, die 1769 von Sträflingen des 19 Jahre zuvor eröffneten Zuchthauses von Brest gebaut wurde. Nach dem Ersten Weltkrieg errichteten Amerikaner am Cours Dajot die Tour Rose als Denkmal für den herzlichen Empfang, den ihnen die Bürger von Brest bereitet hatten. Nach der Zerstörung des Monuments im Zweiten Weltkrieg wurde es 1958 wieder aufgebaut – es steht bis heute unter amerikanischer Territorialherrschaft. Nordöstlich des Denkmals befindet sich ein Aussichtspunkt, von dem man u. a. den Hafen überblickt. Am anderen, dem südwestlichen Ende des Cours erhebt sich auf Fundamenten des römischen Kastells ein **Château** 3 aus dem 12.–17. Jh., das die Wirren des Zweiten Weltkriegs überdauerte. Im Erdgeschoss, das früher als Gefängnis diente, ist heute das Marinemuseum untergebracht (darin u. a. Schiffsmodelle, Gemälde von Segelschiffen, Galionsfiguren; April–Sept. tgl. 10–18.30, sonst Mi–Mo 10–12, 14–18 Uhr).

Nördlich der Festung überspannt der 1954 eingeweihte **Pont de Recouvrance** 4 den Penfeld. Die 22 m hohe und 87 m lange Hebebrücke ist die größte ihrer Art in Europa. Sie öffnet sich in nur 150 Sekunden 26 m über ihre Ausgangsposition und gewährt dann auch Riesendampfern die

Auf Tuchfühlung mit dem Meer

Am Ostrand von Brest wurde 1990 Frankreichs größtes Hochseeaquarium und Meeresmuseum eingerichtet. Dieses **Océanopolis** des Architekten Jacques Rougerie beherbergt u. a. Becken mit der Fauna der Rade de Brest, eine Pflegestation für gestrandete Seehunde sowie einen ›Streichelzoo‹, in dem man Seesterne, Schwämme oder Tang betasten kann (April–Aug. tgl. 9–18 Uhr, den Rest des Jahres Di–So 10–17 Uhr; www.oceanopolis.com).

Passage. Überquert man die Brücke, so kann man am anderen Ufer, südlich des Pont, die **Tour de la Motte-Tanguy** (16. Jh.) 5 und das darin eingerichtete Musée du Vieux Brest besichtigen (Gemälde und Fotos zur Stadtgeschichte; Juni–Sept. tgl. 10–12, 14–19, sonst Mi, Do 14–17, Sa, So 14–18 Uhr).

Eine bedeutendere Attraktion ist allerdings das **Musée des Beaux-Arts** 6 in der Rue Émile Zola, wo Gemälde des 17.–20. Jh. ausgestellt sind (Mi–Mo 10–11.45, 14–18 Uhr, So nur nachmittags). Hier finden sich auch Werke der Schule von Pont-Aven (s. S. 176). Folgt man der Straße in nordöstliche Richtung, so gelangt man zum 1988 eröffneten **Kulturzentrum Le Quartz** 7, in dem Theateraufführungen, Ausstellungen, Konzerte und Kongresse stattfinden.

OT: Place de la Liberté, 29200 Brest, Tel. 02 98 44 24 96, Fax 02 98 44 53 73, www.brest-metropole-tourisme.fr; Mitte Juni–Mitte Sept. Mo–Sa 9.30–19, So 10–12, sonst Mo–Sa 9.30–18 Uhr.

***__Le Continental__** 8: Square de la Tour d'Auvergne, Tel. 02 98 80 50 40, Fax 02 98 43 17 47, www.hotel-sofibra.com. 73 Zimmer, DZ 110–160 €.
Abalys 9: 7, av. Clemenceau, Tel. 02 98 44 21 86, Fax 02 98 43 68 32, www.abalys.com. Zentral gelegen, 29 Zimmer, DZ 50–84 €.
Bellevue 10: 53, rue Victor-Hugo, Tel. 02 98 80 51 78, Fax 02 98 46 02 84, www.hotelbellevue.fr. 26 Zimmer, DZ 40–51 €, Parkplatz.
*__St-Louis__ 11: 6, rue Algésiras, Tel. 02 98 44 23 91, Fax 02 98 46 07 94. 20 Zimmer, DZ 29–42 €.
Jugendherberge & Camping:
Auberge de Jeunesse: 5, rue Kerbriant, Tel. 02 98 41 90 41, Fax 02 98 41 82 66. 136 Betten.
***__Le Goulet,__ Ste-Anne-du-Portzic, Tel./Fax 02 98 45 86 84, www.campingdugoulet.com; ganzjährig geöffnet. Preiswerte, einfache Anlage mit 100 Plätzen, 500 m zum Strand.

L'Amirauté 12: 41, rue Branda, Tel. 02 98 80 84 00; Sa und So geschl. Gourmet-Küche, Menü 31–38 €.
La Chaumière 13: 25, rue Émile-Zola, Tel. 02 98 44 18 60; Sa mittags und So geschl. Bretonische Spezialitäten, Menü 14–22 €.
La Fleur de Sel 14: 15 bis, rue de Lyon, Tel. 02 98 44 38 65; Sa mittags und So geschl. Feinschmecker-Küche, Menü 20–38 €.

Wichtigste Einkaufsstraßen Rue de Siam und Südabschnitt der Rue Jean-Jaurès.
Markt: St-Martin (tgl. vormittags) und Pilier Rouge (Mo–Sa vormittags).

Markthallen St-Louis, Mo–Sa 7–13, 16–19.30, So 7–13 Uhr..

Tara Inn: 1, rue Blaveau, Port de Commerce; irischer Pub, Di abends keltische Musik.
Disco: Le Sinclair, 14, rue Kéréon.

Espace Vauban: 17, av. Clemenceau, Tel. 02 98 46 06 88; Rock, Blues, Jazz.
Le Quartz: 2–4 av. Clemenceau, Centre Culturel, Tel. 02 98 33 95 00; Theater.
Salle Maria Casares: 12, rue Claude Goasdoué, Tel. 02 98 03 42 01; Theater, Tanz, Oper, Jazz etc.
Celtic: 187, rue Jean-Jaurès. Kino mit 8 Sälen.

April: Monatsmitte **Bagadoù-Festival** und **Festival Rock** in Brest.
Juni: Anfang des Monats **Tour de Bretagne des Véhicules Anciens,** Oldtimer-Rallye.
Juli: Monatsmitte bis Ende August Do 19.30 Uhr bis Mitternacht Musikgruppen im Port de Commerce. In unregelmäßigen Abständen maritime Veranstaltungen, u.a. Treffen alter Segelschiffe im Jachthafen Moulin Blanc.

Ausflüge: Azénor, Port de Plaisance du Moulin Blanc, Tel. 02 98 41 46 23, www.azenor.com; April–Sept. Rundfahrten auf der Rade de Brest.
Fahrräder: Torc'h VTT, 93, bd. Montaigne, Tel. 02 98 46 06 07.
Golf: Golf Club de Brest »Les Abers«, Kerhoaden, 29810 Plouarzel, Tel. 02 98 89 68 33.
Reiten: Brest Équitation, Le Questel, Rue P.M. Audemar, Tel. 02 98 49 27 30.
Wassersport: O Taquet, Maison du Nautisme, Port de Plaisance du Moulin Blanc, Tel. 06 63 65 26 64, www.croisiere-otaquet.com; Segelschule. USAM Voile Kayak, Maison du Nautisme, Port du Moulin Blanc, Tel. 02 98 02 36 73; Segeln, Meereskajak.

Flug: Aéroport de Brest-Bretagne, Guipavas (9 km vom Zentrum), Tel. 02 98 32 01 00; ca. 1 Stunde nach Paris. Lokale Flüge, z.B. mit Finist Air (Tel. 02 98 84 64 87) zur Île de Ouessant.
Bahn: Gare SNCF, Place du 19e R.I. Tel. 08 92 35 35 35; u. a. nach Landerneau, Morlaix, Quimper, TGV nach Paris.
Bus: Busbahnhof Place du 19e R.I., Tel. 02 98 44 46 73; u.a. nach Le Conquet, Roscoff, Landerneau, Quimper, Brignogan, Lanildut, Camaret, Crozon. Stadtbusse: Bibus, 33, av. Clemenceau, Tel. 02 98 80 30 30; ermäßigte Tickets für 1 Stunde (Ticket Unité) oder 1 Tag (Ticket Journée), 6–22.40 Uhr in der Woche, 6–0.15 Fr und Sa.
Fähre: Compagnie maritime Penn-ar-Bed, Tel. 02 98 80 80 80; zu den Inseln Ouessant, Molène und Sein. Mit Azénor (s.o. Ausflüge) Überfahrten nach Le Fret auf der Halbinsel Crozon.
Autovermietung: Europcar/Locatour, 45, rue de Kéranfurust, Tel. 02 98 02 76 76.

Von Landerneau nach Landivisiau

Reiseatlas: S. 232, B/C2
Vom 16.–18. Jh. war der Élorn eine bedeutende Wasserstraße für den Handel mit Tuchen und **Landerneau** ein wichtiger Hafen an dieser Strecke. Über den Fluss führt der Pont de Rohan (16. Jh.), eine der wenigen noch von Wohnhäusern gesäumten Brücken Europas. Am linken Ufer lohnt ein kurzer Besuch der Kirche St-Thomas-de-Cantorbéry (16. Jh.), die dem in Canterbury ermordeten Thomas Becket geweiht ist. Größe-

re Bedeutung hat jedoch die Kirche St-Houardon, vor allem wegen ihrer reich geschmückten Vorhalle aus dem Jahre 1604. Hier am rechten Élorn-Ufer stehen auch noch einige altehrwürdige Häuser, etwa an der Place du Général-de-Gaulle das Haus Nr. 9 aus dem Jahre 1664.

Südlich von Landerneau ist in **Pencran** einer der ersten umfriedeten Pfarrbezirke (s. S. 141) unserer Reise erreicht. Die Anlage besteht aus einem Triumphtor (17. Jh.), einem Calvaire (1521), einem Beinhaus (1594) und einer Kirche (Vorhalle von 1553), in deren Chor die geschnitzte und bemalte Kreuzabnahme von 1517 Beachtung verdient.

Ein bedeutenderes und besonders altes Ensemble des genannten Architekturtyps befindet sich in **La Martyre,** heute ein Dorf, früher aber ein wichtiger Handelsstützpunkt, auf dem sogar Kaufleute aus Arabien verkehrten. Durch die reich geschmückte hochgotische Triumphpforte gelangt man in den Pfarrbezirk, dessen Beinhaus (1619) mit einigen makabren Darstellungen aufwartet. Die Kirche aus dem 14.–16. Jh. besitzt u. a. die ältesten beschnitzten Holzbalken der Region Léon. Beeindruckend ist das figurenreiche Portal der südlichen Vorhalle, die 1455 als eine der ältesten des Léon entstand. Im leider stark beschädigten Tympanon erscheint hier ein bäuerlich-naives Relief Marias als Wöchnerin. Ein interessantes Detail entdeckt man im unteren Bereich des rechten Türpfostens: Dort vergnügt sich im Rahmen der Verkündigung der Weihnachtsbotschaft ein Hirte mit dem Golfspiel, das im 15. Jh. in der Bretagne Beliebtheit erlangte.

Der Nachbarort **Ploudiry** kann mit solchem Pomp nicht konkurrieren; seine Kirche St-Pierre hat nur wenig originale Bausubstanz bewahrt. Es lohnt aber ein Besuch des Beinhauses (1635), über dessen Arkadenfenstern Reliefs den Sensenmann (*ankou*) darstellen, der alle Stände gleich behandelt.

Die Reise geht weiter nach **La Roche-Maurice,** das von der Ruine einer Burg (11./12. Jh.) beherrscht wird. Auch in der hiesigen Kirche St-Yves lauert Ankou, in diesem Fall – wie so häufig – über dem Taufbecken. Das Interieur des Gotteshauses umfasst zudem einen Holzlettner der Renaissance (1550), u.a. mit Statuen von acht Aposteln und drei Päpsten. Das Beinhaus (1640) neben der Kirche fällt durch seine ungewöhnlich schöne Fassade auf.

Endstation der Etappe ist **Landivisiau,** das für seinen Viehmarkt bekannt ist. Der umschlossene Pfarrbezirk des Ortes wich dem Neubau der Kirche St-Thivisiau, die lediglich noch Turm und Vorhalle des 16. Jh. besitzt. Vom alten Friedhof stammen zwei Reliefs, die heute die Fontaine de St-Thivisiau (16. Jh.) schmücken. Auf dem neuen Friedhof steht das ehemalige Beinhaus (1580), es dient nun als Chapelle Ste-Anne.

OT: Pont de Rohan, 29800 Landerneau, Tel. 02 98 85 13 09, Fax 02 98 21 39 27, www.tourisme-landerneau-daoulas.fr;. April–Juni, Sept. Di–Sa 9–12, 14–18, Juli, Aug. Mo–Sa 9.15–12.30, 13.30–19, So 10–13, sonst Di–Sa 9–12, 14–17 Uhr.

UMFRIEDETE PFARRBEZIRKE

Obwohl tief von katholischer Religiosität geprägt, offenbart die bretonische Kultur doch Züge ihrer keltischen Wurzeln. Beispiel dafür ist der Glaube an Dämonen, die den Seelen Verstorbener manche Pein bereiten. Um die Toten vor solchen Verfolgungen zu schützen, bereiteten ihnen die Lebenden eine letzte Ruhestätte inmitten ihrer Dörfer – eine gefahrvolle Tradition, denn die Miasmen der Grabstätten sind nicht eben förderlich für das leibliche Wohl der Lebenden.

Um den Friedhof als Kern gruppiert sich die für den Westen der Bretagne typische Anlage des umfriedeten Pfarrbezirks (*enclos paroissial*). Eine Mauer als Trennlinie zwischen Diesseits und Jenseits umgibt das Areal, das über einen Triumphbogen zugänglich ist. Da den Dämonen Kleinwüchsigkeit zugesprochen wurde, gestaltete man die Türschwellen oft besonders hoch, um den Gnomen den Eintritt zu erschweren. Die beiden seitlichen Zugänge des Tores sind zumeist durch Steine versperrt, denn der Gerechte findet nur einen Weg in die Unsterblichkeit.

Mittelpunkt der umfriedeten Anlage ist ein Kalvarienberg (*calvaire*). Dabei handelt es sich keineswegs um die bei uns bekannten Hügel mit den Stationen des Leidensweges, sondern um einen großartigen Bildstock aus Stein, in den die Passionsgeschichte und das Wirken des Dorfheiligen eingemeißelt ist. Die oft bäuerlich-derben und naiven Darstellungen bestechen durch ihre Ausdruckskraft, die gelegentlich wie eine Vorahnung des Expressionismus erscheint. Vor allem einfache Leute, die die Kunst des Lesens nicht beherrschten, fanden an diesen Bildwerken seelischen Trost. Bei Gottesdiensten im Freien konnte der Pfarrer wie ein Moritatensänger auf die jeweils angesprochenen Szenen zeigen.

Während die ältesten Enclos paroissiaux (**Tronoën** bei Plomeur, **Kerbreudeur** bei St-Hernin, beide um 1450) noch recht bescheiden ausfielen, kam es im 16. Jh. zu einer Blüte dieser Architektur. Statt bescheidener Kapellen entstanden imposante Kirchen, meist im gotischen Stil, mit himmelstrebenden Türmen. Die Schauseite der Gotteshäuser mit geschmückter Vorhalle, in der man sich vor und nach der Messe traf, war den Gräbern zugewandt. Da nach Kriegen und Epidemien oft Platznot auf den Grabfeldern herrschte, wurden die Gebeine nach maximal zwölf Jahren in ein reich verziertes Beinhaus (*ossuaire*) umgebettet. Nachdem ein Gesetz von 1758 diese Tradition unterband, wurden die meisten Beinhäuser in Kapellen umgewandelt. Inzwischen dienen sie oft als Souvenirshop.

Wohl und Wehe der westbretonischen Sakralarchitektur war an den Tuchexport geknüpft. 1475, 22 Jahre nach Ende des Hundertjährigen Krieges, hatten Frankreich und England ein Handelsabkommen getroffen, das der Bretagne die Märkte auf den britischen Inseln erschloss. Kurz darauf eröffneten die prosperierenden Dörfer einen wahren Wettbewerb um den schönsten Pfarrbezirk. Die Blüte kam im 17./18. Jh. zum Ausklang, nachdem in England der mechanische Webstuhl erfunden worden war und sich die französischen Handelszentren nach Osten verlagert hatten.

OT: 14, av. du Mar. Foch, 29400 Landivisiau, Tel. 02 98 68 33 33, Fax 02 98 68 41 98, www.ot-paysdelandivisiau.com; Juli, Aug. Mo–Sa 9–12, 14–19, sonst Mo–Fr 10–12, 14–17 Uhr.

****Clos du Pontic:** Rue du Pontic, Landerneau, Tel. 02 98 21 50 91, Fax 02 98 21 34 33, www.clos-pontic.com. Gemütliches Logis de France, 32 Zimmer, DZ 58–65 €, Garten, Parkplatz, Restaurant (Menü 20–65 €).
***De l'Avenue:** 16, av. Coat-Meur, Landivisiau, Tel. 02 98 68 11 67, Fax 02 98 68 96 62, www.hotel-avenue-landivisiau.com; Mitte Sept.–Mitte Okt. geschl. Sehr einfaches, preiswertes Haus, 20 Zimmer, DZ 33–43 €, Restaurant (Menü 12–28 €).
Camping:
****Municipal des Berges de l'Élorn:** Rue du Calvaire, Landerneau, Tel./Fax 02 98 21 66 59. Einfache Anlage mit 42 Plätzen.

Auberge du Vieux Château: 4, grand Place, 29237 La Roche-Maurice, Tel. 02 98 20 40 52; wochentags abends geschl. Fisch, Menü 13–32,50 €.
Le Bambou: 26, rue Général-Goury, Landerneau, Tel. 02 98 85 32 14; Do geschl. Kreolische Küche, Menü 15–25 €.

Mittagessen im Grünen

An der Straße nach Landivisiau (D 712) liegt zur Linken der **Moulin de Brézal** aus dem 16. Jh., eine der letzten von ehemals 174 Mühlen des Léon. Heute ist in dem alten Gemäuer ein sehr empfehlenswertes Restaurant untergebracht (29800 Landerneau, Tel. 02 98 20 46 57; Menü ab 15 €).

Les Cap-Horniers: 13, rue du Commerce, Landerneau, Tel. 02 98 21 32 38; Mo, Di abends und So geschl. Fisch und Küche des Südwestens (Ente, Gänseleber), Menü 15–24 €.
La Duchesse Anne: 9, place Gal. de Gaulle, Landerneau, Tel. 02 98 85 12 19; Mo geschl. Traditionelle Küche, Menü 10–65 €.

Markt: Di, Fr, Sa in Landerneau (im Sommer mit Kleinkunstdarbietungen).
Comptoir des Produits Bretons: 3, quai de Cornouaille, Landerneau; Kunsthandwerk, Lebensmittel, Musik etc.
Flore et Fruit: Mescoat, Landerneau; rein biologische Konfitüren und Soßen.

Kino: Cinéma Le Rohan, 55, rue de la Fontaine-Blanche, Landerneau, Tel. 08 36 68 00 29.

Mai: 2. So im Monat **Pardon** in La Martyre.
Juli: 2. So **Pardon** in La Martyre.
Juli, Aug.: So **Fest-Deiz** auf dem Pont de Rohan (15–20 Uhr).

Angeln: AAPPMA, Les Vieux Chênes, La Martyre, Tel. 02 98 68 85 08, http://aappmaelorn.chez-alice.fr.
Golf: Golf de Brest-Iroise, Parc de Lann-Rohou, Landerneau, Tel. 02 98 85 16 17; 18 Loch, par 71, 5672 m; 9 Loch, par 37, 3329 m.
Wassersport: Club Les Alligators, Landerneau, Tel. 02 98 21 48 74; Schule für Kanu und Kajak.

Bahn: Von Landerneau nach Brest, über Landivisiau und St-Thégonnec nach Morlaix, über Châteaulin nach Quimper.
Bus: U.a. nach Morlaix, Brest, Quimper, Carhaix.

DER PARC RÉGIONAL D'ARMORIQUE

Von den spektakulären Steilküsten einmal abgesehen, ist die Bretagne ein flaches Land. Nur im Westen haben sich mit den Monts d'Arrée und den Montagnes Noires Reste eines Urgebirges erhalten. Höchste Gipfel sind hier mit 384 m bzw. 383 m Tuchenn-ar-Gador und Roc'h Trévézel, Hügel nur, doch die karge Vegetation und die zackigen Felsformationen täuschen subalpine Lagen vor. Kräftiger Wind pustet über die Heide, Nebelschwaden ziehen über das Land, Niederschläge prasseln herab. 1969 wurden Teile dieser urtümlichen Region zum Parc Naturel Régional d'Armorique erklärt – ein Urlaubsparadies, das von den »Bergen« bis zur Insel Ouessant reicht.

Die Monts d'Arrée

Lampaul-Guimiliau und Guimiliau

Reiseatlas: S. 232, C2
Ein Märtyrer, der sein abgeschlagenes Haupt in der Hand hält – ausgerechnet er wird bei plagendem Kopfschmerz und psychischem Leid angerufen: der von seinem Bruder ermordete St-Miliau. Zwei Nachbarorte tragen den Namen dieses Heiligen, der erste von ihnen ist **Lampaul-Guimiliau.** Man betritt den umfriedeten Pfarrbezirk des Dorfes über eine schlichte Triumphpforte mit drei Hochkreuzen aus dem Jahre 1669. Auch der Calvaire aus dem frühen 16. Jh. beschränkt sich auf die Darstellung des Gekreuzigten mit den beiden Schächern. Kleine Vorwölbungen am Kreuzschaft werden als Pestbeulen gedeutet; offenbar wurde der Kalvarienberg nach Überstehen der tödlichen Krankheit gestiftet.

Prunkstück der Anlage ist die Kirche St-Pol-Aurélien (16. Jh.), deren Turm bis zu einem Blitzeinschlag im Jahre 1809 der höchste der Bretagne war. Nach Durchschreiten der gotischen Vorhalle (1533) erblickt man im Innern des Gotteshauses eine der reichsten Kirchenausstattungen der Region. Auffallend ist der Triumphbalken (16. Jh.) über dem Mittelschiff, auf dem Szenen aus dem Leben Jesu dargestellt sind. Von den sechs polychromen Altären verdienen vor allem die beiden links und rechts des Chors Beachtung, die der Passion bzw. Johannes dem Täufer gewidmet sind (beide 17. Jh.). Im linken Seitenschiff befindet sich eine

Der Calvaire von Guimiliau

ausdrucksstarke Pietà von 1530, die aus einem einzigen Eichenblock gefertigt wurde. Der kunstvoll beschnitzte Baldachin über dem Baptisterium stammt aus dem Jahre 1651. Im Weihwasserbecken darunter erscheinen zwei Teufel mit wahrhaft schrecklichen Grimassen.

Im Nachbardorf **Guimiliau** überzeugt dann Prunk den Besucher des umfriedeten Pfarrbezirks. Hinter einem schlichten Triumphtor befindet sich in der Mitte des einstigen Friedhofs der Calvaire (1581–88), auf dem etwa 200 Figuren 25 Szenen aus dem Leben Jesu und dem Alten Testament vorführen. Die Reliefs unter dem einfachen Kreuz wirken schwer, teilweise gar überladen. Römische Soldaten, die den leidenden Christus begleiten, sind in Gewänder des 16. Jh. gehüllt und gleichen damit eher den Kämpfern der Religionskriege. Von den drei Frauen, die der Grablegung beiwohnen, trägt eine angeblich die Gesichtszüge der Maria Stuart, die damals in der Bretagne weilte (s. S. 126). Bekannt ist vor allem die Darstellung der Sünderin Katharina (Katel Gollet), die für ihren Lebenswandel mit ewigen Höllenqualen bestraft wurde. Teufel packen die nackte Frauengestalt mit Gabeln am Hals und treiben sie in den Höllenschlund.

Die zweischiffige Kirche von Guimiliau wurde im 16. Jh. errichtet und im 17. Jh. umgestaltet. Während der Glockenturm (1530) noch vom ursprünglichen Bau kündet, ist an den übrigen Komponenten bereits der Übergang vom Flamboyant zur Renaissance abzulesen. Die aus Granit errichtete Vorhalle (1606–17) zeigt am

Portal Szenen aus dem Alten und dem Neuen Testament (u.a. Arche Noah, Flucht nach Ägypten). Im Innern der Kirche verdienen das Taufbecken mit Schnitzereien aus Eichenholz (1675) und das Hauptfenster der Apsis mit der Passionsgeschichte (1599) besondere Beachtung. Reliefs mit Szenen aus dem Leben Jesu sind schließlich auch am alten Beinhaus zu sehen, das an die Kirche angebaut wurde. Ein neues Beinhaus (1648) fällt durch seine Außenkanzel auf, von der Gottesdienste im Freien abgehalten wurden.

****Hostellerie de l'Enclos:** Route de St-Jacques, 29400 Lampaul-Guimiliau, Tel. 02 98 68 77 08, Fax 02 98 68 61 06. Logis de France, 36 Zimmer, Parkplatz, Garten, DZ 49–58 €, gutes Restaurant (Menü 10,50–34 €).

Bahn: Guimiliau und Lampaul-Guimiliau liegen an der Strecke Morlaix–Brest.
Bus: Nach Landivisiau und Morlaix.

Von St-Thégonnec nach Plounéour-Ménez

Reiseatlas: S. 232, C2
Guimiliau und St-Thégonnec sind das typische Beispiel für den harten Wettstreit, der im Westen der Bretagne um den schönsten umfriedeten Pfarrbezirk geführt wurde. Autoren unserer Tage benennen gern **St-Thégonnec** als Sieger, doch bleibt dies eine Geschmacksfrage. Das heute unbedeutende Dorf erlebte seinen Höhepunkt im 16. Jh., als Papiermühlen, Flachsanbau, Leinenweberei und Pferdezucht für wirtschaftlichen Auftrieb sorgten. Aus dieser Zeit stammt die Triumphpforte (1587), während der Calvaire von 1610 einer der letzten ist, die in der Region Léon geschaffen wurden. Die fast expressionistisch anmutenden Figuren des Kalvarienberges tragen die Kostüme des frühen 17. Jh.; ein Folterknecht mit Zwirbelbart gilt als Porträt des Protestanten Henri IV – als Bösewicht dargestellt, denn seine Bekehrung zum Katholizismus missfiel den Bretonen.

In einer Nische des Calvaire erscheint St-Thégonnec mit seinem Karren. Der Heilige, so die Legende, beförderte auf seinem Pferdegespann Steine für den Bau einer Kirche, als ihm der Teufel in Gestalt eines Wolfs auflauerte. Der diabolische Wolf verschlang das Zugpferd, doch St-Thégonnec überwand das Böse, indem er den Räuber selbst vor seinen Karren spannte und ihn so zum Mitstreiter seines ruhmreichen Werkes machte.

Das zweigeschossige Beinhaus von St-Thégonnec (1676–82) stellt einen Höhepunkt bretonischer Kunst der Renaissance dar. Es ist ein weiter Weg von den einfachen Knochenlagern früherer Zeit bis zu diesem Prunkbau, in dessen Krypta eine Darstellung des Heiligen Grabes zu bewundern ist. In der Kirche Notre-Dame (16.–18. Jh.) schließlich entdeckt der Betrachter Meisterwerke des Barock, darunter eine hölzerne Kanzel, die 1683 von den Künstlern François und Guillaume Lerrel aus Landivisiau geschnitzt wurde, sowie im linken Querschiff einen Rosenkranzaltar von Jacques Lespaignol (1697 und 1724).

Südöstlich von St-Thégonnec hat sich in der einstigen Tuchhändlermetropole **Pleyber-Christ** ein weiterer umfriedeter Pfarrbezirk (16./17. Jh.) erhalten. Auffallend groß und leer ist der Enclos von **Plounéour-Ménez** – Hinweis auf die beachtlichen Ausmaße des alten, mittlerweile geräumten Friedhofs. Viele der Männer, die einst dort begraben lagen, verdienten ihren Lebensunterhalt als Korsaren, und so nimmt es nicht Wunder, dass die Wasserspeier der Kirche an Kanonenrohre erinnern.

***Auberge St-Thégonnec:** 6, place de la Mairie, 29410 St-Thégonnec, Tel. 02 98 79 61 18, Fax 02 98 62 71 10, www.aubergesaintthegonnec.com; Mitte Dez.–Mitte Jan. geschl. Hübsches Logis de France, 19 Zimmer, DZ 85–95 €, Parkplatz, Garten, gutes Restaurant (Menü 23,50–44 €, Sa und Mo mittags geschl.).
****De la Gare:** 2, rue Parmentier, 29410 Pleyber-Christ, Tel. 02 98 78 43 76, Fax 02 98 78 49 78, hotelgare@wanadoo.fr; Mitte Dez.–Mitte Jan. geschl. 8 Zimmer, DZ 46–49 €, Parkplatz, Garten, Restaurant (Menü 18–33 €).

Bahn: Nach Morlaix und über Landivisiau nach Brest.
Bus: U. a. nach Landivisiau und Morlaix.

Durch die Wälder

Wanderungen durch die Montagnes d'Arrée unter sachkundiger Leitung bieten: Les Sentiers des Monts, Lesvenez, 29460 Hanvec, Tel. 02 98 21 91 96. Hier begibt man sich auf die Spuren des Frühmenschen, erhält eine Einführung in die Wetterkunde oder lernt Wissenswertes über Heilpflanzen.

Nach Huelgoat

Reiseatlas: S. 233, D3
Nicht weit südlich von Plounéour-Ménez erreicht man die höchsten Höhen der Bretagne, allen voran **Roc'h Trévezel** und **Tuchenn-ar-Gador** an der D 785. Mit nur 383 und 384 m sind es bescheidene Gipfel, die aber durch ihre schroffen Rücken wie auch das raue Klima eine Spur Wildheit ausstrahlen. Die beiden Berge umschließen ein Moor namens Yeun Elez, das heute zum großen Teil durch den Stausee St-Michel überflutet ist. Der See diente vorrangig der Kühlung des Kernkraftwerks von **Brennilis,** das 1966 als drittes in Frankreich ans Netz ging und 1987 mangels Wirtschaftlichkeit geschlossen wurde. Am nördlichen Ausgang des nun wieder friedlich schlummernden Dorfes befindet sich das 5000 Jahre alte Langgrab Ti-ar-Boudiked (ausgeschildert). In der Ortsmitte steht eine Kirche aus dem 15. Jh.

Rund 100 Jahre jünger sind Kirche und Kalvarienberg von **Loqueffret,** in dessen Pfarrhaus eine Ausstellung über die sogenannten Pilhaoueriens informiert – wandernde Lumpensammler, die die umliegenden Papiermühlen belieferten.

Richtung Osten geht es dann über **St-Herbot** (gotische Kapelle mit Chorfenster von 1556, Calvaire von 1571) nach Huelgoat, das einst von Holzwirtschaft, Blei- und Silberabbau lebte und sich jetzt ganz dem Tourismus verschrieben hat. Angler können in den hiesigen Gewässern Karpfen, Barsche und Forellen fangen, Surfer und Tretbootkapitäne Kurzweil auf dem See fin-

Die Kapelle auf der Montagne St-Michel

den, Wanderer durch die ca. 600 ha großen Wälder streifen. Ein Orkan im Jahre 1987 hat unter den Beständen aus Buchen, Eichen, Kiefern und Rottannen schwere Schäden angerichtet, doch besticht der ›Hochwald‹ (Huelgoat) – ein Rest der legendenumwobenen **Forêt de Brocéliande** – immer noch durch wildromantische Naturschönheiten. Besonders ergiebig ist ein etwa 3-stündiger markierter Rundwanderweg, der vom Ortskern Richtung Osten zu den alten Minenfeldern führt, dann nach Norden zu Ruinen einer keltischen Siedlung (Camp d'Artus) abschwenkt und südwestlich davon an einem Felsenmeer endet. Zu den größten Attraktionen zählt der 137 t schwere Steinkoloss **Roche Tremblante,** der bei nur geringem Druck an richtiger Stelle ins Schwanken gerät.

OT: Place de la Mairie, 29690 Huelgoat, Tel. 02 98 99 72 32; Juli, Aug. Mo–Sa 9–12, 14–19, sonst Mo–Fr 10–12, 14–18 Uhr.

Camping:
****La Rivière d'Argent:** La Coudraie, Huelgoat, Tel. 02 98 99 72 50, Fax 02 98 99 90 61, www.campriviere.com; Okt.–Mitte April geschl. Kleine, aber gut ausgestattete Anlage im Grünen, 84 Plätze.

Aug.: Am 1. So im Monat **Pardon** in Huelgoat zur Kapelle Notre-Dame-des-Cieux.

Bus: U.a. nach Carhaix-Plouguer und Morlaix.

DER CANAL DE NANTES À BREST

1805 schlug Admiral Horatio Nelson die französisch-spanische Flotte bei Trafalgar. Im Folgejahr verhängte Kaiser Napoléon die Kontinentalsperre gegen England, die Briten ihrerseits kontrollierten fortan die Passage durch den Ärmelkanal und große Teile des Atlantiks. Um in dieser prekären Situation die Städte Brest und Nantes sicher mit Nachschub versorgen zu können, entwarf Bonaparte Pläne für einen Kanal durch die Bretagne. Das Mammutprojekt wurde jedoch erst in den Jahren 1824–1840 realisiert. Gut ein Jahrhundert lang transportierte man auf dieser Wasserstraße u.a. Baumaterialien und Getreide, dann verlagerte sich der Verkehr auf die Eisenbahn.

Der Kanal hatte damit nicht ausgedient, denn bald schon wurde sein Wert für den aufkeimenden Fremdenverkehr erkannt. Freizeitkapitäne können ihre Tour in Nantes beginnen und über Redon und Josselin zunächst bis Pontivy fahren, wobei sie immerhin 204 Schleusen überwinden müssen. Seit dem Bau des Staudamms von Guerlédan ist der Abschnitt Pontivy–Port de Carhaix nicht mehr schiffbar, denn hier fehlen die seit langem geplanten Schleusen. Dafür wurde mit dem See und seinen umliegenden Naturschönheiten, vor allem den Gorges du Daoulas, ein bedeutendes Freizeitrevier hinzugewonnen (s. S. 178). Weiter geht es dann ab Carhaix über die Aulne bis zur 85 km entfernten Rade de Brest. Wer dagegen gen Ärmelkanal strebt, kann bereits in Redon auf den 1833 eröffneten Canal d'Ille et Rance abbiegen, der La Roche-Bernard über Hédé mit Dinan verbindet. In Pontivy schließlich ist ein Abzweig auf den Blavet nach Lorient möglich.

Interessierte Kanalschiffer können Boote u.a. an folgenden Stationen mieten: Messac (Crown Blue Line, Port de Plaisance, Tel. 02 99 34 60 11), Redon (Bretagne Plaisance, 12, quai Jean-Bart, Tel. 02 99 72 15 80; Bretagne Croisières, 71, rue de Vannes, Tel. 02 99 71 08 05), Sucé-sur-Erdre (Bretagne Fluviale, Quai Cricklade, Tel. 02 40 77 79 51), La Roche-Bernard (Chantiers Navals de la Couronne, Tel. 02 99 90 66 77), Rohan (Celtic Rivers affilié »Nicols«, Port de Plaisance, Tel. 02 97 38 90 17).

Ein Boot für zwei Personen kostet in der Nebensaison ab ca. 600 € pro Woche, für vier Personen sind es ab ca. 750 €. Der Preis steigt in der Hauptsaison auf etwa das Doppelte. Ein Führerschein wird nicht benötigt, man erhält beim Anmieten lediglich eine kurze Einführung, für die Französischkenntnisse hilfreich bzw. sogar erforderlich sind. Zudem sollte man bei der Planung daran denken, für Landgänge Fahrräder mitzunehmen, denn mit öffentlichen Verkehrsmitteln lassen sich die schönsten Ziele entlang der Strecke kaum erreichen.

Allgemeine Informationen zum Thema sind beim Comité des canaux bretons, 6, rue de Lourmel, 56308 Pontivy, Tel. 02 97 25 38 24, www.canaux-bretons.net, erhältlich.

Die Montagnes Noires

Carhaix-Plouguer und Umgebung

Reiseatlas: S. 233, D3
Für die Weiterfahrt Richtung Süden empfiehlt sich die landschaftlich schöne D 769, die über Locmaria-Berrien nach **Carhaix-Plouguer** führt. Der Ort, der auf das römische Vorgium zurückgeht, war seit dem späten Mittelalter ein Zentrum des Blei- und Silberabbaus. Aus dieser Zeit haben sich rings um die Kirche St-Trémeur (16.–19. Jh.) einige stattliche Bürgerhäuser erhalten, unter ihnen das heutige Touristenamt. Später brachte die Viehzucht beträchtlichen Wohlstand. Bis 1967 wurde die hier produzierte Milch mit der Eisenbahn transportiert, dann kam das Aus für den Schienenstrang. Auf der Place, die sich bezeichnenderweise ›de la Gare‹, also Bahnhofsplatz nennt, erinnert eine Dampflok an die Züge alter Zeiten.

Ein Abstecher nach Osten auf der D 20 mündet in die reizenden **Gorges de Corong,** die man in einer halben Stunde durchwandern kann. Wählt man hingegen die D 82 Richtung Süden, so gelangt man zum **Port de Carhaix,** einem Hafen am Nantes-Brest-Kanal (s. S. 148). Nach weiteren zwei Kilometern steht links der Straße der **Calvaire de Kerbreudeur,** Mitte des 15. Jh. errichtet und damit neben Tronoën (s. S. 164) der älteste der Bretagne. Ein bis zwei Jahrhunderte jünger sind die umfriedeten Pfarrbezirke von **St-Hernin** und **Cléden-Poher,** die ebenfalls einen Zwischenstopp lohnen.

OT (in einem sehenswerten Haus der Renaissance, darin auch ein kleines Heimatkundemuseum): 6, rue Brizieux, 29270 Carhaix-Plouguer, Tel. 02 98 93 04 42, Fax 02 98 93 23 83, www.ville-carhaix.com; Juli, Aug. Mo–Sa 9–12, 14–19, sonst Mo–Sa 9–12, 14–18 Uhr.

****Noz Vad:** 12, bd. de la République, Carhaix, Tel. 02 98 99 12 12, Fax 02 98 99 44 32, www.nozvad.com. Zentral gelegenes Haus, 43 Zimmer, DZ 49–67 €.
Camping:
****Municipal de la Vallée de l'Hyères,** Vallée de l'Hyères, Tel. 02 98 99 10 58, Fax 02 98 99 15 92, tourismecarhaix@wanadoo.fr; Okt.–Mai geschl. Kleine Anlage im Grünen, 62 Plätze.

Bus: U.a. nach Huelgoat, Pleyben und Rosporden.

Durch die Montagnes Noires nach Brasparts

Reiseatlas: S. 232/233, C/D3
Die Nationalstraße 164 quert kurz vor Landeleau das Flüsschen Aulne. Gleich vor der Brücke geht es links und bei der nächsten Möglichkeit wieder rechts ab ins Dorf Spézet. Am südlichen Ortsausgang befindet sich die Kapelle Notre-Dame du Crann aus den Jahren 1532–35 mit ausgezeichnet erhaltenen Bildfenstern der Renaissance (1545–50).

Spézet liegt am Rande der Montagnes Noires, in denen einst u.a. Schiefer- und Kohleabbau betrieben wurden. Nachdem die dunklen Wälder, die der Hügelkette ihren Namen gaben, weitgehend abgeholzt waren, trat im späten 19. Jh. eine Auswanderungswelle ein.

Noch heute ist die Region sehr dünn besiedelt, indes die Hügel allmählich wieder aufgeforstet werden. Von einer der Höhen hat man einen schönen Ausblick auf das Örtchen **Châteauneuf-du-Faou,** in dessen Kirche der Künstler Paul Sérusier (1864–1927) hübsche Fresken hinterließ. Südlich der Kleinstadt steht die **Domaine de Trévarez,** ein 1894 gebautes Phantasieschloss im Stil der Neogotik, zu dem ein botanischer Garten gehört (Juli, Aug. tgl. 11–18.30, April, Sept. tgl. 13–18, sonst Mi, Sa, So 13.30–17.30 Uhr).

Zwei bedeutende umfriedete Pfarrbezirke schließlich sind in **Pleyben** und **Brasparts** zu besichtigen; ersterer besitzt einen ungewöhnlich schönen Calvaire aus dem 16./17. Jh. Naturliebhaber sollten nicht versäumen, ab Pleyben einen Abstecher nach **Châteaulin** zu unternehmen, um eine der schönsten Flusslandschaften der Bretagne kennen zu lernen. Ein Wanderweg folgt dem rechten Ufer der Aulne.

OT: Quai Cosmao, 29150 Châteaulin, Tel. 02 98 86 02 11, Fax 02 98 86 38 74, www.chateaulin.fr; Juli, Aug. Mo–Sa 10–12, 14–19, sonst Mo–Fr 10–12, 14–17 Uhr.

****Au Bon Acceuil:** A. Port Launay, Châteaulin, Tel. 02 98 86 15 77, Fax 02 98 86 36 25, www.bon-acceuil. com; Anfang Jan.–Mitte Febr. geschl. Logis de France, 28 Zimmer, Parkplatz, Pool, DZ 41–65 €, Restaurant (in der Saison Mo mittags, außerhalb der Saison So abends und Mo geschl.; Menü 14–38 €).
****Relais de Cornouaille:** 9, rue Paul-Sérusier, 29520 Châteauneuf-du-Faou, Tel. 02 98 81 75 36, Fax 02 98 81 81 32, www.relaisdecornouaille.com; Okt geschl. Logis de France, 30 Zimmer, Garten, Parkplatz, DZ 47–51 €, Restaurant (Sa und So abends geschl., Menü 13–36 €).
Camping:
****Municipal Rodaven:** Rocade de Parc Bihan, Châteaulin, Tel. 02 98 86 32 93, Fax 02 98 86 31 03, www.chateaulin.fr; Juni–Mitte Sept. Sehr schön am Ufer der Aulne gelegen, 100 Plätze.

Markt: Do, im Juli, Aug. auch So in Châteaulin.

Café-Cabaret Run-ar-Puns: Rue de Pleyben, Châteaulin, Tel. 02 98 86 27 95.
Kino: Agora, Place de la Résistance, Châteaulin.

Aug.: Am 1. So des Monats **Pardon** in Pleyben. Am 15. Aug. **Pardon** in Brasparts.

Angeln: Im März, April Lachsfang an der Aulne bei Châteaulin.
Reiten: CAT, Le Vieux Bourg, Châteaulin, Tel. 02 98 16 12 49.
Tennis: Tennis-Club, Châteaulin, Tel. 02 98 86 10 84.
Wassersport: Kanu- und Kajak auf der Aulne bei Châteauneuf-du-Faou.

Bahn: Nach Quimper und Brest.
Bus: U.a. nach Brest, Douarnenez, Carhaix und Quimper.

Auf dem Rückweg zur Küste

Reiseatlas: S. 232, C3
In **Commana** erwartet den Reisenden ein weiterer umfriedeter Pfarrbezirk (17. Jh.), an dessen Triumphtor eine Szene mit dem gefesselten Jesus wahrhaft ergreifend anmutet. Im Innern der Kirche stiftete die Gemeinde 1682 den Ste-

DIE BRETAGNE IN MÄRCHEN UND SAGEN

Geister und Unholde, edle Ritter und Feen – sie alle haben ihr Zuhause in **Brocéliande,** dem riesigen Wald, der einst das Landesinnere der Bretagne bedeckte. Wer heute dieses Plateau durchquert, der findet nur noch an wenigen Stellen Relikte der lauschigen Gefilde. Nur die Märchen, Sagen und Legenden, in denen Barden und Erzähler die keltische Mythologie mit katholischem Glauben verwoben, leben noch. Sie finden u.a. Ausdruck in der Bilderwelt der umfriedeten Pfarrbezirke.

Manches aus dem bretonischen Erzählgut hat seinen Weg durch ganz Europa gefunden, darunter die Sage um **König Artus.** Einst soll Joseph von Arimathia einen Blutstropfen Christi aus Palästina in die Bretagne gebracht haben. Joseph und der Kelch mit dem Blut verschwanden spurlos in Brocéliande. Im 6. Jh. machten sich Artus und 50 Gefolgsleute auf die Suche nach diesem Heiligen Gral. Zu Beratungen trafen sich die Ritter stets an einer runden Tafel, denn keiner sollte im Rang höher als die anderen stehen. Die Artussage berichtet von den Abenteuern der Männer bei ihrer Suche und schließlich vom sterbenden König, der in einer Barke zur Insel Avalon, dem Jenseits, hinüberfährt.

Ein weiteres Motiv, jenes um **Tristan und Isolde,** wurde etwa 1220 von Gottfried von Straßburg niedergelegt und gelangte durch die Musik Richard Wagners zu Weltberühmtheit. Tristan war ein Prinz aus dem Léon, den sein Onkel Marke, König von Cournouaille, nach Irland schickte, um Isolde zu befreien. Ein Zaubertrank sollte Isoldes Zuneigung zu Marke entfachen, doch auf dem Heimweg tranken Tristan und Isolde von dem Gebräu und verfielen in unsterbliche Liebe zueinander. Zur Strafe verurteilte der König Tristan zum Tode.

Typisch für bretonische Märchen sind die vielen Verwicklungen der Geschichte. Ein Beispiel: Drei Fischer aus Douarnenez geraten mit ihrem Boot in ein Unwetter und landen auf einer unbekannten Insel mit einem Schloss. Der Jüngste, Bihanic, wagt sich hinein, wird aber von einem Menschenfresser überrascht. Er kann den Riesen überzeugen, dass er sein Sohn sei. Als der Hausherr später das Schloss verlässt, übergibt er Bihanic die Schlüssel. Der probiert sie aus und entdeckt eine Kammer mit einem Diamanten, der Wünsche erfüllt. Bihanic wünscht sich und die Hündin des Menschenfressers nach Paris, wo er ein herrliches Schloss entstehen lässt. Der König ist darüber erbost, doch bleibt ihm nichts anderes, als den allmächtigen Daherkömmling mit seiner Tochter zu vermählen. Inzwischen sucht der Menschenfresser nach seinem Diamanten und ruft im ganzen Lande aus: »Zwei neue Diamanten für einen alten.« Bihanics Frau lässt sich auf den Tausch ein. Da erlischt der Zauber. Der König ordnet nun die Hinrichtung seines Schwiegersohns an, doch in letzter Sekunde erscheint die Hündin, die mit einer List den Diamanten zurückgeholt hatte. Mit der wiedergewonnenen Zauberkraft tötet Bihanic alle, die ihm Böses wollten. Am Ende verwandelt sich die Hündin in eine Prinzessin, die der Fischer zur Frau nimmt.

Triumphtor in Sizun

Anne-Altar zur Wiedergutmachung: Die frommen Dorfbewohner hatten 1675 ihren Pfarrer fast zu Tode gequält, da er angeblich die Salzsteuer für sich abgezweigt hatte. In die frühe Geschichte Commanas führt ein Gang zum südlichen Dorfrand, wo sich die 14 m lange **Allée couverte de Mougau-Bihan** (3000 v. Chr.) als ein beeindruckendes Zeugnis der Megalithkultur erhebt.

4 km westlich von Commana stehen rechts der Straße nach Sizun die **Moulins de Kérouat,** Wassermühlen aus den Jahren 1610–18. Zum Ensemble gehören das einstige Wohnhaus des Müllers, eine Backstube und eine Gerberei. Die Moulins sind Teil eines Écomusée, dessen weitere Stationen über die Monts d'Arrée verstreut sind (Mitte März–Ende Mai, Sept., Okt. Mo–Fr 10–18, So 14–18, Juni Mo–Fr 10–18, Sa, So 14–18, Juli, Aug. tgl. 11–19 Uhr).

Auch **Sizun** besitzt einen schönen umfriedeten Pfarrbezirk, hier ist insbesondere das Triumphtor (1588–90) sehenswert, das an römische Triumphbögen erinnert.

OT: Place Abbé-Broc'h, 29450 Sizun, Tel. 02 98 86 88 40, Fax 02 98 68 86 56; Mitte Juni–Ende Sept. Mo–Sa 9–12, 14–19 Uhr.

****Le Clos des 4 Saisons:** 2, rue de la Paix, Sizun, Tel. 02 98 68 80 19, Fax 02 98 24 11 93, www.restaurant-4saisons.com. Parkplatz, 19 Zimmer, DZ 37–40 €, Restaurant (Menü 15–28 €).

Camping:

****Municipal du Gollen:** Le Gollen, Sizun, Tel. 02 98 24 11 43, Fax 02 98 68 86 56; April–Sept. Einfache, sehr idyllisch gelegene Anlage, 29 Plätze.

Angeln: Maison de la rivière, de l'eau et de la pêche, Sizun, Tel. 02 98 68 86 33.

Bus: Ab Sizun nach Landivisiau und Brest.

ZWISCHEN PLOUGASTEL UND DER BUCHT VON AUDIERNE

Südöstlich von Brest quert eine gewaltige Autobahnbrücke die Mündung des Élorn. Sie führt den Reisenden auf die Erdbeerhalbinsel Plougastel. Von dort geht es weiter zur eindrucksvollen Halbinsel Crozon – steile, hohe Klippen bieten herrliche Ausblicke auf das Meer und weit hinüber zur Stadt Brest. Der vielleicht schönste Aussichtspunkt der Bretagne aber ist der Ménez-Hom, ein 330 m hoher Gipfel am Ostrand der Halbinsel.

Zur Presqu'île de Crozon

Von Plougastel-Daoulas zur Aulne-Mündung

Reiseatlas: S. 232, B/C3
Ein Museum in **Plougastel-Daoulas** widmet sich der Heimatkunde und der Erdbeere (Musée du Patrimoine et de la Fraise; Juni–Aug. Mo–Fr 10–12.30, 14–18, Sa 14–18, sonst Di–Fr 14–17.30 Uhr), eine seltsame Koinzidenz, deren Hintergrund aber sogleich klar wird, wenn man zu einem Streifzug über die Halbinsel Plougastel aufbricht. Unter Folien werden hier erstaunliche Mengen Erdbeeren, aber auch Gemüse und Blumen gezogen.

Dabei befindet sich die Produktion der roten Frucht deutlich im Rückgang: Waren es in den 1950er Jahren noch gut 6000 t, so ist die Ernte inzwischen – hauptsächlich angesichts der gesunkenen Nachfrage aus England – auf etwa ein Fünftel davon gemindert. Im Museum von Plougastel lernt man u. a., dass die heute so vertraute Beere erst 1715 durch Amédée Frézier von Chile nach Europa kam. Sie wurde zunächst im botanischen Garten von Brest angesiedelt, bis man sich im späten 18. Jh. beim Niedergang der Tuchindustrie ihrer besann und sie im milden Klima der Halbinsel zur Massenzucht brachte.

Daneben hat Plougastel-Daoulas wenig zu bieten, nachdem es im Zweiten Weltkrieg sozusagen »in einem Aufwasch« mit dem nahen Brest im Bombenhagel niedersank. Vom einstigen Pfarrbezirk hat sich nur der Calvaire erhalten, er ist allerdings mit seinen 180 Figuren in 20 Szenen der größte der Bretagne. Dieser Kalvarienberg wurde 1602–04 anlässlich einer vorausgegangenen Pest nach dem Vorbild von Guimiliau gebaut. Unter den Darstellungen finden sich Sebastian und Rochus, die beiden heiligen Pestschützer, wie auch Katel Gollet (s. S. 144).

Vorbei an der **Chapelle Ste-Christine** (Calvaire von 1587, im Innern der Kapelle aus dem 16. Jh. bemalte Holzfiguren) und den drei Menhiren Tri-Men bei **Kerziou** geht es zu dem reizvollen Aussichtspunkt der **Pointe de Kerdéniel,** dann wieder Richtung Osten zur Kapelle (1514) von **St-Guénolé.**

In **Daoulas** lohnt ein längerer Stopp, hier war im 6. Jh. eine Klosteranlage gegründet worden, von der noch Teile der romanischen Kirche und des Kreuzgangs (12. Jh.) zu besichtigen sind (hier auch Garten mit Kräutern und Heilpflanzen; Mitte Mai–Ende Juni, Sept.–Mitte Nov. tgl. 10–18, Juli, Aug. 10–19 Uhr). Vom Aufwind durch die Tuchproduktion ab dem späten Mittelalter künden Bürgerhäuser der Renaissance entlang der Rue de l'Église. Auch die Brunnenkapelle Notre-Dame-des-Fontaines datiert in diese Ära.

Zu den »schönsten Dörfern Frankreichs« zählt nach offizieller Einschätzung **Le Faou,** das seine Besucher mit hübschen Schieferfassaden begeistert. Den bedeutenden Wallfahrtsort **Rumengol** kann man, wenn nicht gerade zum großen Pardon (s. u.), getrost außer Acht lassen, um sich Richtung Westen den Serpentinen der Corniche de Térénez zuzuwenden. Sie führt geradewegs zu einer **Hängebrücke über die Aulne,** mit 272 m eine der längsten Frankreichs. Die Brücke stammt bereits aus dem Jahre 1927, sie wurde aber im Zweiten Weltkrieg zerstört und 1952 erneut aufgebaut.

OT: 4bis, place du Calvaire, 29470 Plougastel-Daoulas, Tel. 02 98 40 34 98, Fax 02 98 40 68 85, www.plougastel.com; Juli, Aug. Mo–Sa 9–12.30, 14.30–19, So 10–12, sonst Di 9–12, 14–18, Mi–Fr 9–12, 14–17, Sa 9–12 Uhr.

****Relais de la Place:** 7, place aux Foires, 29590 Le Faou, Tel. 02 98 81 91 19, Fax 02 98 81 92 58; 34 Zimmer, nicht so schön, aber preiswerter als das benachbarte Beauvoir, DZ 45–55 €, Restaurant (Sa geschl., Menü 14–22 €).

Camping:

*****St-Jean:** Lieu-dit St-Jean, Plougastel-Daoulas, Tel. 02 98 40 32 90, Fax 02 98 04 23 11; ganzjährig geöffnet. Schattige Anlage am Strand, 125 Plätze.

Brasserie des Halles: 3, place des Fusillés, Le Faou, Tel. 02 98 81 00 55. Einfaches, preiswertes Restaurant mit Terrasse, Menü 16–30 €.

Le Chevalier de l'Auberlac'h: 5, rue M. Thomas, Plougastel, Tel. 02 98 40 54 56; außerhalb der Saison So abends und Mo geschl. Schmackhafte Gourmet-Küche, Menü 14–34 €.

Markt: So in Daoulas, am 2. und letzten Do in Plougastel, am letzten Sa im Monat in Le Faou.

Disco: Le 29, Route de Rumengol, Le Faou.

Mai/Juni: Am So nach Pfingsten **Pardon** in Rumengol. Am 2. So im Juni **Erdbeerfest.**

Juli: Am 3. So im Monat **Erdbeerfest** in Plougastel-Daoulas.

Aug.: Am 15. **Pardon** in Rumengol.

Reiten: Base Équestre CPIE, Gorré Ménez, Laperhet, Plougastel, Tel. 02 98 07 03 74.

In Camaret-sur-Mer

Tennis: Tennis-Club, route de Crozon, Le Faou, Tel. 02 98 81 93 54.

Bus: U.a. nach Brest und Camaret.

Nach Camaret

Reiseatlas: S. 232, A/B3

Am linken Ufer der Aulne angekommen, wendet man sich zunächst **Landévennec** zu. Am Südrand des Ortes erheben sich Ruinen einer Abtei, die im späten 5. Jh. vom hl. Guénolé gegründet wurde und damit zu den ältesten Klöstern Frankreichs zählt (Mai–Sept. Mo–Sa 10–19, So 12–19, sonst Mi–Mo 14–18 Uhr). Guénolé war Berater des sagenumwobenen Königs Gradlon, der um 520 starb und angeblich in dieser Abtei beigesetzt wurde. Gradlons Grab wird im südlichen Seitenschiff der Abteikirche gezeigt. Die Vorhalle des stark lädierten Gotteshauses geht noch auf karolingische Zeit zurück, der Rest ist frühromanisch (1. Hälfte 11. Jh.). Leider wurde die kunsthistorisch sehr bedeutende Kirche samt den Klostergebäuden (17. Jh.) während der Französischen Revolution als Steinbruch missbraucht, so dass man sich nur noch einen bruchstückhaften Eindruck verschaffen kann. 1958 errichteten Benediktiner nebenan ein neues Kloster, in dem heute etwa 50 Mönche leben.

Weiter westlich umfährt man militärisches Sperrgebiet, um über Lanvéoc und den Fährhafen **Le Fret** (40-minütige Überfahrt nach Brest, s. S. 139) auf landschaftlich schöner Strecke zur

Pointe des Espagnols zu gelangen. 1594 hatten Spanier an diesem glänzenden Aussichtspunkt eine Bastion zur Kontrolle des Hafens von Brest errichtet, sie wurden aber noch im selben Jahr von den Franzosen vertrieben.

Um weiteren Übergriffen vorzubeugen, baute Vauban das Städtchen **Camaret-sur-Mer** zu einer Festung aus, die genau 100 Jahre nach der spanischen Invasion einer Attacke der englisch-niederländischen Flotte trotzte. In Vaubans Rundturm aus dem Jahre 1689 ist ein Museum zur Seefahrt untergebracht (Juni–Sept. tgl. 10–12, 14–18, Okt.–Mai Mi, Sa, So 13–17 Uhr). Angesichts seiner Geschichte als ehemals bedeutendster Langustenhafen Frankreichs und als Startpunkt des weltweit ersten U-Boots – 1801 von Robert Fulton unter Wasser gesetzt – ist sich Camaret eine solche Einrichtung gewiss schuldig. Geschützt wird der heute vor allem von Sportseglern genutzte Hafen durch einen natürlichen Damm, auf dem die Chapelle Notre-Dame-de-Rocamadour steht. 1610–83 errichtet, brannte sie 1910 nieder und wurde danach restauriert.

Ebenfalls wieder aufgerichtet sind 143 von einst 700 Menhiren der Megalithstätte **Allignement de Lagad-Yar** am Westrand von Camaret. Von hier führt eine Straße zur **Pointe de Penhir,** einem Aussichtspunkt, der 70 m über dem Meer thront. Unterhalb sieht man im Wasser gewaltige Felsblöcke, die als »Erbsenhaufen« (Tas de Pois) bekannt sind.

OT: Place Kléber, 29570 Camaret-sur-Mer, Tel. 02 98 27 93 60, Fax 02

Abends in Camaret-sur-Mer

98 27 87 22, www.camaret-sur-mer.com; Juli, Aug. tgl. 9–19, sonst Di–Sa 9–12, 14–17 Uhr.

***Thalassa:** Quai Styvel, Camaret, Tel. 02 98 27 86 44, Fax 02 98 27 88 14, www.hotel-thalassa.com; Okt.–März geschl. Am Strand gelegen, 47 Zimmer, DZ 49–120 €, Pool, Parkplatz, Restaurant (Mo–Sa mittags geschl., Menü 18–26 €)
De France: 19, quai Toudouze, Camaret, Tel. 02 98 27 93 06, Fax 02 98 27 88 14; Nov.–Mitte April geschl. Sehr schön gelegenes Logis de France, 20 Zimmer, DZ 38–90 €, Parkplatz, Restaurant (Menü 17–35 €).
Camping:
****Le Grand Large:** Lambezen, Camaret, Tel. 02 98 27 91 41, Fax 02 98 27 93 72, www.campinglegrandlarge.com; Okt.–März geschl. Am Strand gelegen, 123 Plätze, Pool, Tennis.

Côté Mer: 12, quai Toudouze, Camaret, Tel. 02 98 27 93 79; Okt.–März geschl. Terrasse am Hafen, Hummer, Fisch, Meeresfrüchte, Menü 14–39 €.

Markt: auf der Place St-Thomas in Camaret im Sommer tgl., sonst Di, Do, Sa, auf der Place Charles de Gaulle an jedem 3. Di im Monat.

Kino: Rocamadour, Rue du Roz, Camaret.

Aug.: Am 15. des Monats folkloristische Veranstaltung auf dem Ménez-Hom.
Sept.: Am 1. So im Monat **Pardon** zur Chapelle Notre-Dame-de-Rocamadour in Camaret.

Hochseeangeln: Pesketour Armement, Quai Téphany, Camaret, Tel. 06 64 84 98 44; April–Sept.

Wassersport: Club Léo Lagrange, 2, rue du Stade, Camaret, Tel. 02 98 27 90 49, www.club-leo-camaret.net; Tauchen, Segeln, Surfen, Windsurfen, auch für Kinder.

Bus: U.a. nach Brest und Quimper.
Fähre: Zu den Inseln Ouessant, Molène und (nur im Sommer) Sein ab Camaret mit den Vedettes Rapides Finist'mer (Tel. 08 25 13 52 35, www.finistmer.com) und der Compagnie Maritime Penn-ar-Bed (Tel. 02 98 80 80 80, www.pennarbed.com).

Crozon und Umgebung

Reiseatlas: S. 232, B3
Surfer schätzen die Anse de Dinan, eine weite Bucht an der Straße, die Camaret mit **Crozon** verbindet. Der expandierende Ort hat wenig zu bieten, um so schöner ist sein Nachbar **Morgat,** der einst vom Automobilhersteller Armand Peugeot als Seebad propagiert wurde und aus dieser Gründerzeit noch eine Reihe prächtiger Villen bewahrt hat. Hauptattraktion sind die Grottes Marines de Morgat, unterteilt in die Kleinen Grotten im Norden des Strandes, die man bei Ebbe zu Fuß erreicht, und die Großen Grotten im Süden, für deren Besuch man ein Boot besteigen muss (Vedettes Rosmeur ab Hafen Morgat, Tel. 02 98 27 10 71; Mai–Sept. tgl., Ausfahrt je nach Gezeitenstand).

Auf einer Stichstraße ab Crozon geht es zur **Pointe de Dinan** mit dem Château de Dinan, einer festungsartigen Felsmasse, die durch einen Gesteinsbogen mit dem Festland verbunden ist. Weiter südlich erstreckt sich die Plage de la Palud, ein schöner, wegen des hohen Wellengangs aber gefährlicher

Strand, über den stets kräftiger Westwind pustet. Von hier sind es nur noch wenige Kilometer zum 96 m hohen **Cap de la Chèvre** mit Resten deutscher Militäranlagen aus dem Zweiten Weltkrieg. Das Kap trägt den ins Französische übersetzten Namen des bretonischen Riesen C'hawr, eines Unholds, der nach der Sage von den zwergenhaften, gutmütigen Korrigans überwältigt wurde.

Mit einem Aufstieg zum Gipfel des 330 m hohen **Ménez-Hom** endet die Rundfahrt über die Halbinsel Crozon. Der völlig kahle Berg zählt wegen seiner isolierten Lage zu den schönsten Aussichtspunkte der Bretagne.

OT: Bd. Pralognan, 29160 Crozon, Tel. 02 98 27 07 92, Fax 02 98 27 24 89, www.crozon.com; tgl. 9.15–12, 14–17, im Sommer bis 18 Uhr (Juli, Aug. auch ein Büro in Morgat: Place d'Ys, Tel. 02 98 27 29 49, tgl. 10–13, 15–19 Uhr).

*****L'Hôtel de la Plage:** 29550 Ste-Anne-la-Palud, Tel. 02 98 92 50 12, Fax 02 98 92 56 54,www.hotelplage.com; Nov.–März geschl. 30 Zimmer, DZ 166–299 €, Gourmet-Restaurant (Di, Mi und Fr mittags geschl., Menü 49–90 €).

*****Grand Hotel de la Mer:** 17, rue d'Ys, Morgat, Tel. 02 98 27 02 09, Fax 02 98 27 02 39; Mitte Okt.–Anf. April geschl. Traditionshaus am Strand, 78 Zimmer, DZ 50–106 €, Parkplatz, Garten, Tennis, Restaurant (Menü 28 €).

*****De la Presqu'Île:** Place de l'Église, Crozon, Tel. 02 98 27 29 29, Fax 02 98 26 11 97, www.chez.com/mutingourmand; in der Saison Mo mittags, sonst So abends und Mo geschl. Logis de France, 13 Zimmer, DZ 48–73 €, ausgezeichnetes Restaurant (Menü 16–49 €).

Camping:

*****Les Pins:** Route de la Pointe de Dinan, Crozon, Tel./Fax 02 98 26 23 16, www.presquile-crozon.com; Nov.–März geschl. Schattige Anlage, 155 Plätze, Tennis.

Verwirrend

Peninsula nennt sich ein Freizeitpark mit mehreren Labyrinthen, der Kinder und Erwachsene gleichermaßen begeistern wird. Er ist im Juli, Aug. täglich, sonst Mi, Fr–Mo von 10 bis 19 Uhr geöffnet. Offizielle Adresse: Ménez Kerbasguen, Route de Dinan, Crozon, Tel. 02 98 26 25 34, www.peninsulabyrinthe.com.

Saveurs et Marée: 52, bd. de la Plage, Morgat, Tel. 02 98 26 23 18. Hummer, Fisch, Muscheln, Menü 14–35 €.

Markt: in Crozon am 2. und 4. Mi im Monat. In Morgat am 1., 3. und 5. Mi im Juli, Aug.

Diskothek: La Potinière, Bd. de la France-Libre, Crozon-Morgat.

Kino: Le Rex, Rue la Chalotais, Crozon-Morgat.

Fahrräder: Point Bleu, bd. Mendès-France, Crozon, Tel. 02 98 27 09 04, www.presquile-crozon.com/point-bleu; auch Wassersport.

Klettern: ULAMIR, Résidence du cré, Crozon, Tel. 02 98 27 01 68; Klettern in Argol und Camaret.

Reiten: École d'Équitation Étrier de l'Aber, Trébéron, Crozon, Tel. 02 98 26 24 63.

Museumshafen in Douarnenez

Wandern: Ouest Découvertes, 2 bis, rue Garn-an-Aod, Morgat, Tel. 02 98 26 22 11, www.ouest-decouvertes.com; geführte Wanderungen und Radwanderungen April–Okt.
Wassersport: Centre Nautique, Port de Plaisance, Crozon, Tel. 02 98 16 00 00, www.cncm.fr; Surfen, Segeln. Point Passion Plage, Port de Plaisance, Crozon, Tel. 02 98 26 24 90; Kajak, Surfen, Segeln.

Bus: U.a. nach Camaret, Douarnenez und Quimper.

Nach Pont-l'Abbé

Locronan und Douarnenez

Reiseatlas: S. 232, C/B4
Dem irischen Mönch Ronan, dessen Wirken mal ins 6., mal ins 9. Jh. datiert wird, verdankt der Ort **Locronan** seinen Namen. Hier hatte sich der Einsiedler in Frieden niederlassen wollen, doch bald sah er sich den Anfeindungen einer Frau namens Kében ausgesetzt und musste Locronan verlassen. Nach seinem Tod in St-Brieuc brach unter mehreren Gemeinden ein Streit um die Reliquien des inzwischen berühmten Mannes aus. So wurde der Leichnam auf einen Ochsenkarren gelegt, auf dass der Eremit sich selbst die letzte Ruhestätte aussuchen möge. Die Ochsen zogen zielstrebig nach Locronan und hielten an der Stelle, wo sich einst die Einsiedelei befand. Genau hier steht heute die Grabkapelle (Chapelle du Pénity) mit einer Liegefigur Ronans aus dem 15. Jh. und dem Reliquienschrein mit den Überresten des Mönchs.

Die nördlich an die Kapelle anschließende Pfarrkirche stammt aus den Jahren 1420–44, als Locronan allmählich durch den Tuchhandel zu Wohlstand gelangte. Rings um Kirche und Kapelle gruppiert sich die denkmalgeschützte Altstadt mit Häusern des 16.–18. Jh. aus grauem Granit. Sie war häufig Kulisse für Dreharbeiten, u.a. für Roman Polanskis Film »Tess« (1979). Kauflustige Besucher entdecken in den Gassen allerlei Läden mit Kunsthandwerk, darunter Glasarbeiten sowie Kleidung aus Flachs, Wolle und Seide. Sehenswert ist auch das Plakatmuseum Conservatoire de l'affiche en Bretagne (Juli, Aug. tgl. 10–13, 14–19, sonst Mo–Fr 10–12, 14–18 Uhr).

Spätestens im 19. Jh., als mit der Dampfschifffahrt die Nachfrage nach Segeltuch zurückging, sank Locronans Stern. Dem Nachbarort **Douarnenez** war weiterhin Erfolg beschieden. Er ist der sechstgrößte Fischereihafen Frankreichs und bis heute von der Fischverarbeitung (Thunfisch, Makrelen, Sardinen, Schalentiere) geprägt. In einer ehemaligen Konservenfabrik wurde das Musée du Bâteau eingerichtet, ein Museum mit Booten aus aller Welt (Mitte Juni–Ende Sept. tgl. 10–19, Mitte März–Mitte Juni, Okt. Di–So 10–12.30, 14–18 Uhr). Zum Areal gehört ein kleiner Hafen mit alten Schiffen, von denen einige für Besucher von Juli bis Mitte September zugänglich sind.

Der Ortsname, gebildet aus *douar an enez,* bedeutet ›Land der Insel‹. Gemeint ist die vorgelagerte **Île Tristan,** auf der einst angeblich der Palast des Königs Marke oder Marc'h (s. S. 151) stand. Auch mit König Gradlon ist eine örtliche Legende verknüpft. Seine Tochter Dahud soll ein so sündiges Leben geführt haben, dass ihre Heimat, die Stadt Ys in der hiesigen Bucht, zur Strafe durch eine Flut vernichtet wurde. Ruinen einer versunkenen Siedlung wurden indes nicht gefunden. Für Touristen ohnehin ergiebiger ist der 300 m lange Sandstrand **Sables Blancs** im westlich anschließenden Stadtteil Tréboul, der noch bei Hochwasser mit einer Breite von 60 m aufwartet.

OT: Place de la Mairie, 29180 Locronan, Tel. 02 98 91 70 14, Fax 02 98 51 83 64, www.locronan.org; Juli, Aug. tgl. 10–13, 14–19, sonst Mo–Fr 10–12, 14–18 Uhr.
OT: 1, rue du Docteur-Mével, 29100 Douarnenez, Tel. 02 98 92 13 35, Fax 02 98 92 70 47, www.douarnenez-tourisme.com; Juli, Aug. Mo–Sa 10–12, 14–19, sonst bis 18 Uhr.

*****Clos de Vallombreuse:** 7, rue d'Orves, Douarnenez, Tel. 02 98 92 63 64, Fax 02 98 92 84 98, www.closvallombreuse.com. Herrschaftliches Haus in einem Park am Meer, 25 Zimmer, DZ 52–120 €, Pool, Parkplatz, Restaurant (Hummer und Fisch, Menü 16–52 €).
****Le Prieuré:** 11, rue du Prieuré, Locronan, Tel. 02 98 91 70 89, Fax 02 98 91 77 60, www.hotel-le-prieure.com; Mitte Nov.–Mitte März geschl. Logis de France, 14 Zimmer, DZ 56–67 €, Parkplatz, Garten, Restaurant (außerhalb der Saison Fr abends geschl. Menü 24–34 €).
****Ty Mad:** Plage St-Jean, Tréboul, Douarnenez, Tel. 02 98 74 00 53, Fax 02 98 74 15 16, Mitte Nov.–März geschl. Sehr gepflegtes Haus in Strandnähe, Terrasse, 19 Zimmer, DZ 53–75 €, Parkplatz, Restaurant (Menü 15–20 €).
Camping:
*****De Kerleyou,** Tréboul, Douarnenez, Tel. 02 98 74 13 03, Fax 02 98 74 09 61, www.camping-kerleyou.com; Okt.–März

geschl. Schattige Anlage in Strandnähe, 100 Plätze, Pool.

Le Charcot: 15, quai du Port Rhu, Douarnenez, Tel. 02 98 92 90 12. Traditionelle Küche, Menü 16–22 €.

Markt: Tgl. in den Hallen und am Port de Plaisance von Douarnenez.

Febr.: Karneval in Douarnenez.
Juli: In der Monatsmitte Petite Troménie, ein Pardon in Locronan, der alle sechs Jahre als **Grande Troménie** ausgetragen wird (2007, 2013 usw.).
Aug.: Am letzten Wochenende des Monats bedeutender **Pardon** in Ste-Anne-la-Palud (ca. 8 km westlich von Locronan).

Ausflüge: Mit dem Boot durch die Bucht von Douarnenez (April–Mitte Sept.), Vedettes Rosmeur, Port de pêche, Douarnenez, Tel 02 98 92 83 83.
Fahrräder: La Bécane, 42, av. de la Gare, Tréboul, Tel. 02 98 74 20 07.
Hochseeangeln: Juli, Aug. mit Vedettes Rosmeur (s. Ausflüge).
Reiten: Centre Équestre Pen Foënnec, Douarnenez, Tel. 02 98 74 29 72.
Wassersport: Centre Nautique Municipal de Douarnenez-Tréboul, rue Abbé-le-Gall, Tel. 02 98 74 13 79, www.centre-nautique-douarnenez.fr; Segeln, Windsurfen.

Bus: U.a. nach Quimper und Audierne.
Autovermietung: ADA, Z.I. Lannugat, Douarnenez, Tel. 02 98 92 00 84.

Zur Pointe du Raz

Reiseatlas: S. 232, A4
Die D 7, die von Tréboul westwärts verläuft, führt durch mehrere Gemeinden mit hübschen Kirchen und Kapellen. Wirklich lohnend aber sind Abstecher, teils auf Sträßchen, teils auf Wanderwegen, zur Küste mit den Landspitzen Pointe du Milier (Leuchtturm), Pointe de Beuzec, Pointe de Brézellec oder Pointe de Castelmeur. Auf dem Weg liegt auch die **Réserve du Cap Sizun,** ein 1959 eröffnetes Vogelreservat (Mitte März–Aug. tgl. 10–12, 14–18 Uhr), in dessen Klippen u.a. verschiedene Möwenarten, Trottellummen, Eissturmvögel und Kormorane nisten. Besonders lohnend ist der Besuch während der Brutzeit, die von April bis Ende Juni währt. Danach verlassen die Vögel allmählich ihr Frühlingsparadies, um erst im nächsten Jahr wiederzukehren.

Immer dramatischer wird die Felslandschaft und erreicht ihren ersten Höhepunkt mit der **Pointe du Van.** Wer über genügend Zeit verfügt, sollte von hier zur Pointe du Raz den Rest der Strecke zum Westende Frankreichs wandern (hin und zurück 2–3 Std.). Am Weg liegt die **Baie des Trépassés,** ein 300 m langer Sandstrand mit Kiesbänken, der zum Bad einlädt. Um den Namen der ›Bucht der Dahingeschiedenen‹ wird viel Aufhebens gemacht. Eine Erklärung besagt, dass hier oft Ertrunkene ans Ufer gespült wurden, denn die Umschiffung des Kaps und besonders die Passage zwischen dem Festland und der vorgelagerten Insel Sein ist sehr gefährlich. Nach anderer Deutung war es keltischer Brauch, von hier Tote auf Barken zu ihrer letzten Reise zu schicken. Schlichter klingt die Vermutung, dass das bretonische *anaon* (französisch *trépassés*) fälschlich aus ›aon‹ gebildet wurde, und dies bedeutet nichts anderes als ›Bach‹.

Auch die Baie des Trépassés gilt als ein möglicher Standort der sagenhaften Stadt Ys (s. S. 160), die so prunkvoll gewesen sein soll, dass sich selbst die französische Hauptstadt nach ihr benannte (par-is: ›gleich Ys‹). Die Legende um Ys dürfte uralten Ursprungs sein und vielleicht eine blasse Erinnerung an das Ende der letzten Eiszeit bergen, als bei Anstieg des Meeres und Absinken des Festlands die Küstensäume überschwemmt wurden. Tatsache ist, dass zwischen Pointe du Raz und Île de Sein einst eine Landbrücke bestand.

La Baie de Trépassés: Baie de Trépassés, 29770 Plogoff, Tel. 02 98 70 61 34, Fax 02 98 70 35 20, www.baiedestrepasses.com; Mitte Nov.–Mitte Febr. geschl. Logis de France, 27 Zimmer, Parkplatz, DZ 32–63 €, Restaurant (Menü 20–53 €).

Île de Sein

Reiseatlas: S. 232, A4
Ab Audierne oder Camaret (s. S. 157 und 164) erreicht man die 2 km lange und 800 m breite Insel, die bei höchstem Flutstand keine 2 m über die Meeresoberfläche ragt. Heute schützen Deiche vor einer Überspülung, doch noch im 19. Jh. wurde die Île de Sein dreimal von heftigen Flutkatastrophen heimgesucht. Angesichts der gefahrvollen, abgeschiedenen Lage wurde die Insel erst im 16.–18. Jh. christianisiert; sie bewahrte als eine der letzten Stätten in Europa bis in diese Zeit Reste eines heidnischen Glaubens.

Die einwandernden Christen brachten den Ackerbau mit, der aber längst wieder aufgegeben werden musste. Die Menschen leben vorwiegend vom

Im Vogelschutzgebiet am Cap Sizun

Fischfang (vor allem Krustentiere), nur wenige profitieren vom Tourismus, denn die Gäste bleiben in der Regel lediglich ein paar Stunden auf der Insel und bringen ihren Proviant meist aus Audierne mit. Einzig die Jachtbesitzer, die im Hafen ankern, sorgen für eine Belebung der Wirtschaft. Herausragende Sehenswürdigkeiten gibt es tatsächlich nicht, es lohnt allerdings eine Inselumrundung zu Fuß (2 Std.) oder ein Besuch des **Museums** (Juni–Sept. 10–12, 14–18 Uhr), das u.a. an den Zweiten Weltkrieg erinnert. Damals schlossen sich 144 Seeleute und Fischer von Sein spontan der Résistance in London an. Sie folgten dabei einem Appell ihres Pfarrers – der neben dem Bürgermeister als einziger männlicher Bewohner bei den Frauen der Insel blieb.

****D'Ar-men:** Route du Phare, 29990 Île-de-Sein, Tel. 02 98 70 90 77, Fax 02 98 70 93 25. Einfaches Haus am Strand, 10 Zimmer, DZ 50–65 €, Restaurant (Menü 18–53 €).

Audierne und Pont-Croix

Reiseatlas: S. 232, A/B4

Ganz Gallien hatte seelenruhig die Besetzung mit Atommeilern hingenommen, da probte im Jahre 1976 ein Dorf in Aremorica den Aufstand. Schauplatz der modernen Asterixiade war der Ort **Plogoff,** der nach handfestem Einsatz der Bretonen tatsächlich frei von Nuklearkraft blieb. Außer seiner heldenhaften Vergangenheit hat der Ort freilich nichts zu bieten. Ein kleiner Kunstgenuss erwartet den Reisenden dann in **Primelin,** in dessen Chapelle St-Tugen einige Barockmalereien zu besichtigen sind.

Über **Audierne** lassen sich ebenfalls kaum lobende Worte finden. Einzige Attraktionen sind die Meerwasserbecken (*Grands viviers;* Mo–Fr 8.30–12, 14.30–17 Uhr), in denen Hummer, Langusten und Krebse gezüchtet werden, sowie L'Aquarium, ein großer Park mit Aquarien und Volieren (Okt.–März So–Do 14–17, sonst tgl. 10–19 Uhr). Schöner ist dagegen die Altstadt von **Pont-Croix** mit der Kirche Notre-Dame-de-Roscudon. Das im Kern romanische Gotteshaus mit dem 67 m hohen Vierungsturm besitzt zahlreiche gotische Zutaten, darunter die grazile Vorhalle (14. Jh.) und die Flamboyant-Fenster auf der Südseite.

OT: 8, rue Victor-Hugo, 29770 Audierne, Tel. 02 98 70 12 20, Fax 02 98 70 20 20, www.audierne-tourisme.com; Juli, Aug. Mo–Sa 9–19, sonst Mo–Fr 9–12, 14–18, Sa 9–13 Uhr.

*****Le Goyen:** Place Jean-Simon, Audierne, Tel. 02 98 70 08 88, Fax 02 98 70 18 77, www.le-goyen.com; Mitte Nov.–Mitte März geschl. Schönes altes Haus am Hafen, 24 Zimmer, DZ 50–145 €, Restaurant (außerhalb der Saison Mo, Di geschl., Menü 23–49 €).
****Du Roi Gradlon:** 3, av. Manu-Brusq, Audierne-Plage, Tel. 02 98 70 04 51, Fax 02 98 70 14 73, www.auroigradlon.com; Mitte Dez.–Ende Jan. geschl. Am Strand gelegen, 19 Zimmer, DZ 54–69 €, Parkplatz, Restaurant (Menü 16–49 €).
****Ker Moor:** Plage du Loch, 29770 Plogoff, Tel. 02 98 70 62 06, Fax 02 98 70 32 69, www.hotel-kermoor.com. Logis de France, 16 Zimmer, DZ 32–75 €, Parkplatz, Restaurant (Menü 13–39 €).

Camping:
****De Loquéran:** Plouhinec, Audierne, Tel. 02 98 74 95 06, Fax 02 98 74 91 14, campgite.loqueran.free.fr. 26 Plätze, teils schattig, 1 km zum Strand.
****Municipal Kermaléro:** 29770 Primelin, Tel./Fax 02 98 74 84 75, Dez.–Feb. geschl. 75 Plätze, 600 m zum Strand, Tennis.

L'Iroise: 8, quai Camille Pelletan, Audierne, Tel. 02 98 70 15 80; Mitte Nov.–Anf. Dez. geschl.; Gourmet-Restaurant mit Terrasse, Menü 21–53 €.
Côté Jardin: 1bis, rue du 14-Juillet, Audierne, Tel. 02 98 75 04 45; ; Sa mittags, So abends und Mo geschl. Menü 18–31 €.

Markt: Sa in Audierne.
Biscuiterie de la Pointe du Raz: Plogoff, Tel. 02 98 70 37 48; traditionell hergestellte Kekse.

Juli: Am 3. So im Monat **Pardon** in Primelin.
Aug.: Am 15. des Monats **Pardon** in Pont-Croix.

Ausflüge: Vedettes Biniou, Port de Ste-Evette, Audierne, Tel. 02 98 70 21 15; Fahrten entlang der Küste.

Bus: U.a. nach Douarnenez und Quimper.
Fähre: Zur Île de Sein täglich einmal, im Juli, Aug. dreimal ab Audierne (Ste-Evette) mit der Gesellschaft Penn-ar-Bed, Tel. 02 98 70 70 70.

Ins Pays Bigouden

Reiseatlas: S. 236, B2
Die letzte Etappe auf der Strecke nach Pont-l'Abbé führt in eine sehr ursprüngliche, traditionsreiche Landschaft, die nach den röhrenförmigen Hauben, die einst die Frauen hier trugen, als Pays Bigouden bezeichnet wird. 25 km Dünen machen die Reise für Sonnenhungrige besonders angenehm. Erste lohnende Station ist die **Chapelle de Languidou** bei Plovan. Die Kapelle mit romanischen Bögen und gotischer Chorrosette stammt aus dem 13.–15. Jh. 1795 wurde sie Opfer eines Brandes, der eine malerische Ruine hinterließ.

Informationen über 250 Zugvogelarten, die sich in der großen Bucht des Bigoudenlandes einfinden, hält die **Maison de la Baie d'Audierne** (Juli, Aug. tgl. 11–19, sonst 15–18 Uhr) bereit. Südlich davon steht inmitten der Dünen die **Chapelle Notre-Dame-de-Tronoën** aus dem 15. Jh., wahrscheinlich an der Stelle eines Venustempels. Der stark von Wind und Wetter gegerbte Calvaire stammt aus den Jahren 1450–60 und ist damit einer der beiden ältesten der Bretagne.

An der vorgelagerten Küste taucht nahe der **Pointe de la Torche** das Telefonkabel aus den Meeresfluten, das zwischen Amerika und Europa verlegt wurde. Das Baden nördlich und südlich der Landspitze ist nicht ungefährlich, Surfer finden hier ein gutes Terrain.

Bei **St-Guénolé** ist ein Besuch des Musée préhistoire finistérien zu empfehlen (Juni–Sept. Mi–Mo 10–12, 14–18, sonst Mo–Fr 11–12, 14–18 Uhr). Das Museum beherbergt die meisten der vor- und frühgeschichtlichen Funde, die im Finistère gemacht wurden. Nördlich des Hafens von St-Guénolé sind bizarre Granitfelsen zu besichtigen, während im Süden des Ortes, an der Pointe de Penmarc'h, der 65 m hohe **Phare d'Eckmühl** (1897) ein beliebtes Ausflugsziel darstellt, gestiftet von der Tochter des napoleonischen Generals Louis Nicolas Davout, der 1809 in der Schlacht bei Eckmühl in Bayern gegen die Österreicher siegte.

Kérity heißt der Hafen der Gemeinde **Penmarc'h,** über den einst Handel mit Wein, Fisch und Segeltuch betrieben wurde. Heute sind hier vor allem Jachten anzutreffen, wogegen **Le Guilvinec** für Langusten- und Thunfischfang bekannt ist. Dort und im ebenfalls bedeutenden Fischereihafen **Loctudy** findet jeden Nachmittag gegen 17 Uhr eine sehenswerte Fischauktion statt. Loctudy besitzt mit der Kirche St-Thudy das besterhaltene romanische Gotteshaus der Bretagne (12. Jh.), wenngleich das Äußere des Gebäudes von einer Fassade und einem Glockenturm aus dem 18. Jh. beherrscht wird.

Von Loctudy Richtung Norden stehen am Mündungstrichter des Odet mehrere Schlösser wie das von einem Park umgebene **Manoir de Kérazan** (16./18. Jh.). Hier sind Möbel und Gemälde des 16.–20. Jh. zu sehen (Mitte Juni–Ende Aug. tgl. 10.30–19, Ostern–Mitte Juni, Sept. Di–So 14–18 Uhr).

Am Ortseingang von **Pont-l'Abbé,** wo einst Äbte aus Loctudy eine Brücke bauten, sind in der Maison du pays bigouden Möbel der Region ausgestellt (Juni–Sept. Mo–Sa 10–12, 14–18 Uhr). Im Schloss von Pont-l'Abbé befasst sich ein Museum mit Heimatkunde und Kunsthandwerk (14.–18. Jh.; Juni–Sept. tgl. 10–12.30, 14–18, April, Mai Mo–Sa 10–12, 14–17 Uhr).

OT: Square de l'Europe, 29120 Pont-l'Abbé, Tel. 02 98 82 37 99, Fax 02 98 66 10 82, www.ot-pontlabbe29.fr; Juli, Aug. Mo–Sa 9.30–12.30, 14–19, sonst bis 17 Uhr.

****Du Centre:** 16, rue du Gén.-de-Gaulle, 29730 Le Guilvinec, Tel. 02 98 58 10 44, Fax 02 98 58 31 05; Jan–Mitte Febr. geschl. Logis de France, 9 Zimmer, DZ 42–51 €, Garten, Garage, gutes Restaurant (Okt.–April So abends und Mo geschl., Menü 21–38 €).

Camping:
****Municipal de Pors Moro:** Pors Moro, Pont-l'Abbé, Tel. 02 98 66 09 09, Fax 02 98 66 09 06; Mitte Sept.–Mitte Juni geschl. Sehr einfache Anlage mit 50 Plätzen.

Le Citron Vert: 38, rue de la Marine, Le Guilvinec, Tel. 02 98 58 03 91. Gambas, Fischlasagne, Menü ab 28 €.

Juli: Am 2. So im Monat **Fest der Stickerinnen** in Pont-l'Abbé.
Sept.: Am 1. So im Monat **Pardon** in Penhors, am 3. So **Pardon** zur Chapelle Notre-Dame-de-Tronoën.

Fahrräder: Mécanique et Loisirs, Le Guilvinec, Tel. 02 98 58 10 17. Cycles Scotet Albin, Pont-l'Abbé, Tel. 02 98 87 22 67.
Wassersport: Cercle Nautique de Loctudy, Plage de Langoz, Tel. 02 98 87 42 84, www.cn-loctudy.asso.fr; Segeln, Kajak, Surfen. Centre Nautique de Lechiagat, Tréffiagat, 29730 Le Guilvinec, Tel. 02 98 58 21 58, http://cnl.ouvaton.org; Katamaran, Surfen, Kajak. École de Surf et Kite, Pointe de la Torche, 29120 Plomeur, Tel. 02 98 58 53 80, www.ecole-surf-bretagne.fr; Surfen.

Bus: Verbindungen u. a. nach Quimper, dort Anschluss an die Bahn.

Zwischen Odet und Vilaine – der Süden

Menhire bei Carnac

Reiseatlas S. 236–239

DIE CORNOUAILLE

Ein Königreich, das im Namen eine Erinnerung an Cornwall bewahrt: die Cornouaille. Gegründet von dem aus England stammenden Gradlon nach dem Untergang seiner alten Residenz Ys, blieb die Cornouaille bis ins 11. Jh. unabhängig. Wie ein riesiger Park mit Tälern, Hügeln, Bächen und Seen erscheint diese Landschaft zwischen dem Fluss Odet und den Grenzen des Morbihan. Palmen und mediterrane Blumen zeugen vom milden Klima der betuchten Region, die schon seit langem als Sommerfrische beliebt ist.

Nach Quimperlé

Quimper

Reiseatlas: S. 236, B/C1
Er steht wie ein Wahrzeichen für die Bretagne: der weiß-blaue Ringelpulli aus winddichter Baumwolle. Die 1938 gegründete Firma Armor Lux machte den Marinepulli fein für den Landgang. Quimper, Heimat von Armor Lux, ist eine Kleinstadt am ›Zusammenfluss‹ *(kemper)* von Odet und Steir. Schon unter den Römern befand sich hier eine Siedlung, genannt Civitas Aquilonia, an der Kreuzung zweier wichtiger Straßen. König Gradlon soll den Ort nach dem Untergang von Ys (s. S. 160) zur Hauptstadt der Cornouaille gewählt haben. 1762 wütete ein Feuer in Quimper, das Teile der Altstadt dahinraffte.

Zum Glück haben sich noch zahlreiche Fachwerkbauten erhalten, so an der **Place Terre-au-Duc** und besonders in der **Rue Kéréon.** Inmitten der alten Häuser erhebt sich die **Kathedrale St-Corentin.** Der heilige Patron des Gotteshauses stammte aus Irland und war um 500 von Gradlon zum ersten Bischof von Quimper bestellt worden. Die Kathedrale entstand ab 1240 an der Stelle einer romanischen Vorgängerkirche. Der Bau zog sich bis ins 15. Jh. hin, die beiden Spitzen der 76 m hohen Türme wurden erst Mitte des 19. Jh. aufgesetzt. Zwischen den Türmen thront eine Reiterstatur Gradlons. Beim Bau von St-Corentin wurden konsequent die alten Pläne weiter verfolgt, und so ist das Monument eines der vollendetsten Beispiele für die französische Hoch- und Spätgotik in der Bretagne. Vor allem die Glasfenster legen beredtes Zeugnis für den Stil ab. In der Apsis befindet sich die Kapelle des Vorgängerbaus; man vermutet, dass ihretwegen der Chor leicht nach links gedreht wurde.

Südlich schließt in der Rue Gradlon, der ehemalige Bischofspalast an, das heutige **Musée départemental breton** (Juni–Sept. tgl. 9–18, sonst Di–Sa 9–12, 14–17, So 14–17 Uhr). Es beherbergt Exponate zur Volkskunde und Archäologie und informiert über Keramik aus Quimper (s. u.). In einem Teil des Rathauses wurde 1872 das **Musée des Beaux-Arts** eröffnet (April–Juni, Sept., Okt. Mi–Mo 10–12, 14–18, Juli, Aug. tgl. 10–19, sonst Mi–Sa, Mo 10–12, 14–18, So 14–18 Uhr). Hier sind Werke der europäischen Malerei ab dem 14. Jh. ausgestellt. Ein Raum widmet sich Leben und Arbeit des Malers und Dichters Max Jacob (1876–1944), der in Quimper geboren wurde. Auch die Schule von Pont-Aven (s. S.176) ist mit wichtigen Bildern vertreten.

Auf der Südseite des Odet lohnt ein Blick auf die Stadt vom 70 m hohen **Mont Frugy.** Über die Allées Locmaria geht es westlich stadtauswärts zum **Musée de la Faïence** (Mitte April–Mitte Okt. Mo–Sa 10–18 Uhr). In einem Haus aus dem Jahre 1797 wird hier auf zwei Etagen ein Überblick über Techniken und Stile der Keramik von Quimper gegeben. 1690 hatte der Südfranzose Jean-Baptiste Bousquet in Locmaria eine erste Keramikfabrik begründet. 1772 eröffnete sein Kollege François Eloury Porquier-Beau als zweite Manufaktur dieses Haus, in dem sich heute das Museum befindet. 1791 schließlich wurden gleich nebenan die **Faïenceries H. B. Henriot** eröffnet, in denen man noch heute bei Herstellung und Bemalung von Keramik zusehen kann (Mo–Fr nach Voranmeldung, Tel. 08 00 62 65 10).

Gegenüber den Faïenceries steht die **Notre-Dame-de-Locmaria.** Sie wurde im 11. Jh. als Klosterkirche gegründet; Turm, Apsis und Querschiff stammen aus der Romanik. Vom Kreuzgang hat sich lediglich eine Galerie aus dem 17. Jh. erhalten, in der aber immerhin noch zwei romanische Bögen zu sehen sind.

OT: place de la Résistance, 29000 Quimper, Tel. 02 98 53 04 05, Fax 02 98 53 31 33, www.quimper-tourisme.com, Okt.–März Mo–Sa 9.30–12.30, 13.30–18, April–Juni, Sept. Mo–Sa 9.30–12.30, 13.30–18.30, So 10–12.45, Juli/Aug. Mo–Sa 9–19, So 10–13, 15–18 Uhr.

******Château de Kerambleiz:*** Route des Châteaux, 29700 Plomelin, Tel. 02 98 94 23 42, Fax 02 98 95 31 01, www.kerambleiz.com. Schlosshotel mit 12 Zimmern, DZ 78–159 €, Parkplatz, Pool, Garten.
***Gradlon:** 30, rue de Brest, Tel. 02 98 95 04 39, Fax 02 98 95 61 25, www.hotel-gradlon.com. 22 Zimmer, DZ 69–155 €, Garage, Garten.
Mascotte: 6, rue Théodore-Le-Hars, Tel. 02 98 53 37 37, Fax 02 98 90 31 51, www.hotel-sofibra.com. 63 Zimmer, DZ 64–81 €, Restaurant (Menü ab 15 €).
Sapinière: 286, route de Bénodet, Tel. 02 98 90 39 63, Fax 02 98 64 76 00. Am Stadtrand, 21 Zimmer, DZ 36 €.

Luftige Höhen

Von Quimper führt ein ca. 5 km langer Ausflug nach Norden zur **Site du Stangala,** einem 70 m über dem Odet gelegenen Aussichtspunkt, von dem man die Mäander des Flusses überblicken kann.

Camping:
******Castel l'Orangerie de Lanniron:** Château de Lanniron, Tel. 02 98 90 62 02, Fax 02 98 52 15 56, www.lanniron.com; Mitte Sept.–Mitte Mai geschl. Sehr schöne Anlage auf dem Gelände des Schlosses Lanniron, Tennis, Pool, Restaurant.

L'Ambroisie: 49, rue Elie-Fréron, Tel. 02 98 95 00 02; Mo und So abends geschl. Moderne bretonische Küche, Menü 22–46 €.
La Roseraie de Bel-Air: Impasse de la Boissière (D 20), 29700 Pluguffan, Tel. 02 98 53 50 80; So abends und Mo geschl. Ehemalige Kutscherherberge, Gourmetküche, Fisch und Lamm, Menü 25–63 €.
Le Saint-Co: 20, rue du Frout, Tel. 02 98 95 11 47; So mittags geschl. Preiswerte Grillgerichte, Menü 19–25 €.

Markt: Mi und Sa.
Au Sud, 9, bd. A. Kerguélen; Essig, Öl, Senf, Honig; Geschäft und Restaurant.
Art de Cornouaille: 12, place St-Corentin; Keramik.

Fluss-Schleifen

Gegenüber der Kirche von **Locmaria** befindet sich der Port de Corniguel. Von hier kann man zwischen April und September zu einer 90-minütigen Fahrt über den Odet bis Bénodet aufbrechen. Höhepunkt der Reise sind Les Vire-Court, die hübschen Schleifen, die der Fluss an seinem Unterlauf bildet. Information: Les Vedettes de l'Odet, 2, av. de l'Odet, 29950 Bénodet, Tel. 02 98 57 00 58, www.vedettes-odet.com.

Kino: Le Bretagne, 5, allée François-Truffaut.

Juli: Woche vor dem 4. So im Monat **Festival de Cornouaille.**

Reiten: Centre Équestre de Kerfeunteun, Ferme de Leuriou, Tel. 02 98 64 39 38.
Tennis: Tennis municipaux, 131, bd. de Créac'h-Gwen, Tel. 02 98 90 42 66.
Wassersport: Club de Canoë-Kayak, Locmaria, Rue du Chanoine-Moreau, Tel. 02 98 53 19 99; Kanu, Kajak.

Bahn: Nach Brest und Lorient.
Bus: U.a. nach Brest, Camaret, Douarnenez, Concarneau, Carhaix und Lorient.

Über Fouesnant nach Concarneau

Reiseatlas: S. 236, C2
Im Süden von Quimper liegt eine Reihe hübscher Badeorte, die zum Teil schon im 19. Jh. für den Fremdenverkehr erschlossen wurden und heute entsprechend beliebt, bisweilen überlaufen sind. Zu ihnen zählen der Jachthafen **Ste-Marine** am rechten und **Bénodet** am linken Ufer des Odet. Die beiden Orte sind in der Saison per Fähre miteinander verbunden. Auch **Beg-Meil,** einst Urlaubsort von Sarah Bernhardt und Marcel Proust, sowie **Cap-Coz** verfügen über schöne Sandstrände, denen Pinien und Zypressen südliches Flair verleihen. **Fouesnant** mit einer romanischen Kirche (12./18. Jh.) ist nicht nur Seebad, sondern auch Heimat eines ausgezeichneten Cidre, der mit dem Prädikat »AOC Cidre de Cornouaille« geehrt wird.

Concarneau

Höhepunkt der Fahrt ist sicherlich die auf einer Insel gelegene Altstadt von **Concarneau.** Der Ort, der bis ins 10. Jh. hi-nein ein Priorat beherbergt hatte, war im 14. Jh. von Engländern besetzt worden. Nachdem Bertrand Du Guesclin ihn 1373 zurückerobern konnte, wurde die Insel befestigt. Baumeister Vauban modernisierte die Anlagen im 17. Jh. Die Granithäuser innerhalb der Fes-tungsmauern stammen überwiegend aus dem 16. Jh., sie beherbergen heute Restaurants, Cafés und Souvenirläden. Im einstigen Arsenal ist ein Fischereimuseum untergebracht (Juli, Aug. tgl. 9.30–20, sonst tgl. 10–18 Uhr).

Als Concarneaus Bevölkerung im 19. Jh. mit der Fischverarbeitungsindustrie anwuchs, entstanden Siedlungen außerhalb der *ville close.* Diese Neustadt, die sich um den Jachthafen und den drittgrößten Fischereihafen Frankreichs gruppiert, ist für Touristen weitgehend unergiebig. Hier lohnen lediglich die Sandstrände im Südwesten und ein Besuch der Fischauktionshallen am Quai Carnot.

Ab Concarneau (oder ab Quimper, Loctudy, Beg-Meil und Bénodet) kann man Ausflüge zu den 20 km vom Festland entfernten **Îles de Glénan** unternehmen. Der Archipel besteht aus acht Hauptinseln und vielen kleinen Eilanden, von denen einige als Vogelschutzgebiet ausgewiesen sind. Hauptattraktion der Îles ist der Wassersport (Tauchen, Surfen, Segeln).

Durchsichtig

Wer ein besonderes Erlebnis anstrebt, der wählt für die Überfahrt zu den **Îles de Glénan** den »Capitaine Némo«, einen Katamaran mit Glasboden, von dem man die Unterwasserwelt bestaunen kann (s. S. 173 Ausflüge: Vedettes de l'Odet).

OT: 49, rue de Kérourgué, 29170 Fouesnant, Tel. 02 98 56 00 93, Fax 02 98 56 64 02, www.ot-fouesnant.fr; Mo–Sa 9–12, 14–18 Uhr.
OT: quai d'Aiguillon, 29900 Concarneau, Tel. 02 98 97 01 44, Fax 02 98 50 88 81, www.tourismeconcarneau.fr; Juli, Aug. tgl. 9–20, sonst Mo–Sa 9–12, 14–18 Uhr.

Villa Tri Men: 16, rue du Phare, 29120 Combrit-Ste-Marine, Tel. 02 98 51 94 94, Fax 02 98 51 95 50, www.trimen.fr. Herrschaftliches Wohnen am Strand, 17 Zimmer, DZ 95–215 €, Parkplatz, Restaurant (Menü ab 32 €).
Ker Moor: Plage des Sables Blancs, Concarneau, Tel. 02 98 97 02 96, Fax 02 98 97 84 04, www.kermoorlespiedsdansleau.com. Haus aus dem 19. Jh. mit Meerblick, Garten, 12 Zimmer, DZ 80–120 €.
***De L'Océan:** Plage des Sables Blancs, Concarneau, Tel. 02 98 50 53 50, Fax 02 98 50 84 16, www.hotel-ocean.com. Modernes Haus mit Meerblick, 70 Zimmer, DZ 65–120 €, Pool, Garten, Parkplatz, Restaurant (Menü 22–41 €).
***Armoric:** 3, rue de Penfoul, 29950 Bénodet, Tel. 02 98 57 04 03, Fax 02 98 57 21 28, www.armoric-hotel.com. Charmantes Logis de France, 30 Zimmer, DZ 48–190 €, Parkplatz, Pool, Restaurant (Menü 25–37 €).
Le Port: 11b, av. Pierre-Guéguin, Concarneau, Tel. 02 98 97 31 52, Fax 02 98 60 59 03. Preiswertes Haus gegenüber dem Hafen, 14 Zimmer, DZ 36–49 €.
Camping:
****Grand Large:** Pointe de Mousterlin, Fouesnant, Tel. 02 98 56 04 06, Fax 02 98 56 58 26, www.campingsbretagnesud.com; Mitte Sept.–Anfang Mai geschl. Komfortable Anlage am Meer, 300 Plätze, Tennis, Pool, Wassersport, Restaurant.
Moulin d'Aurore: 49, rue de Trégunc, Concarneau, Tel. 02 98 50 53 08, Fax 02 98 97 09 37, www.moulinaurore.com; Okt.–März geschl. 50 m vom Strand, 170 Plätze.

La Coquille: 1, rue du Moros, Concarneau, Tel. 02 98 60 55 23; So abends und Mo geschl. Terrasse mit Blick auf Hafen, Gourmetküche, Menü 45–80 €.
Le Buccin: 1, rue Duguay-Trouin, Concarneau, Tel. 02 98 50 54 22; im Sommer Mo mittags, außerhalb der Saison Do, Sa mittags und So abends geschl. Raffinierte Küche, vorwiegend Fisch und Meeresfrüchte, Menü 23–36 €.

Markt: Mo und Fr auf der Place 8 Mai in Concarneau.
Maison Courtin: 3, quai du Moros, Concarneau, Tel. 02 98 97 01 80; Fischkonserven der Region.
Biscuiterie de Concarneau: 3, place St-Guénolé, Concarneau, Tel. 02 98 97 07 67; traditionell hergestellte Kekse.

Casino: Corniche de la Plage, Bénodet.

Juli: Am So vor dem 14. **Cidre-Fest** in Fouesnant. Am 14. Treffen alter Segelboote im Hafen von Concarneau. Am 26. **Pardon** zur Chapelle Ste-Anne (2 km nördlich von Fouesnant).
Aug.: Am Monatsanfang Internationales **Folklorefest** und am 3. So **Fischerfest** in Concarneau (Fête des Filets bleus).

Ausflüge: Vedettes Glenn, 17, av. du Docteur-Nicolas, Concarneau, Tel. 02 98 97 10 31; und Vedettes de l'Odet, 2, avenue de l'Odet, 29950 Bénodet, Tel. 02 98 57 00 58, www.vedettes-odet.com; zu den Îles Glénan.
Fahrräder: Cycles Gloanec, 65, av. Alain-le-Lay, Concarneau, Tel. 02 98 97 09 77. Mécanique Loisirs, 56, rue de l'Odet, Fouesnant, Tel. 02 98 56 18 23.
Golf: Golf de l'Odet, 29950 Clohars-Fouesnant, Tel. 02 98 54 87 88; 18 Loch, par 27 6235 m; 9 Loch, par 27, 1100 m. Golf de Cornouaille, Manoir de Mesmeur, 29940 La Forêt-Fouesnant, Tel. 02 98 56 97 09; 18 Loch, par 71, 5625 m.
Hochseeangeln: Santa-Maria, 2, rue du Verger, Kerléan, Concarneau, Tel. 02 98 50 69 01.
Reiten: Centre Équestre de Kerguéres, Concarneau, Tel. 02 98 60 54 52.
Tennis: Tennis Club Fouesnantais, Halle des Sports de Bréhoulou, Fouesnant, Tel. 02 98 56 08 53.
Wassersport: Club de Canoë-Kayak, cale du Bac, Bénodet, Tel. 02 98 53 19 99; Kanu, Kajak. Centre Nautique, 1, chemin de Kersentic, Fouesnant, Tel. 02 98 56 01 05, http://asso.ffv.fr/cn_fouesnant; Segeln. Societé Nautique de la Baie, Place de la Croix, Concarneau, Tel. 02 98 97 34 84; Segeln. École de Voile, Place Philippe Viannay, Les Glénans, Tel. 02 98 97 14 84; Segeln. Breizh Plongée, 8, rue Duguay-Trouin, Concarneau, Tel. 02 98 50 64 41, http://breizh.plongee.free.fr; Tauchen. Centre International de Plongée, Les Glénans, Tel. 02 98 50 57 02, www.cip-glenans.org; Tauchen.

Bus: Ab Concarneau nach Quimper und Rosporden (Anschluss an die Bahn nach Lorient).
Autovermietung: ADA Location de véhicules, 8, rue de Penzance, Concarneau, Tel. 02 98 60 59 59.

In der Bretagne sind Trachten lebendige Tradition

Über Pont-Aven nach Quimperlé

Reiseatlas: S. 237, D2
Ein Château aus dem 15. Jh. ist die Hauptattraktion von **Névez.** Drei Jahrhunderte nach dem Bau des Schlosses wurden die hiesigen Granitvorkommen in großem Stil ausgebeutet. Aus ihnen stammen die ›stehenden Steine‹, Granitblöcke von 2–2,70 m Höhe, mit denen viele Häuser des Ortes zusammengefügt sind.

Richtung Süden, dem Meer entgegen, geht die Reise weiter zu einer bezaubernden Gartenanlage, den **Jardins de Rospico** (Ende März–Mitte Juni, Mitte Sept.–Mitte Nov. Mi–So 14–18, Mitte Juni–Mitte Sept. tgl. 10.30–18.30 Uhr), bevor man sich wieder dem Inland und **Pont-Aven** zuwendet. Der Ort wurde in den 1880er Jahren berühmt, als sich hier eine Malerschule etablierte. Im Musée de Pont-Aven sind neben Dokumenten und Fotos zur Stadtgeschichte auch Gemälde aus dieser Zeit zu besichtigen, wenn auch nur einige wenige (tgl. 10–12.30, 14–18.30 Uhr). Da Tradition nun einmal verpflichtet, quillt der hübsch gelegene Ort über vor Galerien, in denen man interessante Entdeckungen machen kann.

Riec-sur-Bélon ist bekannt für seine Austern, die im gezeitenabhängigen Mündungstrichter des Bélon gezüchtet werden. Weiter östlich erinnert im Hafenstädtchen **Le Pouldu** ein Denkmal an Paul Gauguin, den berühmtesten Künstler, der in Pont-Aven und später auch hier tätig war. Hinter dem Ehrenmal erhebt sich die Chapelle Notre-Dame-de-la-Paix, sie wurde 1959 Stein für Stein aus dem 26 km entfernten Nizon hierher gebracht.

Inmitten einer wahren Idylle an der Bucht der Laïta stehen die Ruinen des Klosters **St-Maurice-de-Carnoët** (Mitte Juni–Mitte Sept. tgl. 11–19, Mitte Sept.–Ende Okt. und Febr.–Mitte Juni So 14–18 Uhr). Von der 1177 gegründeten Zisterzienserabtei haben sich der Kapitelsaal und der Logis des Abts in halbwegs gutem Zustand erhalten.

Quimperlé, Endstation der Etappe, teilt sich in eine Oberstadt um die gotische Kirche Notre-Dame-de-l'Assomption (13./15. Jh.) und eine – ältere – Unterstadt um Ste-Croix. Das romanische Bauwerk aus dem 11. Jh. wurde 1862 beim Einsturz des Glockenturms weitgehend zerstört, danach aber nach alten Plänen wieder aufgebaut. Chor und Krypta der als Rotunde konzipierten Kirche stammen noch vom Originalbauwerk. In den umliegenden Rues de Brémond-d'Ars und Dom-Morice sind alte Fachwerkhäuser zu besichtigen, darunter die Maison des Archers von 1470, in der heute ein Heimatmuseum untergebracht ist (Juli, Aug. Mi–So 10.30–12.30, 13.30–18.30 Uhr).

OT: 5, place de l'Hôtel de Ville, 29930 Pont-Aven, Tel. 02 98 06 04 70, Fax 02 98 06 17 25, www.pontaven.com; Juli, Aug. Mo–Sa 9.30–19.30, So 10–13, 15–18.30, April–Juni, Sept. Mo–Sa 9.30–12.30, 14–19, So 15–18, Okt.–März tgl. 10–12.30, 14–18 Uhr.
OT: 45, place St-Michel, 29300 Quimperlé, Tel. 02 98 96 04 32, Fax 02 98 96 16 12, www.quimperletourisme.com; Juli und Aug. Mo–Sa 9.30–13, 14–19, So 10–12, sonst Mo–Sa 9–12.30, 14–18 Uhr.

In den Gassen von Pont-Aven

****Les Ajoncs d'Or:** 1, place de l'Hôtel de Ville, Pont-Aven, Tel. 02 98 06 02 06, Fax 02 98 06 18 91. 20 Zimmer, DZ 52–54 €, Restaurant (Menü 21–40 €).

****Le Kervidanou:** Kervidanou 3, 29300 Mellac (5 km westl. von Quimperlé), Tel. 02 98 39 18 00, Fax 02 98 96 35 11. Logis de France, 44 Zimmer, DZ 52–59 €, Parkplatz, Garten, Restaurant (Fr–So geschl., Menü 17–20 €).

La Taupinière: D 783 Croissant St-André, Pont-Aven, Tel. 02 98 06 03 12; Mo und Di geschl. Gourmetküche, Menü 48–78 €.

Moulin de Rosmadec: Venelle de Rosmadec, Pont-Aven, Tel. 02 98 06 00 22; außerhalb der Saison Mi und So abends, in der Saison nur Mi geschl. Gourmetrestaurant in alter Mühle, Spezialität gegrillter Hummer, Menü 30–72 €.

KÜNSTLER IN PONT-AVEN

Er war Gehilfe eines Börsenmaklers in Paris, bevor er Frau und Kinder verließ, um 1886 nach Pont-Aven aufzubrechen: **Paul Gauguin** (1848–1903). Schon vor ihm waren Turner, Corot und Boudin auf die Bretagne aufmerksam geworden. Die Fertigstellung der Eisenbahn bis Brest und Quimper eröffnete den Malern die abgelegene Region, die sie gleichwohl ihrer Entlegenheit wegen schätzten. 1864 rückte das Dorf Pont-Aven ins Sichtfeld der Künstler. Sie alle lobten die grüne Landschaft mit ihrem Flusslauf, das Heideland, die strohgedeckten Gehöfte, die regionalen Sitten, Trachten und Riten. Einheimische nannten sie schlicht »die Amerikaner«, auch wenn es sich bei den Besuchern vielfach um Franzosen handelte. In den familiären Hotels von Marie Jeanne Gloanec und Julia Guillou fanden die Künstler Unterbringung zu erschwinglichen Preisen.

Hier bezog auch Gauguin Quartier und schloss schnell Freundschaft mit Kollegen, unter ihnen Paul Sérusier, Charles Laval, Émile Schuffenecker und Maurice Denis. Die meisten Künstler, die sich damals in dem kleinen Ort am Aven einfanden, malten bretonische Landschaften, in denen sich die Sehnsucht nach einem freien Leben in unveränderter Natur spiegelte. Gauguin ging es weniger um das punktuelle Festhalten von Naturstimmungen. Ihn dürstete nach der tiefen Spiritualität, der Exotik und Unkompliziertheit der Bretagne. 1887 reiste er nach Martinique, um erste wirklich exotische Eindrücke zu sammeln, kehrte aber im Jahr darauf nach Pont-Aven in die geliebte Bretagne zurück.

»Kunst ist Abstraktion, holen Sie diese Natur, indem Sie sie träumend betrachten, und denken Sie mehr an die Schöpfung als an das Resultat«, schrieb er nach seiner Reise, im August 1888, an Schuffenecker. In der Begegnung mit **Émile Bernard** entwickelte er nun die Stilrichtung des Synthetismus, die durch Vereinfachung das Wesentliche des Motivs herauszuarbeiten suchte. Nach dem Vorbild der mittelalterlichen Glasmalerei wurden die Umrisse betont und in flächiger Darstellung verschiedene Raumebenen nebeneinander gestellt. Perspektive und sichtbare Natur traten in den Hintergrund, auf Schatten und Modellierung wurde verzichtet, reine Farbe waren Symbolträger. Anfang 1889 traten die beiden Freunde erstmals mit ihrem neuen Stil an die Öffentlichkeit.

Die Sujets der Bilder aus dieser bewegten Zeit sind zum Teil noch heute in Pont-Aven und Umgebung zu besichtigen. Das Kruzifix in der Chapelle de Trémalo etwa war Vorbild für Gauguins »Gelben Christus«, während der ›Liebeswald‹ (Bois d'Amour) mehreren Künstlern Motive lieferte. Ein Orkan im Oktober 1987 hat dort allerdings viele der alten Buchen dahingerafft.

Pont-Aven war schließlich von Künstlern geradezu übervölkert, und so zog Gauguin zunächst in das Fischernest Le Pouldu. 1891 brach er erstmals in die Südsee auf. 1894 kehrte er noch einmal in die Bretagne zurück. Sein letztes Bild, gemalt unter der Sonne des Pazifik, war eine bretonische Winterlandschaft.

Moulin du Grand Poulguin: 2, quai Théodore-Botrel, Pont-Aven, Tel. 02 98 06 02 67. Grillgerichte in alter Mühle, Menü 15–30 €.

Markt: Di in Pont-Aven, Fr in Quimperlé.

Juli: Am 3. Wochenende im Monat **Festival Musiques Mosaïque** in Quimperlé.
Aug.: Am 1. So des Monats **Fête des Fleurs d'Ajonc** (›Fest der Ginsterblüte‹) in Pont-Aven, 1905 vom Heimatdichter Théodore Botrel ins Leben gerufen.

Ausflüge: Ab Pont-Aven über den Aven nach Port-Bélon mit Vedettes Aven-Bélon, B.P. 11, 29350 Moëlan-sur-Mer, Tel. 02 98 71 14 59.

Bahn: Quimperlé liegt an der Strecke Quimper–Lorient.
Bus: U.a. nach Lorient und Quimper.

Ins Hinterland

Gotteshäuser rings um Le Faouët

Reiseatlas: S. 237, D/E1
Ein ziemlich verschlafenes Nest ist heute **Le Faouët** im Norden von Quimperlé. Die große Markthalle mit Schieferdach aus dem 16. Jh. zeugt aber noch von der Betriebsamkeit, die einst der Rinderhandel in den Ort brachte. Aus dieser Blütezeit stammen einige Stiftungen im Umkreis von Le Faouët, die zu den schönsten gotischen Gotteshäusern der Bretagne zählen. Da ist zunächst die **Chapelle St-Fiacre** an der Straße von Quimperlé, eine Kapelle aus dem 15. Jh. im Flamboyant-Stil mit einem beachtlichen Giebelglockenturm, schönen Bildfenstern und einem wahrhaft grandiosen geschnitzten Lettner. Er stammt aus dem Jahre 1480 und ist damit der älteste der Bretagne. Dargestellt sind auf der Vorderseite Kreuzigung, Adam und Eva nach dem Sündenfall und Verkündigung, auf der Rückseite u.a. die Sünden des Menschen: Eine Figur pflückt Obst und symbolisiert den Diebstahl, ein Mann erbricht einen Fuchs und steht für Trunkenheit, Dudelsack- und Bombardespieler verkörpern die Faulheit, während ein verliebtes Paar die Unzucht versinnbildlicht.

Auch die **Chapelle St-Nicolas** im Osten von Le Faouët besitzt einen hervorragenden bemalten Holzlettner, während die spätgotische **Chapelle Ste-Barbe** mit ihren Renaissance-Fenstern vor allem durch ihre einsame Lage in einem Fels über dem Ellé-Tal bezaubert.

Richtung Norden führt die D 790 zur **Abbaye de Langonnet,** einer Zisterzienserabtei (im Jahre 1136 gegründet), in der nach der Französischen Revolution das Staatsgestüt untergebracht war. Die Gebäude aus dem 13. und 17. Jh. beherbergen heute ein kleines Missionsmuseum.

Über Croisty geht es dann weiter nach **Kernascléden,** in dessen gotischer Kirche Fresken aus den Jahren 1469/70 zu sehen sind. Zu den Themen zählen ein Totentanz und eine Darstellung der Höllenqualen.

Markt: Am 1. und 3. Mi im Monat in der Halle von Le Faouët.

Juni: Am letzten So im Monat **Pardon** zur Chapelle Ste-Barbe.
Juli: Am 2. So im Monat **Pardon** zur Chapelle St-Nicolas.
Dez.: Am 4. des Monats **Pardon** zur Chapelle Ste-Barbe.

Nach Pontivy

Reiseatlas: S. 237, E/F1
Tiefer ins Inland führt die Reise über Guémené-sur-Scorff zum Stausee **Lac de Guerlédan,** den man auf einem Wanderweg umrunden kann. Der Staudamm befindet sich am Ostende des Sees, während am Westende das einstige Eisenverarbeitungszentrum **Les Forges-de-Salles** (Osten–Allerheiligen Sa und So 14–18.30 Uhr) und die Ruine der Zisterzienserabtei **Bon-Repos** (12. Jh.) zu besichtigen sind. Nördlich der Abtei windet sich die Straße durch die **Gorges du Daoulas,** eine malerische Schlucht mit imposanten Felsnadeln.

Der Damm von **Guerlédan** staut die Wasser des Blavet, der südlich des Sees die Kleinstadt **Pontivy** durchfließt. Das Örtchen geht auf eine Klostergründung des 7. Jh. zurück. Im 15. Jh. wurde hier ein Schloss errichtet (Juli–Mitte Sept. tgl. 10.30–19, Okt.–Mai Mi–So 10–12, 14–18, sonst tgl. 10–12, 14–18 Uhr), um das sich die Altstadt mit ihren schönen Fachwerkhäusern gruppiert. Südlich davon erstreckt sich die unter Napoléon am Reißbrett entworfene Neustadt, ein Zentrum an dem von Bonaparte geplanten Kanal von Nantes.nach Brest (s. S. 148).

Weiter südlich am Blavet lohnt bei **St-Nicolas-des-Eaux** ein Blick vom Aussichtspunkt **Site de Castennec** über das Tal des gewundenen Flusses, bevor man bei **Melrand** die **Ferme archéologique** besucht (Mai–Aug. tgl. 10–19, Sept.–April Mo–Fr 11–17, Sa, So 11–18 Uhr). Neben Resten eines um das Jahr 1000 entstandenen Dorfes demonstriert hier ein nachgebautes Gehöft Architektur und Leben im Mittelalter. Ein nach mittelalterlichem Vorbild angelegter Garten vervollständigt den Eindruck.

Zwei Kilometer südwestlich von **Baud** steht nahe eines verfallenen Schlosses die legendenumwobene **Venus de Quinipily.** Ihre Herkunft liegt bis heute völlig im Dunkeln, man weiß lediglich, dass sie im Zentrum eines heidnischen Kults stand und deshalb von Geistlichen mehrfach in den Blavet geworfen wurde, nur um alsbald vom Volk wieder herausgeholt zu werden. Die Venus befand sich ursprünglich bei der Site de Castennec und wurde im Jahre 1696 vom Grafen von Lannion an ihren heutigen Platz gebracht.

*****Du Rohan:** 90, rue Nationale, 56300 Pontivy, Tel. 02 97 25 02 01, Fax 02 97 25 02 85, www.hotelpontivy.com. 16 Zimmer, DZ 66–87 €, Parkplatz, Garten.

Markt: Mo in Pontivy.

Juli: Am 1. So im Monat **Pardon** zur Chapelle Notre-Dame-de-la-Clarté in Baud.

Ausflüge: Ab Beau-Rivage und Anse de Sordan Bootsfahrten auf dem Lac de Guerlédan.

VON LORIENT ZUM GOLFE DU MORBIHAN

Auftakt der Route ist eine Stadt ohne Flair: Lorient, im Zweiten Weltkrieg zerbombt und hernach in Windeseile neu aufgebaut. Doch die Küste im Südosten der Bretagne entschädigt vielfach für alles, was ihre größte Stadt nicht bieten kann. Zu den Highlights zählen die Badestrände auf der Halbinsel Quiberon, die Inselidylle der Belle-Île und ein nahezu mediterranes Klima am Golfe du Morbihan. Hier stehen auch die weltberühmten Megalithbauten von Carnac, die gewiss zum Pflichtprogramm einer Bretagne-Reise gehören.

An der Blavet-Mündung

Lorient

Reiseatlas: S. 237, E2

L'orient, ›der Orient‹ – die Stadt an der bretonischen Südküste trägt einen vielversprechenden Namen. Tatsächlich wurden über diesen Hafen rege Handelsbeziehungen mit Asien gepflegt, bis die hier ansässige Ostindienkompanie im Verlauf der Karnatischen Kriege (1746–63) die meisten ihrer indischen Besitzungen aufgeben musste. 1793 meldete die inzwischen hochverschuldete Gesellschaft endgültig Bankrott an und übergab Lorient der damals noch jungen Republik Frankreich. Bonaparte richtete hier einen Marinehafen ein, den die Deutschen im Zweiten Weltkrieg zur U-Boot-Basis ausbauten. Diese Base de Sous-Marins wurde Ziel alliierter Bomber, doch während die Stadt in Schutt und Asche sank, hat die Station die Luftangriffe überstanden (Führung zu buchen über das Tourismusamt, s. u.).

Nach dem Krieg wählte Frankreich Lorient zum Stützpunkt seiner U-Boot-Flotte (bis 1995). Die Stadt, im frühen 18. Jh. am Reißbrett entworfen, wurde entlang der alten Straßen neu errichtet. Sie ist heute Fischerei-, Fähr- und Jachthafen – und touristisch völlig unergiebig, sofern man sich nicht für die Architektur der 50er Jahre interessiert. Einziger Anziehungspunkt ist das Forschungsschiff »Thalassa«, das am Quai de Rohan vertäut liegt (Juli/Aug. tgl. 9–19, sonst Mo–Fr 9–12.30, 14–18, Sa, So 14–18 Uhr). Im Südwesten lockt zudem der Badeort **Larmor-Plage** mit einigen Villen und der gotischen Kirche Notre-Dame-de-la-Clarté.

Markt in Lorient

OT: Quai de Rohan, 56100 Lorient, Tel. 02 97 21 07 84, Fax 02 97 21 99 44, www.lorient-tourisme.com; Mitte Juni–Mitte Sept. Mo–Sa 9.30–19, So 10–12, sonst Mo–Fr 9–12.30, 13.30–18, Sa 9–12, 14–18 Uhr.

*****Mercure:** 31, place Jules Ferry, Tel. 02 97 21 35 73, Fax 02 97 64 48 62, www.accor-hotels.com. Komfortables Haus, 58 Zimmer, DZ 84–87 €.
****Les Mouettes:** Anse de Kerguelen, 56260 Larmor-Plage, Tel. 02 97 65 50 30, Fax 02 97 33 65 33, www.lesmouettes.com. Logis de France am Strand, 21 Zimmer, DZ 71–78 €, Parkplatz, Restaurant (Menü 18,50–43 €).
****Victor Hugo:** 36, rue Lazare Carnot, Tel. 02 97 21 16 24, Fax 02 97 84 95 13, hotelvictorhugo.lorient@wanadoo.fr. Gutes Hotel mit einigen sehr preiswerten Zimmern, 30 Zimmer, DZ 27–62 €, Parkplatz.
***Du Square:** 5, place Jules Ferry, Tel. 02 97 21 06 36, Fax 02 97 84 76 23. Einfaches, preiswertes Hotel, 13 Zimmer, DZ 23–30 €.
Camping:
*****Municipal Les Algues:** Promenade de Port-Maria, Larmor-Plage, Tel. 02 97 65 55 47, Fax 02 97 84 26 27, www.larmor-plage.com; Mitte Juni–Mitte Sept. Schöne, teils schattige Anlage am Strand, 148 Plätze.

Markt: Mi und Sa bei den Halles Rondes. Im Sommer Di nächtlicher Markt in Larmor-Plage.

Juni: Am So vor oder nach dem 24. **Segnung des Meeresarmes** mit Schiffsprozession vor Larmor-Plage.
Aug.: In den ersten beiden Wochen **Festival Interceltique;** keltische Musik, Tanz, Theater.

Ausflüge: Compagnie des Îles, Parc du Golfe, Gare Maritime, 56000 Vannes, Tel. 02 97 46 18 19, www.compagniedesiles.com; mit dem Boot u.a. auf dem Blavet.
Fahrräder: La Boutique Vélo, cours de Chazelles, Tel. 02 97 21 28 29.
Golf: Plœmeur-Océan, St-Jude-Kerham, 56270 Plœmeur, Tel. 02 97 32 81 82; 18 Loch, par 72, 5900 m. Val Quéven, Keruisseau, 56530 Quéven, Tel. 02 97 05 17 96; 18 Loch, par 72, 6100 m.
Reiten: Kerguélen Équitation, Village de Kerguélen, 56260 Larmor-Plage, Tel. 02 97 33 60 56.
Wassersport: Base nautique, Anse de Kerguélen, Larmor-Plage, Tel. 02 97 33 77 78; Segeln, Tauchgänge zu Grotten, Riffen und versenkten Schlachtschiffen.

Bahn: Lorient liegt an der Strecke von Quimper nach Vannes.
Bus: Nach Concarneau, Rennes, Vannes u.a.
Fähre: Zwischen Lorient und Port-Louis mit CTRL, boulevard Yves Demaine, Tel. 02 97 21 28 29, www.ctrl.fr. Schnellboote (Personen) und PKW-Fähren zur Île de Groix und Belle-Île ab Gare Maritime, rue Gilles Gahinet, Tel. 08 20 05 60 00, www.smn-navigation.fr.
Autoverleih: ADA, 16, cours de Chazelles, Tel. 02 97 21 13 45.

Nach Port-Louis

Reiseatlas: S. 237, E3
Der Blavet war bereits im Mittelalter ein wichtiges Tor zum Atlantik, doch damals hielten die Bretonen größeren Abstand zum Meer. So findet man die älteste Siedlung, **Hennebont,** ein Stück weiter landeinwärts. Die ab dem 13. Jh. errichtete Stadtmauer umschließt eine Ville close mit Häusern aus dem 16./17. Jh. und der Basilique Notre-Dame-de-Paradis (16. Jh.), deren Buntglasfenster vom französischen Künstler Max Ingrand (1908–1969) geschaffen wurden. Weitere Attraktionen sind der Parc de Kerbihan, ein 10 ha großer botanischer Garten mit Pflanzen aus aller Welt, und das Gestüt *(haras),* das 1857 in einem ehemaligen Zisterzienserkloster eingerichtet wurde (Juli, Aug. tgl. 9–19, sonst tgl. 9–12.30, 14–18 Uhr).

Weiter südlich war im Mittelalter eine Festung zum Schutz der Hafeneinfahrt errichtet worden. Dieses Blavet wurde 1590 während der Religionskriege zerstört, jedoch bis 1637 neu aufgebaut. Nachdem bereits Richelieu (1585–1642) den Versuch unternommen hatte, am Atlantik eine Handelsgesellschaft zu gründen, war Minister Colbert (1619–1683) in diesem Punkt Erfolg beschieden. So wurde **Port-Louis** 1664 Sitz der ersten Ostindienkompanie. Als die Gesellschaft im frühen 18. Jh. nach Lorient umzog, erlebte Port-Louis seinen

Drahtesel

In **Plouay,** rund 10 km nördlich von Lorient, ist ein Herrenhaus gänzlich dem Radsport gewidmet. Ein Museum dokumentiert die Geschichte des Fahrrads, dessen Liebhaber im Umkreis dieses Véloparc Touren unternehmen und in einem Anbau des Schlosses preiswert übernachten können. Domaine de Menehouarne, B.P. 9, 56240 Plouay, Tel. 02 97 33 15 15, Fax 02 97 33 02 35, www.veloparc.com.

Niedergang. Die Zitadelle diente anschließend als Gefängnis, heute beherbergt sie das Musée National de la Marine (Unterwasserwelt entlang der Indienroute) und das Musée de la Compagnie des Indes (Exponate zum Indienhandel; April–Mitte Mai Mi–Mo 10–13, 14–18, Mitte Mai–Aug. tgl. 10–18.30, Sept.–Mitte Dez., Feb–März Mi–Mo 13.30–18 Uhr).

****Château de Locguénolé:** Route de Port-Louis, 56700 Hennebont, Tel. 02 97 76 76 76, Fax 02 97 76 82 35, www.chateau-de-locguenole.com; Jan. geschl. Komfortables Schlosshotel am Blavet, 22 Zimmer, DZ 110–395 €, Park, Tennis, Pool, Parkplatz, hervorragendes Restaurant (Mo–Sa mittags u. Okt.–April auch Mo abends geschl., Menü 49–89 €).
Du Commerce: 1, place du Marché, 56290 Port-Louis, Tel. 02 97 82 46 05, Fax 02 97 82 11 02. Logis de France, 27 Zimmer, DZ 62–68 €, Garten, Restaurant (Menü 15–37 €, außerhalb der Saison So abends und Mo geschl.).
Camping:
Municipal Les Remparts: Rue des Récollets, Port-Louis, Tel. 02 97 82 47 16, Fax 02 97 82 41 98; Mitte Juni–Mitte Sept. Einfache Anlage am Strand, 80 Plätze.

Markt: Do in Hennebont, Sa in Port-Louis.

Bus: Nach Lorient.

Île de Groix

Reiseatlas: S. 237, D/E3
45 Minuten dauert die Überfahrt auf die 8 x 2,5 km große Insel, die bereits in der Jungsteinzeit besiedelt war. Im 9. Jh. hatten die Wikinger hier einen Stützpunkt, ab dem 16. Jh. lebten Fischfang und Handel auf. Zwischen 1870 und 1940 war die Insel Frankreichs wichtigster Hafen für den Thunfischfang. Eine ehemalige Fischkonservenfabrik beim Fähranleger Port-Tudy beherbergt heute ein **Écomusée** zur Geschichte der Insel (Juli, Aug. tgl. 9.30–12.30, 15–19, Mai, Juni, Sept. tgl. 10–12.30, 14–17, Okt., Nov., April Di–So 10–12.30, 14–17, Dez.–März Mi, Sa und So 10–12.30, 14–17 Uhr).

Als Tagesunternehmung bietet sich eine Inselumrundung auf dem Küstenwanderweg an. Sie führt zunächst nach Westen zum Fels Pen-Men. Die dortige **Réserve Naturelle** beherbergt Tausende von Seevögeln. Im Süden der Île erreicht man den **Trou de l'Enfer,** einen Felseinschnitt, in den das Meer tost. Östlich davon befindet sich an der Pointe des Chats eine **Réserve Naturelle Minéralogique,** in der man Granate, Glaukophone und Lepidolithe findet (aber nicht abschlagen darf). Zum Abschluss lädt im Osten der Insel die Plage des Grands Sables zum Bad.

OT: Port-Tudy, 56590 Île de Groix, Tel. 02 97 86 53 08, Fax 02 97 86 54 96, tourisme.groix@free.fr; Juli und Aug. Mo–Sa 9–18, sonst Mo–Sa 10–12, 14–18 Uhr.

Markt: Mi und Sa auf der Place de la Poste.

Ausflüge: Mit dem Segelkutter »Kenavo« Inselumrundung (Tel. 02 97 86 84 60, www.smn-navigation.fr).
Fahrräder: Loca-Loisirs, quai de Port-Tudy, Tel. 02 97 86 56 78; auch Autoverleih.

Zur Presqu'Île de Quiberon

An der Rivière d'Etel

Reiseatlas: S. 237, E/F 3
Nordöstlich von Port-Louis besitzt die Notre-Dame de la Joie in **Merlevenez** als eine der wenigen romanischen Kirchen der Bretagne noch ein unversehrtes Portal des 12. Jh. Nicht weit davon trifft man auf die **Rivière d'Etel,** eine Bucht mit Inseln und Austernparks. Von der Brücke an der Straße nach Etel bietet sich ein schöner Ausblick auf diese Flusslandschaft. Der Ort selbst lebt vom Thunfischfang, für den die Boote bis zu den Azoren ausfahren.

****Le Trianon:** 14, rue Gén. Leclerc, 56410 Etel, Tel. 02 97 55 32 41, Fax 02 97 55 44 71. Hübsches Logis de France, 24 Zimmer, DZ 55–100 €, Garten, Parkplatz, gutes Restaurant (Jan., So abends und Mo geschl., Menü 20–42 €).
Camping:
****Municipal d'Etel:** Rue de la Barre, Tel. 02 97 55 33 79, Fax 02 97 55 34 14; Mitte Mai–Mitte Sept. Einfache Anlage an der Bucht, 276 Plätze.

Die Halbinsel von Quiberon

Mit 2000 Sonnenstunden im Jahr erreicht die Presqu'Île de Quiberon Werte, wie sie sonst von der Côte d'Azur bekannt sind. Die Fahrt auf die milde Halbinsel beginnt in **Plouharnel** an der D 768, wo ein Museum an den Aufstand der Chouans erinnert (Mitte Juni–Sept. tgl. 10–12 und 14–17.30 Uhr). Am 27. Juni 1795 waren an der nahen Plage de St-Colomban etwa 10 000

Felsküste auf der Halbinsel von Quiberon

Königstreue gelandet, um gegen die Republikaner zu Felde zu ziehen, doch ihr Plan scheiterte (s. S. 23).

Hinter Plouharnel führt die Straße über ein schmales Sandband, das Quiberon mit dem Festland verbindet. Die Côte Sauvage auf der Westseite der im 13. Jh. abgeholzten Halbinsel besitzt bis zu 40 m hohe Granitklippen, an denen ein Pfad entlang führt. Wegen gefährlicher Strömungen und starker Brandung ist dort das Baden untersagt. An der Ostseite dagegen locken kilometerlange Sandstrände. Über **St-Pierre-Quiberon** (Steinallee aus dem Neolithikum) gelangt man in den Hauptort **Quiberon** mit Grande-Plage und Château Turpault (1904). Sein Hafen Port-Maria war einst bedeutend für den Sardinenfang. Heute befinden sich hier noch drei Konservenfabriken. Eine davon, die »Belle Îloise«, kann besichtigt werden (Zone d'Activité Plein Ouest, Tel. 02 97 50 08 77).

OT: 14, rue de Verdun, 56170 Quiberon, Tel. 02 97 50 07 84, Fax 02 97 30 58 22, www.quiberon.com; Juli, Aug. Mo–Sa 9–19, So 10–12, Mai, April, Sept. Mo–Sa 10–18, sonst Mo–Sa 10–12, 14–18 Uhr.

******Sofitel Thalassa:** Pointe de Goulvars, Quiberon, Tel. 02 97 50 20 00, Fax 02 97 50 46 32, www.thalassa.com; Jan. geschl. Hotel mit Thalassotherapie, 133 Zimmer, DZ 95–310 €, Pool, Tennis, Parkplatz, erlesenes Restaurant (Menü 30–110 €).
*****Des Druides:** 6, rue de Port-Maria, Quiberon, Tel. 02 97 50 14 74, Fax 02 97 50 35 72, www.hotel-des-druides.com; Mitte Okt.–Mitte März geschl. Logis de France in der Nähe der Grande Plage, 31 Zimmer, teils mit Meerblick, DZ 60–102 €, Restaurant (Menü 13–28 €).
****Albatros:** 19, rue de Port-Maria, Quiberon, Tel. 02 97 50 15 05, Fax 02 97 50 27 61. Hotel an der Grande Plage, 35 Zimmer, DZ 60–88 €, Parkplatz, Restaurant (Menü 14–23 €).
****Petite Sirène:** 15, Boulevard René Cassin, Quiberon, Tel. 02 97 50 17 34, Fax 02 97 50 03 73, www.hotel-lapetitesirene.fr; Mitte Okt.–Ostern geschl. 33 Zimmer, teils mit Meerblick, DZ 58–75 €, gutes Restaurant (nur abends, Menü 25–52 €).
****De Bretagne:** Rue Général de Gaulle, St-Pierre-Quiberon, Tel. 02 97 30 91 47, Fax 02 97 30 89 78, hotel.bretagne@online.fr. Schönes Logis de France, im Ortskern in Strandnähe, 20 Zimmer, DZ 49 €, Restaurant (Menü 15–26 €).
Camping & Jugendherberge:
Auberge de Jeunesse: 45, rue du Roch-Priol, Quiberon, Tel. 02 97 50 15 54; April–Sept. Jugendherberge.
******Du Conguel:** Boulevard de la Teignouse, Quiberon, Tel. 02 97 50 19 11, Fax 02 97 30 46 66, www.campingduconguel.com; April–Okt. Komfortable Anlage am Strand, 260 Plätze, Pool, Tennis, Restaurant.
****De l'Océan:** 16, avenue de Groix, Kerhostin, St-Pierre-Quiberon, Tel. 02 97 30 91 29, Fax 02 97 30 80 18; April–Okt. Recht gut ausgestattete Anlage am Strand, 310 Plätze, Restaurant.

Au Safran: 20, rue de Verdun, Quiberon, Tel. 02 97 50 18 64; außerhalb der Saison So abends und Mo geschl. Restaurant mit Terrasse, gehobene Küche und gute Weine, Menü 16–28 €.
Jules Verne: 1, bd. de Hoëdic, Quiberon, Tel. 02 97 30 55 55; Anfang–Mitte Dez. und Ende Jan.–Mitte Febr. geschl., außerhalb der Saison Di und Mi, in der Saison Mi geschl. Spezialität Hummer und Jakobsmuscheln, Menü 27 €.

La Marina: 42, rue de Port-Maria, Quiberon, Tel. 02 97 50 17 68; außerhalb der Saison So abends und Mo geschl. Fisch, Meeresfrüchte, Meerblick, Menü 15–26 €.

Markt: Sa, Place du Varquez, im Sommer auch Mi am Port-Haliguen, Quiberon; Do in St-Pierre-Quiberon, im Sommer dort Di Kunsthandwerksmarkt.
Maison d'Armorine: 1, rue des Confiseurs, Quiberon, feine Pralinen.

Casino: Domaine de Ker Braz, Beger-Vil, Quiberon; mit Disco.
Bar: Rhumerie Le Nelson, 20, place Hoche, Quiberon; bis 2 Uhr.

April: Les Journées Océanes.
Juli, Aug.: Do Konzerte an der Grande Plage, Quiberon. An den Monatsenden **Fest-Noz.**
Sept.: Mitte des Monats Segelregatta **Route de la Sardine**.

Ausflüge: Quiberon Air Club, rue de l'Aérodrome, Quiberon, Tel. 02 97 50 11 05, www.quiberonairclub.com; Rundflüge.
Fahrräder: Cycles Loisirs, rue Victor Golvan, Quiberon, Tel. 02 97 50 31 73, http://cyclesloisirs.free.fr; auch Motorroller.
Reiten: Centre Équestre du Roch, Le Meldedo, rue de l'Aérodrome, Quiberon, Tel. 02 97 50 41 46.
Wassersport: École de Voile Loc'haliguen, 16, rue des Courlis, Quiberon, Tel. 06 11 59 65 89, www.bretagne-voile.com; Segeln. Surfing Paradise, 4, place du Grand Rohu, St-Pierre-Quiberon, Tel. 02 97 50 39 67, surf.paradise.free.fr; Surfen. École de Char à voile, 1, av. de St-Malo, Penthièvre, St-Pierre-Quiberon, Tel. 02 97 52 39 90; Strandsegeln. Sillages, Club FFCK, Plage de St-Joseph de l'Océan, St-Pierre-Quiberon, Tel. 02 97 30 95 29; Meereskajak. École Française de Plongée, 3, quai de Houat, Port-Maria, Quiberon, Tel. 02 97 50 00 98; Tauchen.

Bahn: Nebenstrecke ab Auray.
Bus: Nach Auray und Carnac.
Fähre: Mehrmals täglich verkehren Autofähren zu den Inseln Belle-Île, Houat, Hoëdic ab Gare Maritime: Société Morbihannaise de Navigation, Port-Maria, Tel. 08 20 05 60 00, www.smn-navigation.fr.

Die Belle-Île

Reiseatlas: S. 237, E/F4
»Mehr 75er als 56er.« Der oft mit Stöhnen vorgebrachte Hinweis bezieht sich auf die Autokennzeichen, die eben eher auf Paris (Nr. 75) als auf das heimische Département Morbihan (56) hinweisen. In der Tat, die Bewohner der französischen Hauptstadt haben die Belle-Île beschlagnahmt. Die Geschichte dieser Fremdherrschaft beginnt 1658, als Nicolas Fouquet, Finanzminister von Louis XIV, die Insel kaufte. Sie war häufig Angriffen der englischen und holländischen Flotte ausgesetzt, bot sie doch Süßwasser an der Strecke vom Ärmelkanal zum Mittelmeer. 1766, nachdem Neu-Schottland an die Briten gefallen war, ließen sich Emigranten aus Kanada auf der Belle-Île nieder. Ihnen folgten als vorerst letzte Einwanderer die Touristen – immerhin etwa 20 000 pro Jahr.

Die meisten Strände der 84 km² großen Insel sind nur zu Fuß oder mit dem Boot erreichbar. Schwer zugänglich ist vor allem die **Côte Sauvage** im Westen. Dort stehen inmitten einer dramatischen Landschaft an der Pointe des Poulains die Ruinen einer Sommervilla, die Sarah Bernhardt hier 1894 bezogen hatte. Südlich davon befindet sich die **Grotte de l'Apothicairerie.** Dort nisten Haubenkormorane, deren Nester wie Flaschen in Apothekerregalen aussehen. Die Straße führt weiter, vorbei an den Menhiren Jean und Jeanne, nach **Port-Donnant** mit einem von Felsen eingerahmten Sandstrand. Der traute Anblick trügt: Wegen der Strömung ist das Baden hier gefährlich.

Weiter südlich erhebt sich bei Port Coton der 52 m hohe **Grand Phare** (1836). Dieser Leuchtturm gehörte bereits zum Panorama, als Claude Monet 1886 in der Nähe weilte und 36 Bilder der Insel malte. Vorbei an der Plage des Grands Sables, dem schönsten Sandstrand der Belle-Île, geht es dann zurück in den Hauptort **Le Palais.** In der dortigen Zitadelle, deren Bau 1549 begonnen und unter Vauban im 17. Jh. beendet wurde, informiert ein kleines Museum u.a. über die berühmten Besucher der Insel (Juli, Aug. tgl. 9–19, April–Juni, Sept.–Okt. tgl. 9.30–18, sonst 10–12, 14–17 Uhr).

OT: Quai Bonnelle, 56360 Le Palais, Tel. 02 97 31 81 93, Fax 02 97 31 56 17, www.belle-ile.com. Ganzjährig Mo–Sa 9–12.30, 14–18, Juli/Aug. auch So 10–12.30, 16.30–18.30, April–Juni und Sept. So 10–12.30 Uhr.

******Castel Clara:** Goulphar, Bangor, Tel. 02 97 31 84 21, Fax 02 97 31 51 69, www.castel-clara.com; Mitte Nov.–Ende Febr. geschl. Komfortables Hotel am Strand, 39 Zimmer, DZ 149–569 €, Garten, Tennis, Pool, Parkplatz, Restaurant (Menü ab 40 €).
*****Clos Fleuri:** Route de Sauzon, Le Palais, Tel. 02 97 31 45 45, Fax 02 97 31 45 57, www.hotel-leclosfleuri.com. Charmantes Haus am Hafen, 20 Zimmer, DZ 61–122 €, Garten, Parkplatz.
****De Bretagne:** Quai de l'Acadie, Le Palais, Tel. 02 97 31 80 14, Fax 02 97 31 33 03, www.hotel-de-bretagne.fr. Am Hafen, 31 Zimmer, teils mit Balkon, DZ 42–86 €, Restaurant (Menü 24–41 €).
Camping & Jugendherberge:
Auberge de Jeunesse: Haute Boulogne, Le Palais, Tel. 02 97 31 81 33, Fax 02 97 31 58 38. Jugendherberge mit 93 Plätzen in 2- und 3-Bett-Zimmern.
*****De l'Océan,** Rosboscére, Le Palais, Tel. 02 97 31 83 86, Fax 02 97 31 87 60, www.camping-ocean-belle-ile.com; Mitte Okt.–Anfang April geschl. Nette Anlage, 125 Stellplätze, Pool, Restaurant.
***Des Grands-Sables,** Les Grands-Sables, Locmaria, Tel. 02 97 31 84 46; Mitte Sept.–Ende April geschl. Einfache, kleine Anlage am Strand, 30 Plätze.

L'Odyssée: Quai Vauban, Le Palais, Tel. 02 97 31 43 24. Am Hafen, Couscous, Fischgerichte, Menü 18–29 €.
St-Louis: Quai Naudin, Sauzon, Tel. 02 97 31 64 91. Traditionelle Küche, Terrasse am Hafen, Menü 24–43 €.

Ausflüge: Macha Voile, 9, place de l'Hôtel de Ville, Le Palais, Tel. 02 97 31 57 04; Segeltörn um die Insel. Les Calèches de Locmaria, Chemin du Petit Houx, Locmaria, Tel. 02 97 31 76 67, www.lescaleches.com; Kutschfahrten.
Fahrräder: Au Cheval de Fer, quai Gambetta, Le Palais, Tel. 02 97 31 50 70, www.auchevaldefer.com; auch Motorräder etc.
Golf: Golf de Belle-Île-en-Mer, Pointe des Poulains, Sauzon, Tel. 02 97 31 64 65; 13 Loch, par 53, 4275 m.
Hochseeangeln: Atmos'Air Marine, 1, route de Bangor, Le Palais, Tel. 02 97 31 55 55, www.belle-ile-marine.com; auch Tauchfahrten.

So sieht es in vielen bretonischen Häfen bei Ebbe aus

Reiten: La Ferme du Poney Bleu, Anter, Sauzon, Tel. 02 97 31 64 32, http://perso.wanadoo.fr/poneybleu. Ranch et Écuries de Parlevant, Bangor, Tel. 02 97 31 88 02.
Hubschrauber: Héli Bretagne Atlantic, Tel. 02 97 30 18 30; Rundflüge.
Wassersport: Angélus Plongée, 2, quai Gambetta, Le Palais, Tel. 06 85 13 83 76, www.angelus-plongee.com; Tauchen. Horizon, Locmaria, Tel. 02 97 31 54 71, www.belleile-horizon.com; Segeln, Windsurfen, Meereskajak.

Kleinbus: Les Bus Bleus, 4, quai Bonnelle, Le Palais, Tel. 02 97 31 32 32; zu allen Dörfern und Stränden.
Autovermietung: Locatourisle, Le Palais, Tel. 02 97 31 82 56.

Houat und Hoëdic

Reiseatlas: S. 237, F4
›Ente‹ und ›Entchen‹ nennen sich die beiden Nachbarinseln. Auf Letzterer, **Hoëdic,** ist außer einem Fort von 1859 nichts Bemerkenswertes zu sehen. Von Vauban stammt die Festung auf **Houat;** gegen die britischen Belagerer konnte sie kaum etwas ausrichten. Dreimal war die ca. 5 x 1 km große Insel im 17. und 18. Jh. von Engländern besetzt. Heute ist Houat weniger begehrt. Die Fähre, die an der Nordküste anlegt, bringt ein paar Tagestouristen vom Festland herüber. Sie können die Küste auf einem Wanderweg umrunden oder sich einen der schönen Strände, darunter Tréac'h er Salus im Südwesten und Tréac'h er Goured im Osten, zum Baden aussuchen. Manche Naturliebhaber lockt auch die Flora, wachsen doch im Schutz der Dünen wilde Zwergrosen und eine nur hier anzutreffende Meereslilienart.

**Des Îles: 56170 Houat, Tel. 02 97 30 68 02, Fax 02 97 30 66 61, www.chez.com/houat; Nov.–Febr. geschl. Kleines Hotel am Strand, 13 Zimmer, DZ 53–69 €, Restaurant (Menü 23–38 €).

Carnac

Reiseatlas: S. 237, F3
Etwa 4500 Dolmen, 56 Steinalleen, 58 Steinkreise, dazu Tausende von Menhiren und Tumuli – die Bretagne besitzt eine stattliche Anzahl an Megalithdenkmälern. Mehr als 3000 Menhire haben sich allein in der Gemeinde Carnac erhalten, wies dieses Zentrum der jungsteinzeitlichen Kultur in damaliger Zeit (Mitte 5.–Ende 3. Jahrtausend v. Chr.) doch ein milderes Klima auf, als es im Norden der Bretagne herrschte. Die Legende hält indes eine andere Erklärung für die hohe Konzentration an Denkmälern bereit: Cornelius, der von 251–253 als Papst gegen Götzenverehrung und Tieropfer antrat, wurde angesichts seiner unbeliebten Maßnahmen in die Verbannung geschickt und gelangte schließlich auf einen Berg in der Bretagne. Da erstreckte sich vor ihm das Meer, während sich in seinem Rücken ein feindliches Heer formierte. Cornelius fand Rettung aus der misslichen Lage, indem er die Soldaten in Steine verwandelte. Alljährlich werden sie in der Weihnachtsnacht wieder lebendig, um in den umliegenden Wirtshäusern zu zechen. Wer ihnen dort begegnet, ist des Todes!

In den 1990er Jahren schien es allerdings ratsam, die ›steinernen Soldaten‹ umgekehrt vor ihren menschlichen Besuchern zu schützen. Etwa 350 000 Gäste kamen alljährlich und hinterließen zwischen den Steinreihen Trampelpfade. Bis zu 20 cm Boden wurden abgetragen, so dass die Granitblöcke umzustürzen drohten. Doch nicht genug damit: Viele Touristen bestiegen die Menhire oder zeichneten jungsteinzeitliche Einritzungen mit Kreide und Ölfarbe nach, damit sie auf Fotos besser zur Geltung kamen. So mussten die Alignements schließlich eingezäunt werden und sind seither nur noch von der Straße aus zu besichtigen.

St-Cornély, dem Schutzpatron des Hornviehs, der das ›Steinwunder‹ vollbrachte, ist die Dorfkirche aus dem 17. Jh. geweiht. Zur selben Zeit wurde am nordöstlichen Ortsrand die **Kapelle St-Michel** gegründet. Sie erhebt sich auf einem Tumulus, der mit 125 m Länge, 60 m Breite und 10 m Höhe der größte Grabhügel Europas ist. Während man Grabanlagen aus Bruchsteinen als ›Cairn‹ bezeichnet, ist der Tumulus ein Hügel aus Sand, Steinen und Erde – die beiden Begriffe werden allerdings nicht immer in ihrer korrekten Bedeutung verwendet.

Der **Tumulus St-Michel** enthält einen Steinkern, darüber eine Tonschicht als Dichtung, über die Steine gehäuft wurden. Im Innern, das ausnahmsweise nicht über einen Gang erreichbar war, entdeckten die Archäologen bei ihren Erkundungen (1862–64) zwei größere Grabkammern und 13 Steinkistengräber. Nach der Größe des Hügels und den Kleinfunden zu urteilen war der Tumulus für eine bedeutende Persönlichkeit und sein Gefolge angelegt worden, lässt also auf eine Fortentwicklung der Gesellschaftsform zur Zeit seiner Errichtung (um 3800–3500 v. Chr.) schließen.

Insgesamt 7000 Exponate, darunter Funde vom Tumulus, sind im **Musée de Préhistoire** zu besichtigen (Mitte Sept.–Mitte Juni Do–Di 10–12.30, 13.30–18, Mi 13.30–18, sonst abends bis 19 Uhr). Das Museum gibt einen Überblick von der Altsteinzeit (um 450 000 v. Chr.) bis ins frühe Mittelalter (ca. 8. Jh. n. Chr.). Erst nach dieser Zeit wurde das heutige Carnac-Bourg gegründet, an dessen Nordrand das **Archéoscope** u. a. eine Multimediashow zu historischen Fakten und Hypothesen rund um die prähistorischen Steinsetzungen bietet (tgl. 10–17.30 Uhr). Von der Terrasse des Hauses kann man einen Blick auf die **Alignements du Ménec** werfen, die sich von hier Richtung Nordosten erstrecken (s. S. 190).

Wer sich partout nicht für Menhire begeistern kann, der findet in **Carnac-Plage** Europas modernstes Thalassotherapiezentrum und fast 3 km herrlicher Sandstrände.

OT: 74, avenue des Druides, 56340 Carnac, Tel. 02 97 52 13 52, Fax 02 97 52 86 10, www.ot-carnac.fr; Juli, Aug. Mo–Sa 9–19, sonst Mo–Sa 10–12, 14–18 Uhr.

******Le Diana:** 21, bd. de la Plage, Carnac-Plage, Tel. 02 97 52 05 38, Fax 02 97 52 87 91, www.lediana.com; Okt.–April geschl. Komfortables Haus am Strand, 31 Zimmer, DZ 130–240 €, Parkplatz, Pool, Restaurant (Menü 35–40 €).

*****Le Plancton:** 12, bd. de la Plage, Carnac-Plage, Tel. 02 97 52 13 65, Fax 02 97 52 87 63, www.hotel-plancton.com; Okt.–Febr. geschl. Nettes Hotel am Strand, 30 Zimmer, DZ 92–139 €, Parkplatz, Restaurant (Menü 22–44 €).

****Du Tumulus:** 31, rue du Tumulus, Carnac-Bourg, Tel. 02 97 52 08 21, Fax 02 97 52 81 88; Mitte Okt.–Ende Dez. und Mitte Jan.–März geschl. Charmantes Logis de France, 25 Zimmer, DZ 47–95 Garten, Pool, Parkplatz, Restaurant (Menü 20 €).

****La Marine:** 4, place de la Chapelle, Carnac-Bourg, Tel. 02 97 52 07 33, Fax 02 97 52 17 90; Jan. geschl. Einfaches Haus, 31 Zimmer, DZ 40–52 €, Restaurant mit Terrasse (Menü ab 12 €).

Camping:

******Le Rosnual:** Route d'Auray, Carnac-Bourg, Tel. 02 97 52 14 57, Fax 02 97 52 86 44, www.camping-vagues-oceanes.com; Mitte Sept.–Mitte April geschl. Gut ausgestattete Anlage, 200 Plätze, Pool.

****Du Men-Du:** Chemin de Beaumer, Carnac-Plage, Tel./Fax 02 97 52 04 23, www.camping-mendu.com; Mitte Sept. bis Mitte April geschl. Einfache Anlage am Strand, 100 Plätze.

Jardin de Valentin: 2, rue St-Cornély, Tel. 02 97 52 19 12; mit schönem Innenhof, Menü ca. 20 €.

Markt: Mi und So.

Aug.: Am 3. So im Monat **Menhirfest.**

Sept.: Am 2. So **Pardon** zu Ehren von St-Cornély.

Bahn: Ab Plouharnel Anschluss an die Strecke Auray–Quiberon.

Bus: Nach Quiberon, Auray und Locmariaquer.

PRÄHISTORISCHE STEINSETZUNGEN BEI CARNAC – EIN WEGWEISER

Le Ménec (an der D 196, die Carnac im Norden verlässt): Alignements (Steinreihen), wie man sie hier antrifft, sind allesamt von Nordost nach Südwest ausgerichtet. Sie dienten eventuell zur Festlegung der Sonnenaufgangspunkte, um so einen Kalender für den Ackerbau zu erstellen. Die Alignements de Ménec umfassen 1099 Menhire in elf parallelen, 1167 m langen Reihen. Am Westende sind die Steine bis zu 4 m hoch, im Osten kaum 60 cm. Als Abschluss der Alignements findet sich an beiden Enden (bei anderen Alignements nur im Westen) eine Querreihe und ein Cromlech (steinerner Halbkreis). Eine Theorie besagt, dass dort, hinter dem Sichtschutz der Querreihe, kultische Handlungen im Rahmen eines Totenkults vollzogen wurden.

Kermario (500 m weiter östlich an der D 196): 1029 Menhire in zehn Reihen von 1120 m Länge. Die Steine erreichen im Westen eine Höhe von 6,40 m. Ein Cromlech ist dort nicht vorhanden. Vom Turmstumpf einer ehemaligen Mühle kann man die Steinreihen überblicken. Am östlichen Ende der Alignements befindet sich Manio-Kermario II. Hier handelt es sich um ein so genanntes Langhügelgrab, eine langgestreckte, von Steinen eingefasste Anlage, die unter einer Erdschicht Steinkistengräber birgt. Manio-Kermario II ist älter (ca. 1000 Jahre) als die Steinreihen, denn sie laufen über den 54 m langen, 35 m breiten und 1 m hohen Hügel

Tausende Menhire bevölkern die Landschaft um Carnac

hinweg. Am östlichen Ende des Grabes erhebt sich ein 4 m hoher Menhir mit Schlangengravur, der als Malstein deutlich die Steine der Alignements überragt.

Kercado (hinter Kermario Abzweig rechts von der D 196 zum Schloss von Kercado): 3,5 m hohes und 30 m langes Ganggrab Mané Er Groez, bei dem ein Gang zu einer Grabkammer führt. Auch hier findet sich ein Menhir als Indikator. Einige Tragsteine weisen Gravuren auf. Mané Er Groez wird auf 3500 v. Chr. datiert und ist damit eines der ältesten und besterhaltenen Megalithdenkmäler der Bretagne.

Kerlescan (100 m weiter auf D 196): 540 Menhire in 13, knapp 880 m langen Reihen. Beim Cromlech im Westen wurde ein Beil aus der Kupferzeit geborgen, das die Datierung der Anlage um 2000 v. Chr. ermöglichte. Vom Cromlech verläuft ein gepflasterter Weg zum Langhügelgrab Kerlescan II, das also wohl zur gleichen Zeit gebaut wurde. Dieser Weg gab Anlass zu der Vermutung, dass einst Pilger an den Steinreihen entlang zum Heiligtum (Cromlech) und dann zu den Toten schritten. Ein weiterer, ca. 1000 Jahre älterer Cromlech befindet sich im Norden der Steinreihen, die sich im Osten mit den Alignements de Petit Ménec fortsetzen.

Camp du Lizo (am Ortsende von Kerlescan links auf die D 186, nach 2 km an der Kreuzung rechts): Camps wie dieses werden meist als Oppidum in gallo-römische Zeit datiert, doch sind viele von ihnen wahrscheinlich älter und wurden am Ende der Bronzezeit als Verteidigungsanlagen möglicherweise gegen ein Volk aus dem Osten errichtet.

Le Moustoir (an der erwähnten Kreuzung links Richtung Carnac): Hinter dem Weiler liegt rechts der Straße ein 90 m langer Tumulus, der zwischen 3500 und 2400 v. Chr. datiert wird.

Keriaval (an der erwähnten Kreuzung geradeaus zur D 768, dort links einbiegen, nach 1 km führt – etwa 100 m vor der ersten Kreuzung – links ein Fußweg in ein Waldstück): Über den Weg gelangt man zu einem Dolmen, der in die Zeit von 3500–2400 v. Chr. zu datieren ist. Es handelt sich hier um ein sogenanntes Kreuzganggrab, bei dem von einem 6 m langen Gang vier Seitenkammern abzweigen.

Mané-Kerioned (200 m weiter auf der D 768): Rechts der Straße befinden sich drei Ganggräber, die einst unter einem Erdhügel verborgen waren. Heute ist nur noch eines davon überdeckt. Bei diesem bemerkt man auf einigen Tragsteinen eingravierte Muster und Figuren, deren Bedeutung nur zum Teil entschlüsselt ist.

Plouharnel (von Carnac über die D 781 zu erreichen): Im Dorf erhebt sich der Cairn de Rondossec mit drei Ganggräbern.

Ste-Barbe (auf der D 781 weiter Richtung Erdeven, nach 2 km links der Straße gelegen): Die meisten Menhire der hiesigen Alignements sind mittlerweile umgestürzt.

Crucuno (nach einem weiteren Kilometer den Abzweig rechts von der D 781 nehmen): Die Nebenstraße führt zu einem Dolmen, auf dessen neun Tragsteinen ein 40 t schwerer Deckstein ruht. Bei diesem Grab handelt es sich um den Rest einer Allée couverte, die aus hintereinander gesetzten Dolmen gebildet wird.

Kerzerho (auf der D 781 weiter Richtung Erdeven): Kurz vor Erdeven quert die Straße die aus 1100 Menhiren in zehn Reihen gebildeten Alignements.

Am Golfe du Morbihan

Nach Locmariaquer

Reiseatlas: S. 237, F3
Östlich von Carnac liegt **La Trinité-sur-Mer,** dessen Fischerei- und Jachthafen man vom Pont Kérisper gut überblicken kann. Die Brücke über die Mündung des Flusses Crac'h besaß einen Vorgängerbau von Gustave Eiffel, der im Zweiten Weltkrieg zerstört wurde.

Der für uns eigenartig klingende Name des Badeortes **Locmariaquer** bedeutet ›Dorf‹ (*quer* oder *ker*) ›der heiligen‹ (*loc*) Maria. Bekannt ist er vor allem für seine Megalithdenkmäler, darunter der Tumulus d'Er-Grah sowie die Dolmen Mané-Lud und Mané-Rethual. Am eindrucksvollsten aber ist das 130 m lange Ganggrab **Table des Marchands.** Die Übersetzung ›Tisch der Kaufleute‹ trifft nicht unbedingt zu, vielmehr handelte es sich bei den Marchands eher um eine Familie, die hier ein Grundstück besaß. Allerdings sah das jungsteinzeitliche Grab (4000–3400 v. Chr.) tatsächlich wie ein Tisch aus, bevor man es 1937 wieder mit einem Cairn überdeckte, um die aufgebrachten Gravuren gegen weitere Erosion zu schützen. Möglicherweise wurde die Grabstätte schon in der Jungsteinzeit als Steinbruch benutzt, jedenfalls fehlen mehrere Tragsteine. Die Deckplatte ihrerseits ist Bruchstück eines älteren Menhir, denn eine ihrer Ritzzeichnungen setzt sich beim Deckstein eines Dolmen auf der Île Gavrinis im Golfe du Morbihan fort.

Unter den Gravierungen auf der Table des Marchands finden sich u.a. Hakenstäbe in vier Reihen, Beilformen und eine Strahlensonne. Wie gewagt ihre Deutungen ausfielen, zeigt die Ansicht des Archäologen Z. Le Rouzic, der in den Stäben ein Kornfeld mit herabhängenden Ähren unter einer Sonne und in einem Beil mit vorangestellten Linien ein von Tieren gezogenes Pfluggerät sehen wollte. Letztlich muss man davon ausgehen, dass sich der Sinn der Darstellungen niemals zweifelsfrei klären lässt.

Rätsel wirft auch der in vier Bruchstücken in der Nähe der Table liegende **Men-er-Hroëc'h** auf. Der einst gut 20 m hohe und 350 t schwere Steinblock ist der größte Menhir der Bretagne, dessen Granit auf der Halbinsel Quiberon gebrochen wurde. Neuere Berechnungen haben ergeben, dass zu damaliger Zeit 15–20 Arbeitskräfte erforderlich waren, um einen Stein von einer Tonne Gewicht zu bewegen und aufzurichten. Doch macht man sich heute weniger Gedanken über den Transport dieses Giganten als vielmehr darüber, weshalb der Stein zerbrochen ist. Mal heißt es, er sei um 1700 von einem Blitzschlag getroffen worden, dann wieder vermutet man das Zerstörungswerk christlicher Mönche. Nach anderer Auffassung wurde er niemals mit Erfolg aufgerichtet oder war schon im Neolithikum umgestürzt worden, um ihn als Steinbruch zu nutzen. Gegen diese beiden letzteren Annahmen spricht allerdings die Tatsache, dass man unter den Bruchstücken des Menhir Spuren gallo-römischer Siedler fand. Ungeklärt ist schließlich auch, welche Aufgabe ein solch mächtiger Klotz zu erfüllen hatte. Mal gilt er als Indikator des nahen Grabes, dann als Teil eines Observatoriums oder als Wegweiser für die in den Golfe du Morbihan einfahrenden Seeleute.

In der Tat misst die gefährliche Einfahrt in den Golf zwischen der Pointe de Kerpenhir und Port-Navalo nur einen Kilometer. An der Straße von Locmariaquer zur Pointe liegt der **Tumulus Mané-er-Hroëc'h.** Ein Menhir, den man an seinem Eingang fand, wurde später im Grab aufgestellt. Er besitzt einige Gravierungen, darunter ein vielfach anzutreffendes Symbol in Form eines Kochkessels, das als Haupt der Großen Göttin gedeutet wird.

Auf der Küstenstraße geht es von der Pointe de Kerpenhir weiter nach Westen und zum **Langgrab Pierre-Plates,** einer Allée couverte über ellbogenförmigem Grundriss, wie sie gegen Ende der Jungsteinzeit errichtet wurde. Auch hier sind auf vielen Tragsteinen Gravierungen zu entdecken.

OT: Rue de la Victoire, 56740 Locmariaquer, Tel. 02 97 57 33 05, Fax 02 97 57 44 30, www.locmariaquer.com; Juli, Aug. Mo–Sa 9–19, sonst Mo–Sa 9.30–12.30. 14–17.30 Uhr.

*****Trois Fontaines:** Route d'Auray, Locmariaquer, Tel. 02 97 57 42 70, Fax 02 97 57 30 59, www.hotel-troisfontaines.com; Mitte Nov.–Mitte März geschl. Charaktervolles Haus am Meer, 18 Zimmer, DZ 70–120 €, Garten, Parkplatz.
****Le Relais de Kerpenhir:** Kerpenhir, Locmariaquer, Tel. 02 97 57 31 20, Fax 02 97 57 36 35, www.le-relais-de-kerpenhir.ifrance.com. 17 Zimmer, DZ 46–48 €, Garten, Parkplatz, Restaurant (Menü 12–28 €).

Bei La Trinité-sur-Mer

****L'Ostréa:** 34, cours des Quais, 56740 La Trinité-sur-Mer, Tel. 02 97 55 73 23, www.hotel-ostrea.com; Dez., Jan. geschl. 12 Zimmer, DZ 54–62 €, Parkplatz, Restaurant (außerhalb der Saison So abends und Mo geschl., Menü 25–39 €).
Camping:
******La Baie**: Plage de Kervillen, La Trinité, Tel. 02 97 55 73 42, Fax 02 97 55 88 81, www.camping-la-baie.com; Mitte Sept.–Mitte Mai geschl. Komfortable Anlage am Strand, 170 Plätze, Tennis, Pool, Restaurant, Wassersport.
*****Municipal La Falaise:** Kerpenhir, Locmariaquer, Tel. 02 97 57 31 59, Fax 02 97 57 31 59; Mitte Okt.–Mitte März geschl. Sehr schön am Strand gelegen, 313 Plätze, Restaurant.

L'Azimut: 1, rue du Men-Du, La Trinité, Tel. 02 97 55 71 88; außerhalb der Saison Di abends und Mi geschl. Fisch und Meeresfrüchte vom Holzkohlegrill, hervorragende Küche, Terrasse über dem Hafen. Menü 20–60 €. Zudem 6 sehr schöne Zimmer (DZ 60–120 €).

Markt: Di und Do in La Trinité-sur-Mer, Di und Sa in Locmariaquer.

Ausflüge: Vedettes L'Angélus, Port du Guilvin, Locmariaquer, Tel. 02 97 57 30 29, www.vedettes-angelus.com; Rundfahrten mit dem Boot im Golf. Ähnliche Fahrten mit Navix ab Locmariaquer (Tel. 02 97 57 33 10, www.navix.fr) und La Trinité (Tel. 02 97 55 81 00).
Fahrräder: Station Élan, Route d'Auray, Locmariaquer, Tel. 02 97 57 32 52.
Segeln: Société Nautique, Le Sémaphore de kerpenhir, Locmariaquer, Tel. 02 97 57 46 31, www.snloc.com; auch Surfen.

Bus: Nach Auray und Carnac.
Fähre: Juli, Aug. Personenfähre (mit Fahrradtransport) ab Locmariaquer nach Port-Navalo: Vedettes Le Lez V, Tel. 02 97 53 72 63. Autofähren zu den Inseln Belle-Île und Houat (ab La Trinité oder Locmariaquer): Compagnie des Îles, Port du Bourg, Tel. 02 97 57 33 10, www.compagniedesiles.com; Navix, Port du Bourg, Tel. 02 97 57 33 10, www.navix.fr.

Am Nordufer des Golfs

Reiseatlas: S. 237, F3
1364 war **Auray** Schauplatz einer Schlacht, die im bretonischen Erbfolgekrieg eine entscheidende Wendung brachte: Die mit den Engländern verbündeten Bretonen unter Yann de Montfort siegten über die Franzosen unter Bertrand du Guesclin. Die ältesten erhaltenen Wohnhäuser der Stadt, im Quartier St-Goustan nahe dem Hafen, stammen allerdings erst aus dem 15. Jh. Von der Promenade du Loch hat man einen schönen Blick auf diese Altstadt, während im Port der Schoner Goélette St-Sauveur über das Hafenleben im 19. Jh. informiert (April–Sept. tgl. 10–19 Uhr, Juli, Aug. bis 23 Uhr). Aus dem 17. Jh. stammt die Kirche St-Gildas. Von dort geht es Richtung Südwesten zum Mausolée de Cadoudal (s. S. 23), das gegenüber dem Geburtshaus des Rebellen auf dem Hügel Kerléano liegt.

6 km nördlich von Auray befindet sich der meistbesuchte Pilgerort der Bretagne, **Ste-Anne-d'Auray**. Pardons finden hier zwischen März und Oktober statt, am beliebtesten sind die Wallfahrten am 25./26. Juli und an Mariä Himmelfahrt. Der Legende nach war die heilige Anna eine bretonische Schlossherrin, die, als sie schwanger war, von ihrem Ehemann verjagt wurde

Sommeridylle im Hafen von Auray

und ihr Kind, die Gottesmutter Maria, auf der Flucht in Nazareth gebar. Der wundersamen Dinge nicht genug, kehrte sie im Alter in die Bretagne zurück. Am 26. Juli 1623 soll sie in Ste-Anne dem Landarbeiter Yves Nicolazic erschienen sein und ihm aufgetragen haben, eine Kapellenruine wiederaufzubauen. Zwei Jahre später, am 7. März 1625, fand Yves im Acker eine Statue und ließ dort ein Gotteshaus errichten. Es brannte 1796 nieder und wurde 1866–72 durch einen Neubau ersetzt, in dem in einer Kapelle noch Reste der alten Statue zu sehen sind. Von Bedeutung ist der Kirchenschatz (März–Okt. Mo–Fr 10.30–12, 15–18, Sa/So 15–18 Uhr), der Statuen, Votivtafeln und Goldschmiedearbeiten umfasst. Eine ebenfalls dort zu besichtigende Reliquie der hl. Anna ist das Geschenk von Königin Anna von Österreich zur Geburt ihres Sohnes, des späteren Louis XIV. Genießer entdecken in den Bäckereien des Ortes eine Spezialität namens ›Jésuite‹, einen lockeren Kuchen, der reißenden Absatz findet.

Von Auray geht es Richtung Süden weiter nach **Le Bono,** wo Gustave Eiffel eine Brücke am Golfe du Morbihan baute. Südöstlich liegt der Austernhafen **Larmor-Baden,** von hier kann man Überfahrten zur Île de Gavrinis unternehmen.

OT: 20, rue du Lait, 56400 Auray, Tel. 02 97 24 09 75, Fax 02 97 50 80 75; Juli, Aug. Mo–Sa 9–19, So 9–12, sonst Mo–Fr 9.30–12, 14–18, Sa 9.30–12 Uhr.

***Manoir de Kerdréan:** 56400 Le Bono, Tel. 02 97 57 84 00, Fax 02 97 57 83 00, www.abbatiales.com. Übernachten in einem Herrenhaus, 69 Zimmer, DZ 80–125 €, Tennis, Pool, Garten, Parkplatz, Restaurant (Menü 20–40 €).
Du Loch: 2, rue Guhur, La Forêt, Auray, Tel. 02 97 56 48 33, Fax 02 97 56 63 55, www.hotel-du-loch.com. Schön gelegenes Logis de France, 30 Zimmer, DZ 60–73 €, Parkplatz, gutes Restaurant (Okt.–Ostern Sa mittags und So abends geschl., Menü 17–42 €).
***L'Auberge:** 56, route de Vannes, 56400 Ste-Anne-d'Auray, Tel. 02 97 57 61 55, Fax 02 97 57 69 10, www.auberge-larvoir.com; Mitte Febr.–Anf. März und Mitte Nov.–Anf. Dez. geschl. Gemütliches Logis de France, 6 Zimmer, DZ 44–50 €, Parkplatz, gutes Restaurant (Mi geschl., Menü 20–67 €).
Camping:
Du Port d'Auray: Les Pommiers, Auray, Tel. 02 97 24 01 48, Fax 02 97 50 85 53; Okt.–März geschl. recht gut ausgestattete, preiswerte Anlage, 135 Plätze, Pool, Disco.
Du Parc-Lann: Le Bono, Tel./Fax 02 97 57 93 93, campingduparclann@wanadoo.fr; Okt.–April geschl. bescheiden ausgestattete Anlage, 60 Plätze.

Closerie de Kerdrain: 20, rue Louis Billet, Auray, Tel. 02 97 56 61 27; Mo, Mitte Nov.–Anf. April auch So abends geschl. Gourmet-Küche in stilvollem Château aus dem 16. Jh. Menü 46–70 €.

Markt: Mo in Auray.

Ausflüge: Ab Port-Blanc Rundfahrten im Golf mit Izenah Croisières, Le Port, 56780 Île aux Moines, Tel. 02 97 26 31 45, www.izenah-croisieres.com. Ab Auray (Porte de St-Goustan) und Le Bono Fahrten mit Navix, Tel. 02 97 56 59 47, www.navix.fr; ab Larmor-Baden mit Vedettes Blanches Armor, Tel. 02 97 57 24 47, www.croisieres-golfe-du-morbihan.com.
Wassersport: Cata School, Pen Lannic, Larmor-Baden, Tel. 02 97 57 20 80; Segeln.

Bahn: Ab Auray nach Quiberon, Lorient und Vannes.
Bus: Ab Auray u.a. nach Quiberon, Lorient und Vannes.
Fähre Ab Larmor-Baden zur Île de Gavrinis (Juni–Sept.), ab Port-Blanc ganzjährig alle halbe Stunde zur Île aux Moines.

Inseln im Golf

Reiseatlas: S. 238, A3
Mor bihan, ›kleines Meer‹, nennt sich der Golf, dessen Wasserfläche bei Flut 130 km² umfasst und bei Ebbe auf fast ein Drittel schrumpft. Irgendwo hier sollen die Römer in einer Seeschlacht die keltischen Veneter besiegt und damit die Bretagne für sich erobert haben. Eine Laune der Natur hatte dieses Schicksal bestimmt. Die Schiffe der Veneter waren durch eine plötzlich aufkommende Windstille manövrierunfähig und dadurch zur leichten Beute der römischen Galeeren geworden. Zu damaliger Zeit existierte der Golf bereits, doch drei Jahrtausende zuvor herrschten andere Bedingungen: Auf der Insel **Er Lannic,** heute ein Vogelreservat, das man nicht betreten darf, stehen zwei Cromlechs, die bei Flut teilweise überspült werden – Indiz für das Absinken der bretonischen Landmasse durch Krustenbewegungen und den Anstieg des Meeresspiegels nach dem Ende der letzten Eiszeit.

Von den übrigen Inseln befinden sich viele in Privatbesitz, so auch die **Île de Gavrinis,** doch hat sich dort ein Cairn von 100 m Durchmesser erhalten, der besichtigt werden darf. Er ist bekannt für die überaus kunstvollen Gravuren auf 23 seiner 29 Tragsteine. In den konzentrischen Kreisen und Halbkreisen glaubt man das Symbol für die Herrin des Totenreiches zu erkennen. Auch der Deckstein ist verziert, er stammt von einem älteren Denkmal in Locmariaquer (s. S. 192) und konnte damals womöglich noch trockenen Fußes hierher transportiert werden.

Mehrere Megalithdenkmäler stehen auch auf der **Île d'Arz.** Die Dorfkirche besitzt Bögen und Kapitelle des 12. Jh. Die mit 6 km Länge größte Insel ist die **Île aux Moines,** die sich einst in Klosterbesitz befand. Mimosen, Kamelien, Palmen, Zitronen- und Orangenbäume künden vom milden Klima im Golf.

Camping: Municipal du Vieux Moulin, Le Vieux Moulin, Route de Brouël, Île aux Moines, Tel. 02 97 26 30 68; Mitte Sept.–Mitte Juni geschl. Sehr spartanisch ausgestattete Anlage, 44 Plätze.

Fahrräder: Location du Port, Île aux Moines, Tel. 06 11 84 59 54.
Wassersport: Transcata, Île aux Moines, Tel. 06 82 69 38 13; Meereskajak. Centre Nautique des Glénans, Île d'Arz, Tel. 02 97 44 31 16; Segeln.

Vannes

Reiseatlas: S. 238, A3
Nach siegreicher Seeschlacht gegen die Veneter gründeten die Römer am Nordufer des Golfe du Morbihan die Siedlung Civitas Venetis. Die aufstrebende Ortschaft wurde bereits im 4. Jh. unter eingewanderten Kelten mit einer ersten Wehrmauer umzogen und war seit dem 5. Jh. Bischofssitz. 826 erhielt hier Nominoë von Ludwig dem Frommen den Herzogtitel. Von Vannes aus gelang es ihm, die bretonischen Länder zu einem Königreich zu einen. Erst vom 11. Jh. an trat die Stadt allmählich ihre Bedeutung an Rennes ab. Immerhin blieb sie so wichtig, dass hier 1532 der Union der Bretagne mit Frankreich Brief und Siegel gegeben wurden. Die Region blieb fortan königstreu, auch nach Ausbruch der Französischen Revolution. Hier formierten sich die Chouans, hier wurden die letzten Kämpfer der zweiten Chouannerie hingerichtet (s. S. 23). Die Weichen für den wirtschaftlichen Niedergang waren schon lange zuvor gestellt worden, als Paris entschieden hatte, den Sitz der Indienkompanie nicht hierher, sondern nach Lorient zu verlegen. Erst vom 19. Jh. an erholte sich Vannes. Es blieb im Unterschied zu Lorient von den Wirren des Zweiten Weltkriegs weitgehend verschont und besitzt deshalb noch heute eine ansprechende und von vielen Touristen besuchte Altstadt.

Die Festungsmauer (13.–17. Jh.) ist zur Hälfte erhalten, sie besitzt im Süden, zum Jachthafen hin, ein prächtiges, von klassizistischen Häusern umgebenes Barocktor, die **Porte St-Vincent** 1 (1704). Davor kann man in einem der Cafés eine gemütliche Rast einlegen, um dann mit der Stadtbesichtigung zu beginnen. Die Rue St-Vincent-Ferrier führt vom Tor geradewegs zur **Place des Lices,** dem von spätmittelalterlichem Fachwerk und Steinhäusern des 18. und 19. Jh. gesäumten einstigen Turnierplatz. 1418

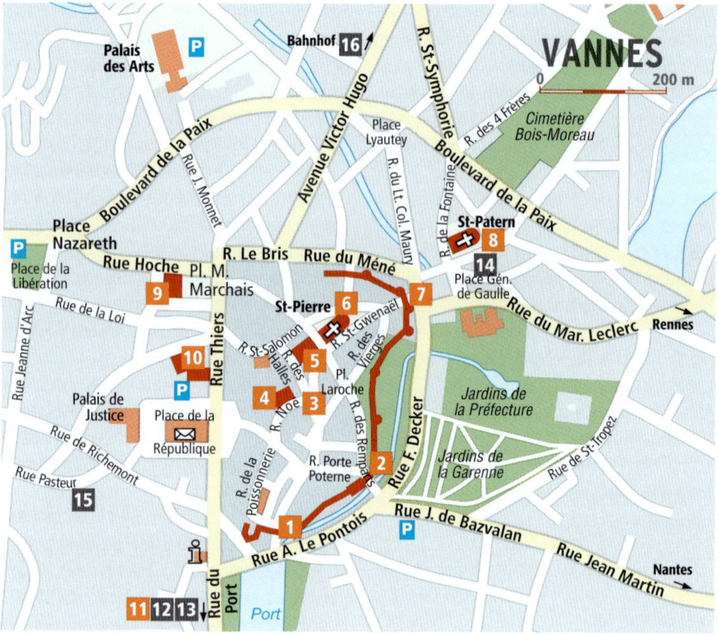

hielt hier der später heilig gesprochene Dominikaner Vincent Ferrier aus Valencia eine feurige Bekehrungsrede. Etwas östlich kann man die Altstadt über die Porte Poterne verlassen, um von der vorgelagerten Brücke einen Blick auf die **Lavoirs** 2 am Flüsschen Marle zu werfen. Diese Waschhäuser wurden im 19. Jh. im Fachwerkstil errichtet, die tief gezogenen Schieferdächer dienten den Wäscherinnen als Wetterschutz. Hübsch anzusehen sind auch die im französischen Stil angelegten Gärten im ehemaligen Burggraben.

Nördlich der Place des Lices starb im Haus Place Valencia 17 im Jahr 1419 **Vincent Ferrier** 3; es wurde im 16. Jh. umgebaut. Das Eckhaus, bei dem die Rue Noé in den Platz mündet, ist als **Maison de Vannes** bekannt (frühes 16. Jh.). Zwei Fratzen an der Fassade stellen »Vannes et sa femme« dar.

Rue Noé Nr. 2 ist die Adresse des **Château Gaillard** (15. Jh.), in dem ab 1675 kurzzeitig das Parlament der Bretagne tagte (s. Rennes, S. 55). Es beherbergt das **Musée Archéologique du Morbihan** 4 mit Funden aus vor- und frühgeschichtlicher Zeit bis zur Renaissance (Mitte Juni–Mitte Sept. tgl. 10–18 Uhr). Wer das Museum in Carnac bereits besichtigt hat, wird die hiesige Sammlung zur Megalithkultur allerdings weniger interessant finden.

Sehenswürdigkeiten
1 Porte St-Vincent
2 Lavoirs
3 Sterbehaus Vincent Ferriers
4 Château Gaillard (Musée Archéologique du Morbihan)
5 La Cohue
6 Kathedrale
7 Porte Prison
8 St-Patern
9 Rathaus
10 Hôtel de Limur
11 Parc du Golfe

Übernachten
12 Villa Kérasy
13 Mercure Vannes Aquarium
14 Au Relais du Golfe

Essen und Trinken
15 Le Commodore
16 Le Richemont

Zum zweiten bedeutenden Museum der Stadt, **La Cohue** 5 gelangt man von der Place Valencia aus über die fachwerkbestandene Rue des Halles. La Cohue, ›das Gedränge‹, ist die alte Markthalle (12.–16. Jh.), über der im ersten Stock das Gericht tagte. Nach der Französischen Revolution zog ein Theater in die Halle, Aufführungen wurden bis 1950 gegeben. Heute sind hier in der Galerie des Beaux-Arts u.a. Gemälde von Delacroix, Corot und Goya, aber auch vieler bretonischer Künstler sowie Sonderausstellungen zu sehen. Eine angeschlossene Sammlung zur Stadtgeschichte zeigt u.a. Exponate zur Schifffahrt und zur Muschelzucht (Ende Juni–Ende Sept. tgl. 10–18, sonst tgl. 13.30–18 Uhr). Der alten Markthalle gegenüber erhebt sich die von Fachwerk umrahmte **Kathedrale St-Pierre** 6, ein nicht sonderlich beeindruckendes Gotteshaus mit Stilmischungen des 13.–19. Jh. Sehenswert sind allerdings der Kreuzgang (16. Jh.) und die vom linken Seitenschiff vorspringende Kapelle, ein in der Bretagne seltenes Beispiel der Renaissance (1537). Sie birgt das Grabmal des heiligen Vincent Ferrier.

Von der **Porte Prison** 7 aus dem 13. Jh., in der 1795 die gefangenen Royalisten auf ihre Erschießung warteten, wirft man kurz einen Blick hinüber zur Pfarrkirche **St-Patern** 8 (18. Jh.), um dann zur Rue Thiers zu schlendern. Über diese schnurgerade Verkehrsachse, die im Westen die Altstadt begrenzt, gelangt man – das wuchtige **Rathaus** 9 (1866), das barocke **Hôtel de Limur** 10 (ca. 1660) und die ausladende Place de la République rechts liegen lassend – zurück zum Hafen.

Die südliche Verlängerung der Rue Thiers führt stadtauswärts zum etwa 2 km entfernten **Parc du Golfe** 11 mit dem **Aquarium océanographique et tropical** (Okt.–März tgl. 14–18, April–Juni, Sept. tgl. 10–12, 14–18, Juli/Aug. tgl. 9–19), dem **Palais des Automates** mit über 200 mechanischen Puppen des 19. und 20. Jh. (April–Juni, Anf.–Mitte Sept. tgl. 10–12, 14–18, Juli, Aug. tgl. 10–19, Mitte Sept.–Anf. Nov., Febr.–März tgl. 14–18 Uhr), und dem **Jardin aux Papillons,** einem Schmetterlingspark (April–Juni, Sept. tgl. 10–12.30, 14–18.30, Juli/Aug. tgl. 10–19.30 Uhr).

OT: 1, rue Thiers, 56000 Vannes, Tel. 02 97 47 24 34, Fax 02 97 47 29 49, www.tourisme-vannes.com; Juli, Aug. Mo–Sa 9–19, So 10–12, April–Juni, Sept. Mo–Sa 10–18, sonst Mo–Sa 10–12, 14–18 Uhr.

******Villa Kérasy** 12: 20, avenue Favrel et Lincy, Tel. 02 97 68 36 83, Fax 02 97 68 36 84, www.villakerasy.com. Jedes der 12 luxuriösen Zimmer repräsentiert einen Halt auf der Seeroute nach Indien, DZ 115–160 €, Garten, Parkplatz.

*****Mercure Vannes Aquarium** 13: Parc du Golfe, Tel. 02 97 40 44 52, Fax 02 97 63 03 20, www.mercure-vannes.com. Modernes, gut ausgestattetes Haus, 77 Zimmer, DZ 90–120 €, Parkplatz, Restaurant (Menü 18–45 €).

****Au Relais du Golfe** 14: 10, place du Gén. de Gaulle, Tel. 02 97 47 14 74, Fax 02 97 42 52 28. Einfach, aber preiswert, 14 Zimmer, DZ 31–55 €.

Camping:

Municipal de Conleau, 188, avenue du Mal. Juin, Tel. 02 97 63 13 88, Fax 02 97 40 38 82; Okt.–März geschl. Einfache, schattige Anlage, 247 Plätze.

Le Commodore 15: 3, rue Pasteur, Tel. 02 97 46 42 62; So, Mo mittags und Sa mittags geschl. Solide bretonische Küche, Menü 20–26 €.

Le Richemont 16: 24, pl. de la Gare, Tel. 02 97 42 61 41; Mitte Nov.–Mitte Febr. geschl., sonst Mo/Di geschl. Fischgerichte, kreative Mischung aus bretonischer und mediterraner Küche, Menü 26–62 €.

Die Porte St-Vincent in Vannes

Markt: Mi und Sa.

Le Bar Bi: Parc du Golfe, Tel. 02 97 46 05 55; Disco.
D'ici et d'ailleurs: 24, rue du Mar. Juin, Tel. 02 97 63 04 52; Café mit Live-Musik.

Kino La Garenne: 12 bis, rue A. Le Pantois; fünf Säle.

Juli: Anfang des Monats **Fêtes Historiques,** am Ende **Jazzfestival.**
Aug.: Fêtes d'Arvor, bretonisches Volksfest.

Ausflüge: Kreuzfahrten mit Mittag-/Abendessen (Menü 19–27 €), zur Île aux Moines, Île d'Arz und Belle-Île ab Gare Maritime, Parc du Golfe: Navix, Tel. 02 97 46 60 00, www.navix.fr.
Fahrräder: Cycles de Mellec, Rue Jean Gougaud, La Madeleine, Tel. 02 97 63 00 24.
Reiten: Centre Équestre de Bilaire, 8, chemin de Bilaire, Tel. 02 97 47 47 27.
Rundflüge: Aéro Club de Vannes, Aérodrome de Vannes-Meucon, Monterblanc, Tel. 02 97 60 73 08, www.chez.com/vannesaeroclub.
Wassersport: Canoë-Kayak Club de Vannes, 40, rue du Commerce, Tel. 02 97 01 35 35, ckcv.free.fr/; Meereskajak. Les vénètes, 5, av. Wilson, Tel. 02 97 42 47 00, http://perso.wanadoo.fr/cdasm.56/csv.htm; Tauchen. UCPA, Base de Vannes, Port de Vannes, Tel. 05 56 59 03 14; Segeln.

Bahn: Über Lorient nach Brest, über Redon nach Rennes und Nantes.
Bus: U.a. nach Auray, Lorient, Pontivy, Redon, Rennes.
Fähre: Zur Île d'Arz mit Conleau, M. Le Bris, Tel. 02 97 50 83 83.
Autovermietung: Rent-a-Car, 49, avenue de Verdun, Tel. 02 97 01 05 05.

Gezwitscher

Rund 10 km südlich von Vannes erstrecken sich beim Dorf **Falguérec** 220 ha ehemaliger Salzgärten. Hier finden Tausende einheimischer und Zugvögel in himmlischer Abgeschiedenheit ein Zuhause. Von einem modernen Besucherzentrum aus kann man diese **Réserve Naturelle Marais de Séné** auf angelegten Wegen besichtigen (Febr.–Juni So 10–13, 14–19, dazu im April tgl. 14–19, Juli–Mitte Sept. tgl. 10–13, 14–19 Uhr, in dieser Zeit Do ab 19 Uhr geführte Rundgänge nach Voranmeldung: Tel. 02 97 66 92 76, www.reservedesene.com).

Die Presqu'Île de Rhuys

Reiseatlas: S. 238, A3
Stadtauswärts auf der N 165 Richtung Nantes, dann nach Süden abgeschwenkt auf die D 780 zur Presqu'Île de Rhuys. Die Halbinsel besitzt im Norden Austernbänke, im Süden, zum Atlantik hin, hübsche Sandstrände. Vom Hauptort **Sarzeau** führt eine Straße nach Südosten zum 3 km entfernten **Château Suscinio** (13.–15. Jh.), der ehemaligen Sommerresidenz der bretonischen Herzöge. Das einst von Wassergräben umzogene Schloss ist nach 30-jähriger Arbeit inzwischen anspruchsvoll restauriert. Im Eingangsgebäude, dessen Bodenmosaik von einer zerstörten Kapelle aus dem 14. Jh. stammt, wurde ein Museum zur Geschichte der Bretagne eingerichtet

DER UNGLÜCKLICHE ABT VON ST-GILDAS

In seiner »Theologie« versuchte er, dem großen Anliegen seiner Zeit entsprechend, Glaube und Wissen in Einklang zu bringen: **Pierre Abélard.** Der 1079 in La Pallet bei Nantes als Sohn eines Ritters geborene Kirchenmann, der sich selbst den rätselhaften Namen Habelardus zulegte, reiste durch Frankreich und besuchte hier mehrere Schulen, um Philosophie zu studieren. Selbst Lehrer in Paris geworden, machte er im Alter von 38 Jahren eine schicksalhafte Begegnung: Die 16-jährige **Heloïse,** Nichte des Chorherren Fulbert, wurde seine Schülerin und Geliebte. Fulbert missbilligte das Verhältnis, ließ beide verfolgen und bestrafte den Unhold mit denkbar großer Schmach. Abélard selbst drückte es so aus: »Sie trennten von meinem Körper jene Teile, mit denen ich meine Verfehlung begangen hatte.«

Heloïse zog sich auf Abélards Wunsch hin ins Kloster Argenteuil zurück und gebar dort ein Kind des inzwischen Entmannten. Später wechselte sie in das von Abélard gegründete Kloster Paraklet über, das sie als Äbtissin leitete und zu einem bedeutenden geistlichen Zentrum entwickelte. Dort starb sie 1164.

Abélard ging nach der Trennung weiter seiner Tätigkeit als Lehrer nach. Er schrieb Briefe an die ferne Geliebte, und da sie diese nicht erwidern durfte, verfasste er selbst die Antworten, darunter folgende Zeilen: »Gott ist mein Zeuge, ich habe je und je in Dir nur Dich gesucht, Dich schlechthin, nicht das Deine, nicht Hab und Gut. Ein festes Eheband, eine Morgengabe – habe ich je danach gefragt? Du bist mein Zeuge, nicht meine Lust, nicht mein Wille war je mein Ziel, nein, nur Deine volle Befriedigung. In dem Namen ›Gattin‹ hören andere vielleicht das Hehre, das Dauernde; mir war es immer der Inbegriff aller Süße, Deine Geliebte zu heißen, ja – bitte zürne nicht! – Deine Schlafbuhle, Deine Dirne. Die tiefste Erniedrigung vor Dir versprach die höchste Huld bei Dir, und ich brauchte so in meiner Niedrigkeit Deinen Ruhmesglanz auch nicht zu trüben.«

1128 wurde er von Conan IV als Abt ins Kloster St-Gildas gerufen. Hier schuf er sieben seiner wichtigsten Werke, die ihn als Mitbegründer der dialektisch-scholastischen Methode auszeichnen.

Ausgesprochen schlecht blieb sein Verhältnis zu den Mönchen, von denen er schrieb, sie hätten »als einzige Regel die, dass sie keine haben«. Auf eine Beschwerde in Rom hin exkommunizierte ihn der Papst. Nachdem die Mönche um 1133 einen Mordanschlag auf ihn verübt hatten, floh Abélard und landete erneut als Lehrer in Paris. Dort jedoch wurde er als Ketzer angeklagt und erhielt Schreib- und Redeverbot. Auf dem Weg nach Rom, wo er sich dem Disput über seine Trinitätslehre stellen wollte, starb er am 21. April 1142 im Kloster St-Marcel bei Chalon-sur-Saône.

Heloïse ließ ihn im Kloster Paraklet begraben, wo auch sie ihre letzte Ruhe fand. Während der Französischen Revolution wurde beider Grab verwüstet. Später wurden die sterblichen Überreste auf dem Pariser Friedhof Père-Lachaise beigesetzt.

(Nov.–Jan. Do–Mo 10–12, 14–17, Feb., März, Okt. Do–Mo 10–12, 14–18, April–Sept. tgl. 10–19 Uhr).

Richtung Westen geht es weiter nach **Arzon.** Kurz vor dem Ort befindet sich rechts der Straße mit dem 20 m hohen **Tumulus de Tumiac** ein weiteres Fürstengrab. Von seinem Gipfel soll Caesar die Schlacht gegen die Veneter beobachtet haben. Arzon selbst ist ein beliebter Ferienort, ebenso wie **Port-Navalo,** wo sich noch einige alte Villen erhalten haben, und der Jachthafen **Port du Crouesty.**

Von Port-du-Crouesty bis nach **St-Gildas-de-Rhuys** erstrecken sich kilometerlange Sandstrände. Namengeber des letzteren Ortes ist Gildas Badonicus, ein keltischer Brite, der um 530 auf der Insel Houat landete. Es heißt, er habe einer Ermordeten das Haupt wieder aufgesetzt. Diese Legende geht wahrscheinlich auf einen Erbschaftsstreit zurück, bei dem eine Grafentochter verwundet wurde und Gildas sie mit druidischem Geheimwissen heilte. Der Lokalherrscher von Vannes gewährte dem Wundertäter ein Stück Land zur Gründung eines Klosters. Von dessen Nachfolgebau sind noch Querschiff und Chor der Kirche aus dem 11. Jh. zu sehen. Die Apsis zählt zu den schönsten Beispielen der Romanik in der Bretagne. Ebenfalls aus dem 11. Jh. stammt hinter dem Hochaltar die Grabplatte des 570 verstorbenen Gildas.

OT: Rue du Général-de-Gaulle, 56370 Sarzeau, Tel. 02 97 41 82 37, Fax 02 97 41 74 95; Juli, Aug. Mo–Sa 9–19, sonst Mo–Sa 9–12, 14–18 Uhr.

****La Chaumière de la Mer:** Chemin du Mur du Roy, Sarzeau, Tel. 02 97 67 35 75, Fax 02 97 67 38 17; Nov.–März geschl. 15 Zimmer, DZ 52–60 €, Garten, Parkplatz, Restaurant (Menü 20–25 €).
****Glann-ar-Mor:** 27, rue des Fontaines, 56640 Arzon, Tel. 02 97 53 88 30, www.glannarmor.fr. Einfach, 8 Zimmer, DZ 40–54, Menü 17–32 €, Parkplatz.
Camping:
******Du Menhir:** Route de Port-Navalo, Le Crouesty, Tel. 02 97 45 22 88, Fax 02 97 45 37 18, campingmenhir@aol.com; Mitte Sept.–Mitte Mai geschl. Gut ausgestattete Anlage am Strand, 180 Plätze, Pool, Wassersport, Tennis, Restaurant.
*****Le Treste:** Route du Roaliguen, Sarzeau, Tel. 02 97 41 79 60, Fax 02 97 41 36 21, www.campingletreste.com; Mitte Sept.–Mitte Juni geschl. Nette Anlage am Strand, 185 Plätze, Pool, Wassersport.
****De Bilouris:** Pointe de Kerners, Arzon, Tel./Fax 02 97 53 70 55, bilouris@aol.com; Nov.–Mitte März geschl. Am Strand, 100 Plätze, Wassersport, Restaurant.

Aug.: Festival de Suscino mit Musik, Tanz- und Theaterdarbietungen im restaurierten Schloss.

Casino: Port du Crouesty, Arzon, Tel. 02 97 53 99 44.

Ausflüge: Golfkreuzfahrten mit Essen (Menü 19–27 €), auf der Rivière d'Auray, zur Île d'Arz, zur Île aux Moines und Belle-Île ab La Criée, Port-Navalo: Navix, Tel. 02 97 53 74 12, www.navix.fr.
Fahrräder: Abbis, 11, quai des Voiliers, Le Crouesty, Arzon, Tel. 02 97 53 64 64.
Golf: Golf de Rhuys-Kerver, Domaine de Kerver, 56730 St-Gildas-de-Rhuys, Tel. 02 97 45 30 09; 18 Loch, par 72, 5989 m.
Hochseeangeln: Jean-Claude Nicol, 16, rue du Beg-Lan, Sarzeau, Tel. 02 97 41 85 58, www.jcnicol.com.

Bus: Arzon–Sarzeau–Vannes.
Fähre: Juli/Aug. Personenfähre (mit Fahrradtransport) ab Port-Navalo nach Locmariaquer: Vedettes Le Lez V, Tel. 02 97 53 72 63.

Zurück nach Rennes

Über Questembert nach Rochefort-en-Terre

Reiseatlas: S. 238, A/B 2/3
Kurz hinter Theix führt ein Abzweig von der N 165 links zum **Château du Plessis-Josso,** einem Schloss aus dem 14.–17. Jh., dessen Innenräume man jedoch nur in den Sommermonaten besichtigen kann (Juli, Aug. 14–19 Uhr jede halbe Stunde). Etwa 15 km nordöstlich ist **Questembert** erreicht. Auf dem Friedhof bei der Chapelle St-Michel steht ein Kalvarienkreuz, das an einen Sieg über die Normannen im Jahre 888 erinnert. Die Kapelle und einige der umliegenden Granithäuser stammen aus dem 16. Jh. In diese Zeit, exakt ins Jahr 1552, datiert auch die 55 m lange Markthalle, die Questemberts ganzer Stolz ist.

Ein wahres Musterdorf, mit blumengeschmückten Schiefer- und Granithäusern des 16.–18. Jh. und der Wallfahrtskirche Notre-Dame-de-la-Tron-

Rochefort-en-Terre

chaye aus dem 12.–16. Jh., erwartet den Reisenden in **Rochefort-en-Terre**. Der von den Römern gegründete Ort erhielt im frühen 12. Jh. eine erste Wehranlage, die jedoch während der Französischen Revolution zerstört wurde. 1907 erwarb der amerikanische Porträtmaler Alfred Klots die Ruine und führte eine Restaurierung durch. Heute ist in dem Gebäude ein Regionalmuseum untergebracht (April, Mai Sa, So 14–18.30, Juni, Sept. tgl. 14–18.30, Juli, Aug. tgl. 10–18.30 Uhr).

OT: Place de la Mairie, 56230 Questembert, Tel. 02 97 26 56 00, Fax 02 97 26 54 55, www.questembert.com; Juli/Aug. Mo–Sa 10–12.30, 14.30–19, So 10–12.30, sonst Mo–Sa 10–12.30, 14.30–17.30 Uhr
OT: Place des Halles, 56220 Rochefort-en-Terre, Tel. 02 97 43 33 57, Fax 02 97 43 33 57, www.rochefort-en-terre.com; Juli, Aug. Mo–Sa 10–12.30, 14–19, So 10–12, sonst Mo–Sa 10–12, 14–18 Uhr.

****Le Pélican:** Place des Halles, Rochefort-en-Terre, Tel. 02 97 43 38 48, Fax 02 97 43 42 01; Mitte Jan.–Mitte Febr. geschl. Nettes Logis de France, 7 Zimmer, DZ 42–62 €, Restaurant (Menü 13–36 €).
****Le Ste-Anne:** 19, avenue de la Gare, Questembert, Tel. 02 97 26 11 47, Fax 02 97 26 53 95, lesainteanne@wanadoo.fr. Einfaches Logis de France, 10 Zimmer, DZ 36–37 €, Garten, Parkplatz, Pool, Restaurant (Menü 15–41 €).
Camping:
*****Du Moulin Neuf:** Chemin de Bogeais, Rochefort-en-Terre, Tel. 02 97 43 37 52, Fax 02 97 43 35 45; Mitte Sept.–Mitte Mai geschl. Schön gelegene Anlage, 60 Plätze, Tennis, Pool.
****Municipal de l'Étang de Célac:** Célac, Questembert, Tel. 02 97 26 11 24, Fax 02 97 26 54 15; Mitte Sept.–Mitte Juni geschl. Einfache, preiswerte Anlage am Seeufer, 90 Plätze.

Graue Vorzeit

Ein Vergnügen für Familien mit Kindern ist der **Parc de Préhistoire** in **Malansac,** wo lebensgroße Skulpturen u. a. die Entwicklung der Saurier und des Frühmenschen nachbilden (April–Mitte Okt. tgl. 10.30–19, Mitte Okt.–Mitte Nov. So 13.30–18 Uhr, www.prehistoire.com).

Le Bretagne et sa Résidence: 13, rue St-Michel, Questembert, Tel. 02 97 26 11 12; Mo ganztägig, Di und Mi mittags geschl. Erlesenes Ambiente, kreative Küche: Menü 37–120 €. Das Haus vermietet zudem 9 Zimmer, DZ 90–150 €.
Les Ardoisières: Pl. St-Michel, Rochefort-en-Terre, Tel. 02 97 43 41 28. Einfache traditionelle Küche, Menü 14–30 €.

Markt: am ersten Mo im Monat in Questembert.

Aug.: Am dritten So **Pardon** zur Notre-Dame-de-la-Tronchaye.

Fahrräder: Mecadom, 36, avenue de la Gare, Questembert, Tel. 02 97 26 63 06.
Reiten: Les Écuries du Vieux Puits, Le Bertino, Route de Vannes, Questembert, Tel. 02 97 26 69 28.

Bahn: Questembert liegt an der Bahnlinie Vannes–Redon.
Bus: Vannes–Questembert–Rochefort-en-Terre, von dort weiter nach Redon.

Malestroit und Guéhenno

Reiseatlas: S. 238, B 1/2
Häuser der Gotik und der Renaissance, teils mit Schnitzwerk, findet man rund um die Église St-Gilles in **Malestroit.** Am Südportal der Kirche aus dem 12.–16. Jh. sind die Evangelistensymbole zu entdecken – Stier und Adler werfen im Sommer gegen 15 Uhr einen Schatten, der dem Profil Voltaires entsprechen soll.

Im westlichen Nachbarort **St-Marcel** widmet sich das Musée de la Résistance bretonne dem bretonischen Widerstand gegen die deutsche Okkupation (Mitte Juni–Mitte Sept. tgl. 10–19, sonst tgl. 10–12, 14–18 Uhr). Interessant ist die Nachbildung einer typisch französischen Straße während des Zweiten Weltkriegs.

Weitere Rekonstruktionen alter Geschäfte, Bauernhäuser, Werkstätten und einer Schule präsentiert das Écomusée des Vieux Métiers in **Lizio,** das durch die kostümierten Puppen leider ein wenig an Reiz verliert (April–Sept. tgl. 10–12, 14–19, Okt, Febr., März tgl. 14–18 Uhr).

Über die D 10 geht es nun ein Stück westwärts und bei Plumelec auf ein Sträßchen Richtung **Guéhenno.** Auf dem Friedhof neben der Dorfkirche befindet sich ein Calvaire von 1530. Er ist das östlichste Beispiel dieses Denkmaltyps in der Bretagne.

Mehr Aufmerksamkeit verdient weiter westlich an der D 123 nach Bignan die **Domaine de Kerguéhennec.** Das Schloss wurde Anfang des 18. Jh. für einen Kaufmann der Ostindienkompanie errichtet, heute sind hier Ausstellungen und im Sommer Konzerte, Theater- und Ballettaufführungen zu sehen. Der 170 ha große Park beherbergt eine bedeutende Sammlung moderner Skulpturen (Mitte Jan.–Mitte Juni, Mitte Sept.–Mitte Dez. Di–So 10–18, Mitte Juni–Mitte Sept. Di–So 10–19 Uhr.)

OT: 17, place du Bouffay, 56140 Malestroit, Tel. 02 97 75 14 57, Fax 02 97 73 71 13, www.malestroit.com; Juli/Aug. Mo–Sa 10–12, 14–19, sonst Mo–Sa 9.30–12.30, 14.30–18.30 Uhr.

Camping:
****Municipal de la Daufresne:** Chemin des Tanneurs, Malestroit, Tel. 02 97 75 13 33, www.malestroit.com; Mitte Sept.–Mitte Mai geschl. Nette, einfache Anlage am Flussufer, 75 Plätze, Tennis.

Le Canotier: Place du Dr Queinnec, Malestroit, Tel. 02 97 75 08 69; Mo und So abends geschl. Einfache Küche, Terrasse, Menü 15–28 €.
La Pomme d'Or: Rue Nationale, 56420 Guéhenno, Tel. 02 97 42 28 79; Mi und So abends geschl. Traditionelle Gerichte, Menü 17–27 €. Das Haus vermietet 6 sehr einfache Zimmer (DZ 23 €).

Markt: am ersten Do im Monat in Malestroit.

Wassersport: Garde de l'Oust, La Daufresne, Malestroit, Tel. 02 97 75 29 86; Kanu und Kajak auf dem Nantes-Brest-Kanal (Juli, Aug.).

Josselin

Reiseatlas: S. 238, B 1
Josselin gruppiert sich um das majestätisch am Fluss Oust gelegene **Château,** das einst von der Familie Rohan

gegründet wurde. 1168 von Engländern zerstört, war das Schloss schon bald wieder aufgebaut und unter Olivier de Clisson im späten 14. Jh. um neun Rundtürme erweitert worden. Die harten Zeiten des Spätmittelalters gingen nicht spurlos vorüber, es folgten erneut schwere Verwüstungen und eine Restaurierung zur Regierungszeit der Anne de Bretagne. Aus dieser Ära stammt die beeindruckende Flamboyant-Fassade (1490–1505), die zur Hofseite weist.

Da die Rohans enge Beziehungen zu den Hugenotten unterhielten, wurde das Schloss 1629 ein weiteres Mal unter dem Katholiken Richelieu geschleift. Ab 1860 fand eine umfangreiche Sanierung statt. Ein Zweig der Rohan-Familie lebt noch heute im Château, und so kann im Innern nur das Erdgeschoss besichtigt werden (April, Mai, Okt. Sa, So 14–18, Juni, Sept. tgl. 14–18, Juli, Aug. tgl. 10–18 Uhr). In den ehemaligen Stallungen (3, rue des

Die Burg von Josselin

Trente) ist ein Museum mit etwa 500 Puppen des 17.–20. Jh. aus Frankreich und Europa untergebracht (gleiche Öffnungszeiten wie das Schloss).

Zweiter Glanzpunkt von Josselin ist die Pfarrkirche **Notre-Dame-du-Roncier,** in der Olivier de Clisson und seine Gattin Marguerite beigesetzt wurden (Grabmal aus dem 15. Jh.). Im Chor sind noch einige Spuren der romanischen Ursprungskirche zu entdecken, das übrige stammt aus spätgotischer Zeit. Ein angeblich wundertätiges Marienbildnis, das ein Bauer im 9. Jh. gefunden haben soll, wurde 1789 verbrannt, jedoch sind spärliche Reste vorhanden, die weiterhin verehrt werden. Zum Abschluss lohnt ein Blick vom mächtigen Glockenturm auf das Städtchen, das wir nun verlassen.

OT: Place de la Congrégation, 56120 Josselin, Tel. 02 97 22 36 43, Fax 02 97 22 20 44, www.paysdejosselin-tourisme.com; Juli, Aug. Mo–Sa 10–12.30, 14–19, So 10–12, sonst Mo–Sa 9.30–12.30, 14–18 Uhr.

****Du Château:** 1, rue Gén. de Gaulle, Tel. 02 97 22 20 11, Fax 02 97 22 34 09, www.hotel-chateau.com; Febr. sowie je eine Woche im Nov. und Dez. geschl., außerhalb der Saison Fr geschl. Logis de France in schöner Lage beim Schloss, 36 Zimmer, DZ 31–69 €, Parkplatz, gutes Restaurant (Menü 15–47 €).

****Le Relais de l'Oust:** Rte de Pontivy, Le Bouvray, Tel. 02 97 75 63 06, Fax 02 97 22 37 37 39, www.aurelaisdeloust.com. Ruhig gelegen, 25 Zimmer, DZ 41–57 €, Parkplatz Restaurant (Menü 13–37 €).

Camping:
*****Municipal Bas de la Lande:** Guégon, Tel. 02 97 22 22 20, Fax 02 97 73 93 85, campingbasdelalande@wanadoo.fr;Nov.–März geschl.Schattige Anlage am Fluss, 60 Plätze.

La Duchesse Anne: 8, place de la Duchesse Anne, Tel. 02 97 22 22 37; So abends und Mo geschl. Preiswerte traditionelle Küche, Menü 11–29 €.

Juli: Festival médiéval.
Sept.: Am 8. des Monats **Pardon** Notre-Dame du Roncier.

Fahrräder: Garage Le Texier, Tel. 02 97 22 22 55.
Wassersport: Le Roncier, Quai Fluvial, Tel. 02 97 22 24 68; Kanu und Kajak auf dem Fluss Oust.

Bus: U. a. nach Lorient, Vannes und Ploërmel.

Ploërmel

Reiseatlas: S. 238, B1
Touristisch hat Ploërmel einen schweren Stand gegen Josselin. Reste der Stadtmauer und einige spätmittelalterliche Bürgerhäuser, vor allem in der Rue Beaumanoir, haben sich erhalten, manches andere jedoch erlitt großen Schaden während des Zweiten Weltkriegs. Dies gilt auch für die spätgotische **Pfarrkirche St-Armel,** die dem britischen Missionar und »Drachenbezwinger« Armel (6. Jh.) geweiht ist. Von den prachtvollen Glasfenstern (Mitte 16. Jh.) hat nur eines mit der Darstellung der Wurzel Jesse die Kriegswirren überstanden. Gegenüber der Kirche kann im Innenhof des 1819 gegründeten katho-

lischen Stifts Jean-Marie de La Mennais eine mannshohe **astrologische Uhr** besichtigt werden, die 1850–55 von Bruder Bernardin geschaffen wurde. Größter Anziehungspunkt des Städtchens aber ist der 2,5 km nördlich gelegene Stausee **Lac au Duc** mit seinem reichhaltigen Freizeitangebot.

Die Unterlegenheit gegenüber Josselin hat eine gewisse Tradition. Wer aus dem Nachbarort kommt, passiert auf halber Strecke einen Flecken, der **La Pyramide** genannt wird. Hier fand am 27. März 1351, während des Erbfolgekrieges (s. S. 20), eine außergewöhnliche Schlacht statt. Josselin stand damals auf der Seite von Charles de Blois, Ploërmel hingegen war mit Yann IV de Montfort verbündet. Nachdem man sich diverse Gefechte geliefert hatte, die unentschieden geblieben waren, vereinbarten die Anführer schließlich, dass sich je 30 Ritter der beiden Seiten zum Entscheidungskampf treffen sollten. Sieger dieses Gemetzels wurde die Seite von Charles. Der Erbfolgekrieg allerdings endete erst lange danach, im September des Jahres 1364, mit dem Triumph von Yann.

OT: 5, rue du Val, 56804 Ploërmel, Tel. 02 97 74 02 70, Fax 02 97 73 31 82, www.ploermel.com; Juli, Aug. Mo–Sa 10–12.30, 14–19, sonst Mo–Sa 10–12.30, 14–18.30 Uhr.

*****Le Roi Arthur:** Lac au Duc, Tel. 02 97 73 64 64, Fax 02 97 73 64 50, www.hotelroiarthur.com; Mitte–Ende Febr. geschl. Sehr gut ausgestattetes Haus am See, 58 Zimmer, DZ 87–127 €, Garten, Pool, Parkplatz, Restaurant mit Terrasse (Menü 21–42 €).

*****Le Cobh:** 10, rue des Forges, Tel. 02 97 74 00 49, Fax 02 97 74 07 36, www.hotel-lecobh.com. Gemütliches Logis de France, 12 Zimmer, DZ 55–80 €, Garten, Parkplatz, Restaurant (Menü 15–32 €).
****Retour de Pêche:** 70, rue de la Gare, Tel. 02 97 74 05 32, Fax 02 97 74 36 41. 15 Zimmer, DZ 38–40 €, Parkplatz, gutes Restaurant (außerhalb der Saison So abends geschl., Büffet mit Meeresfrüchten 15–25 €).

Markt: Mo und Fr.

Bahn: An der Strecke von Vannes nach Rennes gelegen.
Bus: U.a. nach Josselin und Rennes.

Forêt de Paimpont

Reiseatlas: S. 238, C1
Das Innere der Bretagne, einst von dichtem Wald überzogen, wurde im 18. und 19. Jh. großflächig gerodet, teils für die Landwirtschaft, teils zur Hochofenbefeuerung in der Eisenindustrie. Von der sagenumwobenen »Forêt de Brocéliande«, Heimat von König Artus und Zauberer Merlin, blieben nur bescheidene Reste, darunter die 7000 ha messende Forêt de Paimpont. Ihr setzten ein Orkan im Jahre 1987 und ein Großbrand 1990 gewaltig zu. Aufgeforstet wurde mit Fichten und Kiefern, der ursprüngliche Baumbestand umfasst Kastanien, Eichen und Buchen.

Brocéliande – das klingt nach der Prinzessin eines Märchenreiches. Hingegen weiß man nicht so recht, was der Name bedeutet. Er könnte auf das keltische *Barc'h Hian* (›Reich der Druiden‹) oder einfach auf *bréchéliant* (›Teilgebiet‹) zurückgehen. Im Wald mit dem also rätselhaften Namen gibt es zahlreiche Punkte, die mit der Artussage verknüpft werden. Dazu gehört Merlins letzte Ruhestätte ebenso wie der Spiegelsee der Fee Morgane am Eingang zum **Val sans retour,** dem ›Tal ohne Wiederkehr‹, das Morgane mit einem Zauber belegte: Nur der Ritter kann es lebend wieder verlassen, der nie untreu wurde. Ob es lohnt, diese Orte zu besuchen, sei dahingestellt. Bei vielen angeblichen Schauplätzen der Artussage handelt es sich ursprünglich um prähistorische Denkmäler, die demnach bereits von den Kelten ins Repertoire ihrer Erzählungen aufgenommen wurden. Die Tourismusbehörden fachen diese Mystik erneut an, um Besucher in ihre Wälder zu locken. Das ist legitim, doch sollte man sich bewusst sein, dass die angepriesenen Stätten nicht eben mit Sensationen aufwarten. Es lohnt indes, den Wald zu Fuß zu durchstreifen, und sei es mit einem solch zweifelhaften Ziel.

Reisende aus Ploërmel lernen am südwestlichen Rand der Forêt zunächst **Trécesson** und sein Schloss aus dem 14. Jh. kennen. Etwas abseits der Straße, die von hier den Wald Richtung Norden quert, liegt die Fontaine de Barenton, Aus dieser Quelle steigen Bläschen empor, ein nicht ganz geklärtes Naturphänomen, das möglicherweise auf chemische Reaktionen zurückgeht. Fällt Wasser aus dieser Fontaine auf einen Stein nebenan, der Perron de Merlin genannt wird, so soll dies zu verheerendem Unwetter führen.

Herausragendes Kulturdenkmal der Forêt ist die Kirche von **Tréhorenteuc** bzw. ihre 1942–63 im Auftrag von Abbé Henri Gillard durchgeführte Ausschmückung mit Bildfenstern und Gemälden, die natürlich auch die Artussage thematisieren. Maßgeblich an den Arbeiten beteiligt waren zwei deutsche Kriegsgefangene, der Tischler Peter Wisdorf und der Maler Karl Rezabeck, die den Kreuzweg, Altäre und andere Bilder schufen. 12 der 14 Leidensstationen des Kreuzweges spielen an Orten in und um Tréhorenteuc – die beiden Künstler verquickten hier ihr persönliches Schicksal mit der Passion. Eine ausführliche Beschreibung der Bildwerke ist in der Kirche erhältlich.

Wer die Artussage näher studieren möchte, dem sei **Comper** empfohlen. Die hiesige Burgruine soll Geburtsort Vivianes gewesen sein, der Fee, in die Merlin sich verliebt hatte. Der Zauberer musste Viviane all sein Wissen preisgeben, um sie für sich zu erobern. Sein letztes Geheimnis war die Kunst, einen Mann für immer einzuschließen. Kaum hatte Merlin es ihr verraten, erprobte Viviane das neue Können an ihrem törichten Liebhaber und bannte ihn für die Ewigkeit in einen durchsichten Sarg. Zuvor hatte der Magier seiner Angebeteten auf dem Grund des Sees von Comper ein Kristallschloss gebaut, in dem sie den tapferen Lancelot zum Ritter erzog. Ein so bedeutender Ort ist es sich wohl schuldig, ein wissenschaftliches Zentrum zur Erkundung der Artuslegende zu unterhalten. Tatsächlich existiert ein Centre Arthurien, das in der Burg Veranstaltungen zu Themen rund ums Keltentum und zu dem sagenhaften König initiiert.

Letzter Halt im Wald sei der namengebende Hauptort **Paimpont,** dessen

Abtei im 7. Jh. gegründet, jedoch während der Französischen Revolution weitgehend zerstört wurde. In der Abteikirche haben sich noch Freskenfragmente aus dem 13. Jh. erhalten.

SI: 5, esplanade de Brocéliande, 35380 Paimpont, Tel. 02 99 07 84 23; Juli, Aug. tgl. 10–12, 14–18, Febr.–Juni, Sept.–Nov. Di–So 10–12, 14–18 Uhr.

****À l'Orée de la Forêt:** Route de Rennes, 56800 Campanéac, Tel. 02 97 93 40 27, Fax 02 97 93 11 75; erste März- und erste Oktoberhälfte geschl. Logis de France-Hotel am Rand der Forêt de Paimpont, 13 Zimmer, DZ 29–47 €, Garten, Parkplatz, Restaurant (Menü 11–33 €).

Le Relais de Brocéliande: 5, rue des Forges, Paimpont, Tel. 02 99 07 84 94. Hummer, Langusten, Spezialitäten aus dem Elsass, Menü 13–68 €.

St-Méen und Montfort

Reiseatlas: S. 233, C3/4, S. 235, D4
St-Méen-le-Grand im Norden der Forêt de Paimpont geht auf eine der ältesten Abteigründungen der Bretagne zurück, doch wurden die frühen Gebäude mehrfach durch Normannen und Franzosen zerstört. Die heutige Kirche datiert ins 12.–14. Jh. und besitzt noch einige Fresken aus dieser Zeit. Das Grabmal des heiligen Gründers befindet sich auf dem Friedhof, es stammt aus dem 15. Jh. Doch ist St-Méen heute weniger für seine Kirchen- und Kunstgeschichte bekannt als vielmehr dafür, dass hier der Radrennfahrer Louison Bobet geboren wurde, der in den 50er Jahren einige Male das Gelbe Trikot der Tour de France errang. Seine Heimatstadt hat ihm ein Museum gewidmet (Juli–Sept. tgl., sonst Mi–Mo 14–17 Uhr).

Auf dem Rückweg nach Rennes lohnt ein kurzer Besuch der Burg von **Montfort-sur-Meu.** 1091 gegründet und 1198 von Richard Löwenherz zerstört, wurde die Festung im späten 14. Jh. neu errichtet. In den erhaltenen Mauern logiert das Écomusée du Pays de Montfort, ein Heimatmuseum (Mo–Fr 8.30–12, 14–18, Sa 10–12, 14–18, So 14–18 Uhr). Auf einem letzten Abstecher Richtung Süden kann man schließlich in St-Thurial eine Römerbrücke besichtigen – eine der wenigen in Frankreich, die im Original erhalten blieben.

Camping: *Municipal La Porte Juhel, La Porte Juhel, 35290 St-Méen-le-Grand, Tel./Fax 02 99 09 58 04, Mitte Sep.–Mitte Juni geschl. Sehr kleine Anlage ohne Komfort, aber geeignet für einen Stopp außerhalb der Großstadt Rennes, 19 Plätze.

Lockruf der Motoren

Für eingefleischte Automobilisten kann es in der Bretagne nur ein Ziel geben: **Lohéac,** auf halber Strecke zwischen Rennes und Redon gelegen (D 177). In einem ehemaligen Herrenhaus ist dort das Manoir de l'Automobile untergebracht, ein Museum mit fast 250 bestens gepflegten Kraftfahrzeugen, vor allem Sport- und Luxuskarossen (Di–So 10–13, 14–19 Uhr).

REISEINFOS VON A BIS Z

Alle wichtigen Informationen rund ums Reisen auf einen Blick – von A wie Anreise bis Z wie Zeitungen

Extra: Ein Sprachführer mit wichtigen Redewendungen und Zahlen

Île de Batz

REISEINFOS VON A BIS Z

Anreise

... mit dem Flugzeug

Die Air France fliegt ab Düsseldorf über Paris (Charles de Gaulle) in ca. 4 Stunden nach Rennes. Hin- und Rückflug ab 140 €. Ab Zürich gelangt man über Paris (mit Flughafenwechsel von Charles de Gaulle nach Orly) oder Lyon in die bretonische Hauptstadt.

Information und Reservierungen
D: Tel. 0180/5 83 08 30
A: Tel. 01/5 02 22 24 00
CH: Tel. 044/4 39 18 18
www.airfrance.com

Rennes' Flughafen befindet sich 7 km südwestlich der Stadt in St-Jacques-de-la-Lande (Bus Nr. 57). Weitere bretonische Flughäfen, die man über Paris oder Lyon erreicht, sind Pleurtuit (5 km südlich von Dinard), Trémuson (St-Brieuc), Pégase (Lannion), Ploujean (Morlaix) und Guipavas (Brest).

... mit der Bahn

Drehscheibe für die Anreise mit dem Zug ist Paris. Fahrgäste aus der nördlichen Hälfte Deutschlands gelangen zur Gare du Nord (Köln–Paris ca. 4 Std.), Reisende aus dem Süden, Österreich und der Schweiz zur Gare de l'Est. Anschluss in die Bretagne hat man ab Gare Montparnasse; für den Bahnhofswechsel mit Métro, Bus oder Taxi ist etwa 1 Stunde zu kalkulieren.

Die Weiterfahrt erfolgt dann vorzugsweise mit dem Hochgeschwindigkeitszug TGV (*train à grande vitesse*), der fast doppelt so schnell zum Ziel gelangt wie normale Schnellzüge. Stationen des TGV in der Bretagne sind Vitré, Rennes (2 Std. ab Paris), St-Brieuc, Morlaix, Brest, Quimper, Lorient und Vannes. Reservierung ist erforderlich. Die einfache Strecke Paris–Rennes kostet ca. 40 € in der 2. Klasse.

Infos zu Zugfahrplan, Fahrtkosten und Preisermäßigungen
Französische Eisenbahnen SNCF
c/o Rail Europe
Lindenstr. 5,
60325 Frankfurt/Main
Tel. 0180/521 82 38
www.sncf.fr, speziell zum TGV www.tgv.com/index.jsp., www.raileurope.de
Rail Europe Suisse
Gutenbergstr. 1
3001 Bern
Tel. 0900/57 10 56

Autoreisezüge verkehren von Juni–Oktober z.B. ab Dortmund, Frankfurt/Neu-Isenburg, Hamburg, Hannover und Köln nach Nantes. Informationen bei der DB unter Tel. 0180/5 24 12 24, www.dbautozug.de.

Fahrräder werden als Gepäckversendung zu Pauschalgebühren befördert. Sie müssen in einem speziellen Karton verpackt sein, den man auf französischen Bahnhöfen oder bei uns in Fahrradläden erhält. Der Versand dauert 4–8 Tage.

... mit dem Bus

Ein Linienverkehr besteht nur bis Paris, ansonsten ist man auf Pauschalreisen angewiesen. Informationen hierüber erteilen Reisebüros und die französischen Fremdenverkehrsämter.

... mit dem Auto

Das Auto ist das beliebteste Verkehrsmittel für die Fahrt in die Bretagne. Reisende aus dem Norden sollten Paris umgehen und die fast vollständig als Autobahn ausgebaute Strecke über Amiens, Rouen und Caen nach Rennes wählen. Von Süden kommend, muss man sich zwischen Nationalstraßen oder dem Weg über Paris entscheiden. Im letzteren Fall folgt man auf dem Umgehungskreisel (Bd. Périphérique) den Wegweisern nach Nantes. Etwa 30 km hinter Paris geht es auf die A 11 Richtung Le Mans und dort auf die A 81 nach Vitré. Die Strecke Köln-Rennes beläuft sich auf etwa 1000 km.

Mit Ausnahme der Stadtumgehungen ist auf fast allen Autobahnen eine Gebühr zu entrichten *(péage)*, deren Höhe sich nach dem Fahrzeugtyp richtet. Für einen Kleinwagen beträgt sie etwa 30 € von Lille nach Rennes. An den Zahlstationen befinden sich gesonderte Schalter, an denen man den Betrag mit der Kreditkarte begleichen kann. Aktuelle Gebühren, einen Routenplaner und Informationen über Bauabschnitte unter www.autoroutes.fr.

Auf Autobahnen findet man alle 2 km Notrufsäulen (*refuge*); ihre Benutzung im Fall einer Panne ist Pflicht, wogegen man auf anderen Straßen rund um die Uhr die kostenlose Rufnummer 08 00 08 92 22 der AIT-Assistance nutzen kann (auch in deutscher Sprache).

Weitere Notrufnummern:
Polizei Tel. 17
ADAC in Frankreich Tel. 04 72 17 12 22, ADAC in München Tel. 0049/89/22 22 22 (auch für Nichtmitglieder).

An Papieren sollte man neben dem nationalen Führerschein und KFZ-Schein die Grüne Versicherungskarte (für Schweizer Pflicht) und einen Auslandsschutzbrief mitführen.

Apotheken

Ein grünes Neonkreuz an der Hauswand weist auf Apotheken *(pharmacie)* hin. Öffnungszeiten: 9–12, 14–18.30 Uhr. In der Lokalpresse und an den Türen der Apotheken sind Bereitschaftsdienste angezeigt.

Ärztliche Versorgung

Französische Ärzte und Krankenhäuser verlangen in der Regel Bargeld bzw. fragen nach einer Kreditkarte. Deutsche und Österreicher haben gemäß EU-Vereinbarung daheim Anspruch auf Rückerstattung der verauslagten Kosten gegen Vorlage der Arztrechnung. Die Europäische Krankenversicherungskarte (EHIC), die jeder gesetzlich Versicherte EU-Bürger bei seiner Krankenkasse erhält, erleichtert die Abrechnung von Arzt- und Krankenhauskosten. Da man aber damit rechnen muss, die Kosten nicht in voller Höhe zurückzubekommen, empfiehlt sich der Abschluss einer zusätzlichen Auslandskrankenversicherung, die die vollen Behandlungskosten sowie die Kosten eines notwendigen Rücktransports übernimmt. Für Schweizer ist ein solcher Schutz sogar unumgänglich, da sie ansonsten selbst bezahlen müssen. Die Versicherung ist im Leistungsumfang vieler Kreditkarten enthalten.

Ärztlicher Bereitschaftsdienst in Städten: Tel. 15

Autofahren

In Frankreich herrscht Anschnallpflicht. Fahrzeuge im Kreisverkehr haben Vorfahrt. Einige Vergehen werden streng geahndet, so das Überschreiten der Promillegrenze (0,5) und der zulässigen Höchstgeschwindigkeit. Anfänger, die ihren Führerschein seit weniger als zwölf Monaten besitzen, dürfen höchstens 80 km/h, auf Schnellstraßen 100 km/h, auf Autobahnen 110 km/h fahren. Bei Nässe gelten diese Werte auch für die übrigen Verkehrsteilnehmer, die ansonsten 130 km/h auf Autobahnen, 110 km/h auf vierspurigen und 90 km/h auf anderen Straßen fahren dürfen. In Ortschaften sind 50 km/h einzuhalten. Für Motorräder liegt die Höchstgrenze bei 90 km/h auf Autobahnen und 80 km/h auf anderen Straßen. Ein Sturzhelm ist Pflicht, das Abblendlicht einzuschalten.

Strafen sind an Ort und Stelle zu zahlen, in schweren Fällen droht die Beschlagnahme des Fahrzeugs. Auch bei Übertreten der Parkverbote muss man mit empfindlichen Geldbußen und Abschleppen rechnen. In der *Zone bleue* (blaues Schild mit P und Viereck darunter oder blaue Linie) ist das Parken für 1,5 Stunden, in der Mittagszeit für 2,5 Stunden mit Parkscheibe erlaubt. Die erforderliche *disque de stationnement* erhält man in Supermärkten und an Tankstellen. Auf gebührenpflichtigen Plätzen parkt man zwischen 12 und 14 sowie nach 19 Uhr kostenlos. Im Übrigen kann man oft auf Gratisflächen am Ortsrand ausweichen. Für Wohnmobile und Wohnwagen gilt in vielen Orten ein nächtliches Parkverbot.

Untersagt ist allen Verkehrsteilnehmern das Parken vor Krankenhäusern, Polizeirevieren, Postämtern, an Bushaltestellen und gelb markierten Bordsteinen. Wer sicher gehen will, stellt das Auto in der Hotelgarage oder im Parkhaus ab. Wertsachen sollten auch hier nicht im Wagen zurückgelassen werden.

Kraftstoffe (Normal = *essence ordinaire*, Super = *supercarburant*, Diesel = *gaz-oil*, bleifrei = *sans plomb*) waren lange Zeit erheblich teurer als in Deutschland, liegen inzwischen aber ein wenig unter unserem Stand. Das günstigste Benzin erhält man an den Tankstellen der großen Supermärkte. Im Hinterland ist das Tankstellennetz etwas weitmaschig.

Banken und Geld

siehe vordere Umschlaginnenklappe.

Behinderte

Moderne Hotels, Campingplätze und Restaurants verfügen oft über behindertengerechte Einrichtungen, die man in älteren Häusern meist vermisst. Ein Verzeichnis enthält die Broschüre »Où ferons nous étape«, die man gegen Gebühr von ca. 13 € anfordern kann bei:

Association des Paralysés de France Délégation Paris
22, rue du Père-Guérin
75013 Paris
Tel. 01 44 16 83 83
Fax 01 44 16 83 80

Weitere Informationen bei den lokalen Fremdenverkehrsämtern oder beim

Comité National de Liaison pour la Réadaptation des Handicapés
236 bis, rue de Tolbiac
75013 Paris
Tel. 01 53 80 66 66
Fax 01 53 80 66 67

Diebstahl

Obwohl die Bretagne ein sicheres Reiseziel ist, sollte man in Touristenzentren erhöhte Vorsicht walten lassen. Auch an der Küste kommt es gelegentlich zu Einbrüchen in Ferienhäuser oder Autos.

Diplomatische Vertretungen

Bundesrepublik Deutschland
Botschaft
13/15, avenue Franklin D. Roosevelt
75008 Paris
Tel. 01 53 83 45 00

Honorarkonsulate
Square du Commandant L'Herminier
29200 Brest
Tel. 02 98 44 35 59 und
13/15, rue Auguste-Nayel
56103 Lorient
Tel. 02 97 21 26 75

Österreich
Botschaft
6, rue Fabert
75007 Paris
Tel. 01 40 63 30 63

Schweiz
Botschaft
142, rue de Grenelle
75007 Paris
Tel. 01 49 55 67 00

Einreise- und Zollbestimmungen

EU-Bürger werden zwar an den Grenzen kaum noch kontrolliert, dennoch sollten sie einen Personalausweis mitführen, da er in Notfällen nützlich sein kann. Schweizer benötigen einen gültigen Reisepass. Kinder unter 16 Jahren müssen, sofern sie nicht in den Papieren eines Elternteils eingetragen sind, einen Kinderausweis besitzen. Autopapiere s. Anreise.

Im privaten Reiseverkehr innerhalb der EU dürfen Waren zum eigenen Verbrauch unbegrenzt mitgeführt werden. Zur Abgrenzung zwischen privater und gewerblicher Verwendung wurden folgende Richtmengen festgelegt: 800 Zigaretten, 400 Zigarillos, 200 Zigarren, 1 kg Rauchtabak, 10 l Spirituosen, 20 l andere alkoholische Getränke bis 22 % Alkoholgehalt, 90 l Wein (davon max. 60 l Schaumwein) und 110 l Bier. Nicht-EU-Mitglieder dürfen u.a. 200 Zigaretten, 1 l Spirituosen und 2 l Wein mitführen.

Haustiere dürfen erst ab einem Alter von drei Monaten mitgenommen werden, und das auch nur, wenn eine zwei bis zwölf Monate alte Tollwutimpfbescheinigung vorliegt.

Elektrizität

Stromspannung 220 V. Sicherheitsstecker passen nicht in die üblichen Steckdosen, wohl aber Flachstecker.

Feiertage

1. Januar: Neujahr (Jour de l'An)
Ostermontag (Lundi de Pâques)

1. Mai: Tag der Arbeit (Fête du Travail)
8. Mai: Waffenstillstand 1945 (Armistice 1945)
Christi Himmelfahrt (Ascension)
Pfingstmontag (Lundi de Pentecôte)
14. Juli: Nationalfeiertag, Sturm auf die Bastille
15. August: Mariä Himmelfahrt (Assomption)
1. November: Allerheiligen (Toussaint)
11. November: Waffenstillstand 1918 (Armistice 1918)
25. Dezember: Weihnachten (Noël).

Fotografieren

Filme sind in Frankreich sehr teuer, man sollte also genügend Material mitbringen. Blitzlicht ist in Kirchen, Schlössern und Museen zumeist untersagt, oft darf man dort überhaupt nicht oder nur gegen Zahlung einer Gebühr fotografieren.

Informationsstellen

Deutschland
Maison de la France
Zeppelinallee 37
60325 Frankfurt/M.
Tel. 0900/1 57 00 25 (0,49 €/Min.)
Fax: 0900/1 59 90 61 (0,49 €/Min.)
info.de@franceguide.com
http://de.franceguide.com

Österreich
Maison de la France
Lugeck 1–2/Stg. 1/Top 7
1010 Wien
Tel. 0900/25 00 15 (0,68 €/Min.)
Fax 01/5 03 28 72
info.at@franceguide.com
http://at.franceguide.com

Schweiz
Maison de la France
Rennweg 42
8023 Zürich
Tel. 0900/90 06 99 (1,20 Fr/Anruf + 0,30 Fr/Min.)
Fax 044/2 17 46 17
info.ch@franceguide.com
http://ch-de.franceguide.com

Bretagne
Comité Régional du Tourisme (CRT)
1, rue Raoul Ponchon
F-35069 Rennes Cedex
Tel. 02 99 36 15 15
Fax 02 99 28 44 40
tourism-crtb@tourismebretagne.com
www.tourismebretagne.com
www.region-bretagne.fr

Auskünfte zu den einzelnen Départements erteilen die regionalen **Comités Départementals de Tourisme (CDT):**

Côtes d'Armor
7, rue St-Benoît
22046 St-Brieuc Cedex 2
Tel. 02 96 62 72 00, Fax 02 96 33 59 10
armor@cotesdarmor.com
www.cotesdarmor.com

Finistère
11, rue Théodore Le Hars
29104 Quimper Cedex
Tel. 02 98 76 20 70, Fax 02 98 52 19 19
contact@finisteretourisme.com
www.finisteretourisme.com

Ille-et-Vilaine
4, rue Jean-Jaurès
35000 Rennes Cedex
Tel. 02 99 78 47 47, Fax 02 99 78 33 24

contact@bretagne35.com
www.bretagne35.com

Morbihan
allées Nicolas-Le-Blanc
56010 Vannes Cedex
Tel. 02 97 54 06 56, Fax 02 97 42 71 02
tourisme@morbihan.com
www.morbihan.com.

Wer bereits im Land ist, wendet sich an das jeweilige **Office de Tourisme (OT)** oder **Syndicat d'Initiative (SI),** das in jedem größeren Ort zu finden ist. OTs sind mit ein bis vier Sternen klassifiziert; je höher die Anzahl der Sterne, desto länger die Öffnungszeiten und desto mehr Sprachen werden im Büro gesprochen. Angaben zu allen Offices de Tourisme unter www.tourisme.fr.

Karten und Pläne

Für Autofahrer haben sich die Michelin-Karten im Maßstab 1 : 200 000 bewährt, die als Einzel- oder Doppelkarten erhältlich und in Frankreich billiger sind als im Ausland. Sehr nützlich ist auch der Michelin-Straßenatlas im gleichen Maßstab, der ganz Frankreich abbildet.

Für Radfahrer und Wanderer eignen sich die Karten der *Serie Verte* (Grüne Reihe, 1 : 100 000) oder der *Serie Bleue* (Blaue Reihe, 1 : 25 000) vom Institut Géographique National (ign). Stadtpläne von ausreichender Qualität erhält man gratis in den Touristenämtern.

Mietwagen

Sommergäste sollten schon daheim bei den internationalen Firmen ein Fahrzeug mieten, wogegen man in der Nebensaison auch ohne Vorausbuchung das geeignete Automobil findet. In allen größeren Orten sind die Hauptanbieter vertreten, z.B. am Bahnhof und am Flughafen. Der Mieter muss mindestens 21 Jahre, sein Führerschein mindestens ein Jahr alt sein. Der Vermieter verlangt eine Kaution oder eine Kreditkartennummer.
www.avis.com
www.europcar.de
www.hertz.de
www.e-sixt.de

Notruf

siehe vordere Umschlaginnenklappe.

Öffnungszeiten

siehe vordere Umschlaginnenklappe.

Post

Größere Postämter (PTT) sind Mo–Fr 8–19 Uhr und Sa vormittags geöffnet, in kleineren Orten wird zwischen 12 und 14 Uhr eine Mittagspause eingelegt. Standardbriefe und Postkarten ins europäische Ausland sind mit 0,50 € zu frankieren. Briefmarken *(timbres)* und Telefonkarten *(télécartes)* erhält man nicht nur bei der Post, sondern auch in Tabakläden und Bars mit Zigarettenverkauf.

Radio und Fernsehen

Auch viele Hotelzimmer der unteren Preisklasse besitzen einen Fernseher, über den man mehrere französische

Sender empfangen kann. TV- und Radioprogramme über Satellit strahlt die Deutsche Welle aus. Lokale Radiosender bieten Hits auf UKW. Radio France Armorique sendet im Sommer Nachrichten in deutscher Sprache.

Reisekasse

Das Preisniveau ist etwa dem in Deutschland vergleichbar. Recht hoch liegen jedoch die Eintrittspreise. Kinder, Schüler und Studenten mit internationalem Ausweis erhalten hier bis zu 50% Ermäßigung.

Souvenirs

Als Mitbringsel ist zunächst das Kulinarische zu empfehlen: Cidre, Calvados, Artischocken, Makronen aus St-Brieuc, Pralinen aus Rennes, Buttergebäck aus dem Bigoudenland, Schinken aus Morlaix oder die in vielen Häfen hergestellten Fischkonserven. Daneben bieten sich Fayencen aus Quimper, Glas und Töpferware aus Locronan, Spitzendecken und -hauben aus dem Bigoudenland, Keramik aus Dinan sowie wetterfeste Freizeitbekleidung aus den Hafenstädten an. Auch bretonische Musik auf CD und Kassette ist ein beliebtes Souvenir. Trödel *(brocante)* kann man von Frühjahr bis Herbst auf speziellen Märkten erstehen, Antiquitäten sind oft günstiger als in Deutschland zu bekommen.

Taxi

Taxis wird man nur selten benötigen. In größeren Orten findet man sie an Flughäfen, Bahnhöfen und öffentlichen Plätzen. Der Kilometerpreis liegt je nach Tageszeit bei 0,70–0,90 €, die Grundgebühr beträgt 2 €. Gepäckstücke werden gegen Aufpreis befördert.

Telefonieren

Bei den öffentlichen Fernsprechern handelt es sich um Kartentelefone. Die erforderliche *télécarte* zu 50 oder 120 Einheiten erhält man in Tabakgeschäften, Bars, Tankstellen oder bei der Post. Billigtarife im Inland gelten von 22.30–6 Uhr, ins Ausland Mo–Fr von 21.30–8 Uhr und von Sa 14 Uhr bis Mo 8 Uhr.
Auskunft: Tel. 12
Auslandsvorwahlen und mobil telefonieren: siehe vordere Umschlaginnenklappe.

Trinkgeld

Obwohl das Bedienungsgeld in Restaurants oft im Rechnungsbetrag inbegriffen ist *(service inclus),* wird ein Trinkgeld *(pourboire)* von 5–10 % erwartet.

Umgangsformen

Höflichkeitsformeln sind ein wichtiger Bestandteil der französischen Sprache. Wer auf *»S'il-vous-plaît«* und *»Excusez-moi«* verzichtet, gilt als ungehobelt. Allerdings kommt man mit diesen Phrasen allein auch nicht weit, denn Franzosen legen großen Wert auf ihre Sprache und zeigen dem Ausländer, der das Französische nicht beherrscht, oft die kalte Schulter. Deutsch wird selten gesprochen, Englisch schon eher.

Der rücksichtsvolle Gast wird auf keinen Fall die Mittagszeit oder das Abendessen stören. Shorts sind in guten Restaurants fehl am Platz. In Diskotheken, Casinos und bei feierlichen Anlässen sollte man feinere Kleidung und möglichst eine Krawatte tragen. Rauchen in öffentlichen Gebäuden, Restaurants und Bars ist nur dann erlaubt, wenn es ausdrücklich gestattet wird – leider halten sich auch viele Franzosen nicht daran.

Unterkünfte

Hotels

In Frankreich unterscheidet man je nach Ausstattung fünf Hotelkategorien (1–4 Sterne und Luxus), die allerdings nicht als Indiz für den Preis und selten für das Ambiente des Hotels zu verstehen sind. Manche Häuser sind keiner Kategorie zugeordnet und dennoch überaus empfehlenswert. Die Internetseite www.gaf.tm.fr/index.fr gibt einen ersten Überblick, beim regionalen Fremdenverkehrsamt (CRT) oder örtlichen Office de Tourisme (OT) erhält man kostenlose, jährlich aktualisierte Hotellisten.

Viele Hotels haben sich unter einer Dachorganisation zusammengeschlossen, deren Listen man ebenfalls über die Informationsbüros bestellen kann. Schlosshotels mit teilweise erschwinglichen Preisen enthalten z.B. die Broschüren von »Relais & Châteaux«, »Château Accueil« und »Hôtels du Patrimoine«. »Logis de France« nennt sich ein Verbund von Mittelklassehotels mit gutem Preis-Leistungs-Verhältnis, landestypischer Atmosphäre und regionaler Küche. Man erkennt die Häuser am Signet des grün-gelben Kamins. Jährlich aktualisierter Hotelführer bei:

Fédération Nationale des Logis de France
83, avenue d'Italie
75013 Paris
Tel. 01 45 84 83 84
Fax 01 44 24 08 74
www.logis-de-france.fr
info@logis-de-france.fr

An Autobahnen, in Industriegebieten und an Durchgangsstraßen findet man Hotels der Niedrigpreiskette Formule 1, die mit immer gleicher Ausstattung aufwarten: Waschbecken und TV im Zimmer, WC und Dusche auf der Etage. Weitere solcher Ketten mit oft sehr günstigen Preisen sind Novotel, Campanile oder Ibis.

Die Preise im Buch beziehen sich auf ein Doppelzimmer ohne Frühstück. Einzelzimmer sind kaum erhältlich, Alleinreisende belegen meist ein Doppelzimmer zum fast vollen Preis. Oft wird eine günstige Halb- oder Vollpension angeboten, die im Hotel genannten Tarife gelten dann pro Person. Zwischen Haupt- und Nebensaison liegen erhebliche Preisunterschiede. Reservierung ist nur im Juli/August sowie an Wochenenden und Feiertagen unumgänglich. Im Winter sind viele Hotels geschlossen.

Chambres d'hôte

Privatunterkunft mit Frühstück, häufig bei Bauern, erhält man in der *chambre d'hôte,* dem ›Gästezimmer‹. Hinweisschilder hängen vielerorts an der Straße. Wer sich früh am Tag bemüht, wird ohne Vorausbuchung eine solche Bleibe finden. Sicherer ist es, über das nächste Fremdenverkehrsamt zu buchen. Die meisten *chambres d'hôte* sind den **Gîtes de France** angeschlossen. Diese Dachorganisation (59, rue St-Lazare, 75439 Paris Cedex 09, Tel. 01 49 70 75 75, Fax 01 42 81 28 53, info@gites-de-france.fr; www. gites-defrance.fr) verschickt gegen Gebühr Kataloge für das gewünschte Reiseziel.

Ferienhäuser und -wohnungen
Zu den staatlich überprüften Gîtes de France zählen auch viele Ferienhäuser und -wohnungen, die je nach Ausstattung mit 1–3 Kornähren klassifiziert werden. Die Vermietung erfolgt wochenweise. Alle erforderlichen Utensilien sind vorhanden, nur die Bettwäsche muss oft mitgebracht werden. Sehr günstige Offerten werden außerhalb der Hauptsaison unterbreitet. Angebote sind in den Katalogen der Fremdenverkehrsbüros (CDT), bei Reiseveranstaltern wie TUI, bei Frankreichspezialisten wie Pierre & Vacances oder in den Kleinanzeigen der Tageszeitung zu finden. Empfehlenswert: www.reise-links.de/ferienhaeuser/.

Einige Adressen:

Cherdo Armoric
Ackerstr. 144
40233 Düsseldorf
Tel. 0211/67 00 70
Fax 670 07 77
www.cherdo.com

Inter Châlet
Postfach 5420
79021 Freiburg
Tel. 0761/21 00 77
Fax 210 04 54
www.interchalet.com

Voyages Sud
Günterstalstr. 17
79102 Freiburg
Tel. 0761/70 87 00
Fax 708 70 26 und
Hauptstr. 11
4102 Binningen/Basel
Tel. 061/4 26 99 66
Fax 426 99 60
www.voyages-sud.com

Jugendherbergen
Frankreichs *auberges de jeunesse* gehören entweder zur **Fédération Unie des Auberges de Jeunesse** (27, rue Pajol, F-75018 Paris, Tel. 01 46 07 00 01, Fax 01 46 07 93 10, www.fuaj.org) oder zur **Ligue Française pour les Auberges de la Jeunesse** (38, bd. Raspail, F-75007 Paris, Tel. 01 45 48 69 84, Fax 01 45 44 57 47).

Anfragen richtet man möglichst früh direkt an das jeweilige Haus. Maximal drei Übernachtungen (zu je ca. 12 €) sind pro Herberge möglich, allerdings nur für Inhaber eines internationalen Jugendherbergsausweises, den die Dachorganisation im Heimatland ausstellt:

Deutsches Jugendherbergswerk
Bismarckstr. 8
32756 Detmold
Tel. 05231/740 10
Fax 74 01 49
www.djh.de

Österreichischer Jugendherbergsverband
Schottenring 28
1010 Wien
Tel. 01/533 53 53
Fax 535 08 61

Schweizer Jugendherbergen
Schaffhauserstr. 14
Postfach 161
8042 Zürich
Tel. 044/360 14 14
Fax 360 14 60

Campingplätze
Die Bretagne ist Frankreichs Region mit dem größten Angebot an Campingplätzen. Viele Anlagen verfügen nicht nur über Stellplätze, sondern auch über Bungalows und Mietzelte. Die örtlichen Touristenbüros sowie CRT und CDT (s. Informationsstellen) geben Listen mit allen nötigen Hinweisen heraus. In der Hochsaison ist eine Reservierung erforderlich, wogegen man in der Nebensaison auch ohne Buchung unterkommen wird. Allerdings schließen viele Plätze im Winterhalbjahr ihre Pforten. Meist idyllisch gelegen, preiswert und oft ganzjährig geöffnet sind die Plätze der Kommunen *(camping municipal)*, die jedoch nur wenig Komfort bieten.

Verkehrsmittel in der Bretagne

Für den innerbretonischen Verkehr spielen die Flughäfen angesichts der kurzen Distanzen und des Zeitaufwands beim Einchecken kaum eine Rolle. Zu beachten sind höchstens die Flüge ab Brest auf die Insel Ouessant, ab Lorient auf die Belle-Île und ab Pleurtuit (Dinan/Dinard) auf die britischen Kanalinseln.

Verbindungen mit Bahn, Bus und Fähren sind im Hauptteil des Buches detailliert dargestellt. Das Bahnnetz der staatlichen SNCF (Societé Nationale des Chemins de Fer) ist nicht sonderlich engmaschig, vor allem im Hinterland wurden viele Strecken stillgelegt. Große Bedeutung für den Fernverkehr besitzt allerdings der Hochgeschwindigkeitszug TGV-Atlantique (s. Anreise, S. 215). Fahrkarten muss man vor der Abfahrt in den *composteurs* (orangefarbene Automaten) entwerten. Fahrpläne verteilen u.a. die Offices de Tourisme. Bahnauskünfte unter Tel. 08 36 35 35 35 und www.ter-sncf.com/bretagne/, in deutscher Sprache unter Tel. 01 36 35 35 36.

Die SNCF unterhält auch Fernbusse, die ebenfalls in ihrem Fahrplan aufgeführt sind. Daneben existieren private Busgesellschaften, deren Fahrpläne jeweils nur für ein Département an der Gare Routière (Busbahnhof) und bei einigen Touristenämtern erhältlich sind. Zwischen größeren Städten verkehren die Busse recht häufig, in abgelegenen Regionen ist oft nur ein Bus pro Tag oder gar pro Woche unterwegs.

St-Malo ist der größte Passagierhafen der Bretagne, von hier verkehren Schiffe nach Plymouth, Portsmouth und auf die Kanalinseln. Ab **Roscoff** geht es nach Plymouth und Cork. Daneben existieren Fähren zu den bretonischen Inseln, Angaben dazu finden sich unter den jeweiligen Orten. Generell ist im Sommer dringend eine Vorausbuchung anzuraten.

Zeitungen

Deutsche Presse ist in den Sommermonaten in allen Touristenorten erhältlich. Bedeutendste französische Zeitung der Region ist die »Ouest-France«, u.a. mit einem Veranstaltungskalender.

SPRACHFÜHRER

Begrüßung, Verabschiedung

guten Tag	bonjour
guten Abend	bonsoir
auf Wiedersehen	au revoir

Höflichkeit

bitte	s'il vous plaît
danke	merci
Verzeihung	pardon

Auskünfte

Wo ist …?	Où est...?
Wo gibt es ...?	Où est-ce qu'il y a..?
Wann ist ...?	Quand est ...?
Sprechen Sie Deutsch/ Englisch?	Parlez-vous allemand/ anglais?
Auskunft	information
erklären	expliquer
fragen	demander

Unterwegs

Ausgang	sortie
Eingang	entrée
links/rechts	à gauche/à droite
geradeaus	tout droit
hier/dort	ici/là
parken	stationner
Parkplatz	parking
Tankstelle	station-service
Stadtplan	plan de ville
Haltestelle	arrêt

Unterkunft

Aufenthalt	séjour
Nacht	nuit
Zimmer	chambre
Bad	salle de bains
Dusche	douche
Schlüssel	clé
Handtuch	serviette
Gepäck	bagages
wecken	réveiller
Preis	prix
Rechnung	addition, note
zahlen	payer
Empfang	réception
Name	nom
Pass	passeport
Quittung	facture

Zahlen

0	zéro
1	un, une
2	deux
3	trois
4	quatre
5	cinq
6	six
7	sept
8	huit
9	neuf
10	dix
11	onze
12	douze
13	treize
14	quatorze
15	quinze
16	seize
17	dix-sept
18	dix-huit
19	dix-neuf
20	vingt
21	vingt et un
22	vingt-deux
30	trente
40	quarante
50	cinquante

60	soixante
70	soixante-dix
80	quatre-vingt
90	quatre-vingt-dix
91	quatre-vingt-onze
100	cent
200	deux cents
500	cinq cents
1000	mille
erster	le premier
zweiter	le deuxième
dritter	le troisième
halb	un demi
Drittel	un tiers
Viertel	un quart

Zeitbegriffe

Sonntag	dimanche
Montag	lundi
Dienstag	mardi
Mittwoch	mercredi
Donnerstag	jeudi
Freitag	vendredi
Samstag	samedi
Feiertag	jour de fête
Neujahr	jour de l'an
Ostern	pâques
Pfingsten	pentecôte
Weihnachten	noël
Januar	janvier
Februar	février
März	mars
April	avril
Mai	mai
Juni	juin
Juli	juillet
August	août
September	septembre
Oktober	octobre
November	novembre
Dezember	décembre
Minute	minute
Stunde	heure
Tag	jour
Woche	semaine
Monat	mois
Jahr	année
Jahrhundert	siècle
Frühling	printemps
Sommer	été
Herbst	automne
Winter	hiver
heute	aujourd'hui
gestern	hier
vorgestern	avant-hier
morgen	demain
morgens	le matin
mittags	à midi
nachmittags	l'après-midi
abends	le soir
früh/spät	tôt/tard
oft	souvent
bald	bientôt
nach/vor	après/avant
immer	toujours
Anfang	début
Ende	fin

Bank, Post, Arzt

Bank	banque
Geld	argent
Post	poste
Briefmarke	timbre
Arzt	médecin
Krankenhaus	hôpital
Apotheke	pharmacie
krank	malade
Fieber	fièvre
Schmerzen	mal
Krankenhaus	hôpital
Kreditkarte	carte de crédit
bar	en espèces

REGISTER

REISEATLAS

LEGENDE

1 : 630.000

0 — 25 km

A 84 Autobahn mit Anschluss und Nummer	Campingplatz
E 50 Schnellstraße mit Anschluss und Europastraßennummer	Aussichtspunkt
N 166 Fernstraße mit Nummer	Flughafen; Flugplatz
Hauptstraße	Sehenswürdigkeit; Museum
Nebenstraße	Kirche; Kloster; Kapelle
Eisenbahn	Burg, Schloss; -ruine
Fähre	Archäologische Stätte
Sperrgebietsgrenze	Höhle; Menhir
Nationalparkgrenze	Berggipfel, Höhenpunkt
Departementsgrenze	Windmühle; Leuchtturm
Zoo, Tierpark	Golfplatz
	Badestrand; Ankerplatz, Hafen

A
B
C
1
2
3
4
Inset
S. 236
Atlantik
Côte
Île d'Ouessant
Moulin de Karaes
Rochers
Parc Naturel
Régional
d'Armorique
Musée des Phares
Lampaul
Phare de Créac'h
Pyramide de Runiou
Passage du Fromveur
Île de Balanec
Île Molène
Île de Trielen
Île de Quéménès
Chenal de la Helle
Pointe de Corsen
Le Conquet
Île de Béniguet
Porspoder
Melon
Plouarzel
Kerhornou
Île de Batz
Roscoff
Pointe de Bloscon
St-Pol-de-Léo
Santec
Carantec
Kérpuzére
Cléder
Plouescat
Dunes de Ker Emma
Kerohantiou
Plouénan
Taul
Pointe de Pontusval
Pointe de Beg-Pol
Brignogan-Plages
Plounéour-Trez
Keremma
Goulven
Kerlouan
Guissény
Abers
Côte des Abers
Île de la Vierge
Lilia
Aber Wrac'h
Plouguerneau
Landéda
Lannilis
Lesneven
Plounevez-Lochrist
Plouzévédé
Penzé
Lampaul-Ploudalmézeau
Portsall
Bar-al-Lan
Aber Benoît
St-Pabu
Tréglonou
Le Folgoët
St-Méen
Notre-Dame
Lanhouarneau
St-Derrien
Plouvorn
Plougourvest
Guiclan
Ploudalmézeau
Locmaria
Ploudaniel
Argenton
Kervignen
Plouguin
Le Drennec
Plounéventer
Bodilis
Landivisiau
St-Thégon
Plourin
Bourg-Blanc
Plabennec
Lanildut
Kergroadès
Lanrivoaré
Kersaint-Plabennec
Moulin de Brézal
Lampaul-Guimiliau
Guimiliau
Lampaul-Plouarzel
Lanvenec
La Roche-Maurice
Ploudiry
Gouesnou
Landerneau
Plounéour-Ménez
St-Renan
Château de Keroual
Guipavas
La Martyre
St-Sauveur
Roc'h Trévezel
Menhir de Kerloas
Guilers
Le Relecq-Kerhuon
Pencran
Commana
Plouarzel
Kerhornou
Ploumoguer
Océanopolis
Parc de Loisirs
Sizun
Plouzané
BREST
Enclos Paroissial
Elorn
Le Conquet
Porsmilin
Rade de Brest
Plougastel-Daoulas
Loperhet
Daoulas
Monts d'Arrée
St-Rivoal
Montagne St-Michel
Plougonvelin
Pointe du Petit Minou
Pointe des Espagnols
Pointe de Kerdéniel
Hôpital-Camfrout
Roudouhir
Ménez-Meur
Hanvec
Pointe de St-Mathieu
Roscanvel
Logonna-Daoulas
Brasparts
Pointe du Grand Gouin
Landévennec
Quimerc'h
Camaret-sur-Mer
Le Fret
Lanvéoc
Pont de Térénez
Le Faou
Alignements de Lagad-Yar
Presqu'île de Crozon
Pointe de Pen-Hir
Tas de Pois
Crozon
Aber
Pont-de-Buis lès-Quimerch
Pointe de Dinan
Château de Dinan
Morgat
Grotte de l'Autel
Ménez-Hom
Pleyben
St-Hernot
Châteaulin
Ste-Marie-du-Ménez-Hom
St-Côme
Cap de la Chèvre
Baie de Douarnenez
Pointe de Lanvillau
Ste-Anne-la-Palud
Cast
Kertoux
Groaz Brenn
Les Trois Croix
Plonevez-Porzay
Calvaire
Briec
Tréboul
Landrevarzec
Edern
Réserve du Cap Sizun
Douarnenez
Locronan
Kervignac
Pointe du Van
Beuzec-Cap Sizun
Pouldavid
Notre Dame de Kérinec
Le Croézou
Lescoff
Cap Sizun
Pont-Croix
Pouldergat
Moncouar
Pointe du Raz
Plogoff
Audierne
Goyen
Cornouaille
Site du Stangala
St-Evette
Plouhinec
Kernaon
Pointe de Lervily
Landudec
QUIMPER
Kerdévot
Plozévet
Plogastel-St-Germain
St-Yvy
Baie
N 12
N 165
E 50

D
E
F
1
2
3
4
Côte de Granit Rose
Côte des Bruyère
Sept Îles
Île aux Moines
Pointe du Château
Sillon de Talbert
Île de B
Trégastel-Plage
Ploumanac'h
Perros-Guirec
Port-Blanc
Plougrescant
Pleubian
Île Grande
Menhir de St-Uzec
Trégastel
Radôme et Planétarium
Tévou-Tréguignec
Tréguier
St-Tugdual
Lézardrieux
Loguivy
Pointe de l'Arcouest
Ploubazlanec
Paimpol
Louannec
Trébeurden
Pleumeur-Bodou
Kermaria-Sulard
Losquet
Pleudanie
Botloy
Plourivo
Abbaye de Beauport
Ploué
Pointe de Bihit
Lannion
La Roche-Derrien
La Roche-Jagu
Lézouen
Pointe de Primel
Pointe de Séhar
Baie de Lannion
Locquémeau
Quemper-Guézennec
Lanloup
Diben
Ploubezre
Chapelle de Kerfons
Confort
Pontrieux
Kermaria
Locquirec
St-Michel-en-Grève
Plougasnou
St-Jean-du-Doigt
Kergrist
Château de Tonquédec
Temple
Prat
Caim de Barnenez
Notre Dame de Kernitron
Notre Dame de la Joie
St-Efflam
Plestin-les-Grèves
Kerauzern
Kernalégan
Trévérec
Lanmeur
Le Run
Kermaia
Trieux
Douron
Bégard
Lanvollon
Dourduff
Rosanbo
Bernantec
Les Sept Saints
Armoripark
Goudelin
Plouégat-Guérand
Plouaret
Belle Isle Bégard
Pommerit-Le-Vicomte
Trémel
Pabu
Uzel
Keramanac'h
Plounévez-Moëdec
Louargal
St-Jean-Kerdaniel
Morlaix
Plouigneau
Plounérin
GUINGAMP
Plourin-lès-Morlaix
Locmaria
Tréglamus
Châtelaudren
Croajoumein
Belle-Isle-en-Terre
Enclos Paroissial
Ploumagoar
Plouagat
Guic
Calvaire
Plougonven
Guerlesquin
Le Dresnay
Gurunhuel
Moustéru
Pleyber-Christ
Kerduel
Lannéanou
Beffou
Plougonver
St-Péver
Coat ar Herno
Louscoat
Bourbriac
La Croix Kermen
Cohiniac
Kersauz
Caserne
Les Mais
Scrignac
Monts d'Arrée
Aulne
Senven-Léhart
S. 234
Berrien
Plourac'h
Maël-Pestivien
Camp d'Artus
Callac
Quint
Rochers
Kerien
La Clarté
Huelgoat
Plusquellec
CÔTES-D'AR
22
Brennilis
Le Pénity
Gorges du Corong
Roche Cintrée
St-Herbot
Poullaouen
Blerem ar Salle
St-Nicodème
La Croix du Haut-Co
Loqueffret
Locarn
St-Nicolas-du-Pélem
Corlay
Plouyé
Pont Gaulois
Trébrivan
Kergrist-Moëlou
FINISTÈRE
29
Collorec
Maël-Carhaix
Plounévez-Quintin
Kergloff
St-Eloy
St-Igeaux
Carhaix-Plouguer
Rohanno
Landeleau
Lanhel
Plouguernével
Gorges du Daoulas
Bel-Air
Glomel
Rostrenen
St-Gelven
Châteauneuf-du-Faou
Enclos Paroissial
Calvaire
Abbaye de Bon Repos
Moulin-Neuf
Lac de Guerlédan
Mûr-de-Breta
Spézet
Minez Du
Notre Dame du Crann
Tréogan
Mellionnec
Rest an Houannet
Perret
307 m
Montagnes Noires
St-Hervé
Corboulo
Sillac
Forêt de Quénécan
Gourin
La Madeleine
Ponlinas
Plouray
Laz
Abbaye de Langonnet
Kerguzul
Roudouallec
Langoëlan
Cléguérec
Trégourez
Bouthiry
Kerpourhant
Toubahado
Ty Louel
Poulgrellec
Séglien
Kerbédic
St-Elo
Odet
Leigou
Ploërdut
Porhors
Coray
Kerscoff
Le Helles
Le Croisly
Pontivy
Guiscriff
Guémené-sur-Scorff
Quelven
Le Sourn
Ste-Barbe
St-Nicolas
Tourc'h
Scaër
Le Faouët
St-Yves
Boderel
Pont Lédan
Leurien Croajou
Persquen
Coadigou
St-Fiacre
Kernascléden
St-Nicolas-des-Eaux
Kerchopine
Inguiniel
Aven
Isole
Sarre
St-Adrien
St-Thurien
S. 237
Bubry
Querrien
La Roche du Diable
Site du Castennec
E 50
N 12
N 164

A
B
C
1
2
3
4
Golfe de St-Malo
Pointe de Minard
Plouha
St-Quay-Portrieux
Étables-sur-Mer
Binic
Pordic
Baie de St-Brieuc
Côte de Penthièvre
Cap Fréhel
Réserve
Fort la Latte
Cap d'Erquy
Erquy
Sables-d'Or-les-Pins
Fréhel
Pointe de Pléneuf
Pléneuf-Val-André
La Couture
Bien-Assis
Matignon
St-Cast-le-Guildo
Baie de la Frênaye
St-Jacut-de-la-M.
St-Briac-sur-Mer
Ploubalay
Côte d'Émeraude
Île de Cézembre
ST-MALO
Dinard
St-Lunaire
Usine Marémotrice
Pleurtuit
Pointe du Roselier
Plérin
ST-BRIEUC
Ploufragan
Langueux
Trégueux
Hénanbihen
St-Pôtan
Notre-Dame-du-Guildo
Lancieux
Trégon
St-Gueltas
St-Denoual
Pluduno
La Rocherdais
La Doberie
Plancoët
Languenan
Trélat
Corseul
Bourseul
Château de la Hunaudaye
Lamballe
Plédéliac
St-Maudez
Cassepot
Écluse
Pledran
Quessoy
Landéhen
Bréhand
Tramain
Forêt de Lorge
St-Carreuc
Plœuc-sur-Lié
L'Hermitage-Lorge
Plémy
Moncontour
Plénée-Jugon
Mégrit
Brusvily
Le Creux
Yvignac
Broons
Abbaye de Boquen
Collinée
Landes du Mené
Plouguenast
Langast
St-Gouéno
St-Gilles-du-Mené
Bodeuc
Eréac
Recouvrance
Caulnes
Quédillac
Médréac
La Prévostais
St-Vran
St-Launeuc
Forêt de la Hardouinais
La Motte
Forêt de Loudéac
Merdrignac
La Gautraie
St-Méen-le-Grand
Montauban
Plémet
La Ville Oréal
Boisgervilly
Loudéac
Ménéac
Illifaut
Landual
Gaël
Muel
St-Maugan
La Chèze
Le Rox
Ruelland
Le Coudray
Marhuau
Bléruais
La Trinité-Porhoët
St-Brieuc-de-M.
Comper
St-Malon-sur-Mel
Rohan
Les Touches
Mauron
Abbaye de Timadeuc
Kerfourn
Mohon
Guilliers
Forêt de Paimpont
Paimpont
St-Péran
St-Thuriau
Crédin
Les Forges
Forêt de Lanouée
Trégadoret
Tréhorenteuc
Plélan-le-Grand
Lanouée
Les Forges de Paimpont
Naizin
Réguiny
Josselin
Taupont
Trécesson
Campénéac
Le Plessis
Laimeheuc
N 12
E 50
N 176
E 401
N 164
S. 233
S. 238

D
E
F
1
2
3
4
Îles Chausey
Donville-les-Bains
Granville
St-Pair-sur-Mer
Jullouville
Champeaux
Coudeville
Longueville
Le Repas
Le Sclion
Le Mesnil-Rogues
Montaigu-les-Bois
Fleury
Beauchamps
Malicorne
Roufigny
Villedieu-les-Poêles
Fontenermont
Le Parc
St-Pierre-Langers
Abbaye de la Lucerne
La Haye-Pesnel
Edenville
Sartilly
Sublginy
Les Forges
Le Mesnil
Bacilly
Le Bourg
Genêts
Vains
St-Martin-le-Bouillant
Les Lardières
St-Pois
Braffais
Brécey
Vernix
Cuves
Tirepied
BASSE-NORMANDIE
MANCHE
50
Avranches
St-Ovin
La Boulouze
Reffuveille
Marcilly
Pabre
Pointe du Grouin
Réserve Naturelle
Île des Landes
Le Verger
St-Coulomb
Cancale
Baie du
Mont Saint Michel
St-Méloir des Ondes
St-Benoît des Ondes
Mont-St Michel
La Rive
Courtils
Servon
Pontaubault
La Buvette
Ducey
Chalandrey
Virey
Parigny
Précey
Ste-Anne
Cherrueix
La Gouesnière
St-Père
St-Broladre
St-Marcan
Roz-sur-Couesnon
Moidrey
Brée
Crollon
Le Bois Rouland
St-Hilaire-du-Harcouët
Châteauneuf-d'Ille-et-Vilaine
Mont-Dol
Baguer-Pican
Mont Rouault
Vergoncey
La Croix-Avranchin
Hamelin
La Rencontre
Les Loges-Marchis
Dol-de-Bretagne
Menhir de Champ Dolent
Pleine-Fougères
Pontorson
La Plaine
St-James
St-Georges-de-Reintembault
Epiniac
Miniac-Morvan
Le Tronchet
Vieux-Viel
Montanel
Le Ferré
Louvigné-du-Désert
Landivy
Trans
Broualan
Calvaire
Tressé
Bonnemain
Terre Rouge
Cuguen
Antrain
St-Ouen-la-Rouërie
Poilley
St-Pierre-de-Plesguen
Les Trois Croix
La Beucherais
St-Brice-en-Coglès
Pontmain
Lauviais
Meillac
Combourg
La Bourbansais
Pleugueneuc
Tremblay
St-Léger-des-Prés
Marcillé-Raoul
St-Rémy-du-Plain
Lécousse
FOUGÈRES
Baillé
Fleurigné
Trimer
La Baussaine
Tinténiac
Sens-de-Bretagne
Montmuran
Hédé
Les Iffs
St-Médard-s-Ille
Mézières-sur-Couesnon
Billé
St-Aubin-du-Cormier
La Chapelle-Chaussée
Langan
Montreuil-le-Gast
St-Aubin-d'Aubigné
Juvigné
Romillé
Melesse
Forêt de Rennes
Liffré
Montautour
Pleumeleuc
La Chapelle-des-Fougeretz
Betton
Val-d'Izé
Forêt de Chevré
Breteil
Montgermont
St-Grégoire
Thorigné-Fouillard
St-Gilles
Pacé
Cesson-Sévigné
Acigné
Champeaux
Vitré
St-Pierre-la-Cour
Cintré
RENNES
Le Rheu
Châteaubourg
Les Rochers-Sévigné
Mordelles
Domagné
Argentré-du-Plessis
Le Verger
St-Jacques-de-la-Lande
Châteaugiron
Louvigné-de-Bais
Le Pertre
Monbouan
Bruz
St-Armel
Piré-sur-Seiche
Bais
Gennes-sur-Seiche
Orgères
Cuille
Guichen
Laillé
Janzé
Visseiche
S. 239
ILLE-ET-VILAINE
A 84
E 401
N 175
N 176
N 137
N 12
N 157
N 24
E 30
E 50
E 03
A 84

A
B
C
1
2
3
4
S. 232
St-Hernot
Cap de la Chèvre
Baie de Douarnenez
Pointe de Lanvillau
Ste-Marie-du-Ménez-Hom
Cast
Kertoue
Groaz Brenn
Domaine de Trévarez
N 164
L'Aulne
Ste-Anne-La-Palud
Plonevez-Porzay
Les Trois Croix
Laz
Tréboul
Réserve du Cap Sizun
Douarnenez
Calvaire
Landrevarzec
Briec
Edern
Trégour
Locronan
Kervignac
Pouldavid
Notre Dame de Kérinec
Calvaire
Le Croëzou
Coray
Cap Sizun
Pont-Croix
Beuzec-Cap Sizun
Lescoff
Plogoff
Audierne
Goyen
Cornouaille
Pouldergat
Le Steir
N 165
Moncouar
Odet
Site du Stangala
Croix Menez Bris
Kernaon
Plouhinec
Forêt de Poulguidou
St-Evette
Pointe de Lervily
Landudec
QUIMPER
Kerdévot
Plozévet
Plogastel-St-Germain
Quimper-Pluguffan
St-Yvy
Rosporden
Baie d'Audierne
Pouldreuzic
Plomelin
E 60
Cadol
Enclos Paroissial
La Forêt-Fouesnant
Ploneour-Lanvern
Les Vire Court
Ty-Glaz
Chapelle de Languidou
Combrit
Poteau Vert
Fouesnant
Notre Dame de Tréminou
Concarneau
Bénodet
Bois
St-Jean-Trolimon
Pont-l'Abbé
Beg-Meil
Ville Close
Calvaire Notre Dame de Tronoën
Plomeur
Kérazan
Île-Tudy
Anse de Bénodet
Pointe de Mousterlin
Trégun
St-Guénolé
Plobannalec
Loctudy
Név
Phare d'Eckmühl
Penmarc'h
Pointe de Penmarc'h
Le Kérity
Guilvinec
Lesconil
Baie de Concarneau
Pointe de Trevignon
Îles de Glénan
Atlantik

D
E
F
1
2
3
4
S. 233
S. 238
Spézet
Tréogan
Minez Du
307 m
Mellionnec
Houannet
Abbaye de
Bon Repos
Perret
Lac de
Guerlédan
Corboulo
Mûr-de-
Bretagne
N 164
St-Hervé
Gourin
La Madeleine
Ponlinas
Plouray
Silfiac
Forêt de Quénécan
Roudouallec
Boutihiry
Abbaye de
Langonnet
Kerguzul
Langoëlan
Cléguérec
Kerpourhant
Toubahado
Poulgrellec
Séglien
Kerbédic
St-Eloi
Kerscoff
Leigou
Le Helles
Ploërdut
Porhors
Guémené
-sur-Scorff
Pontivy
Guiscriff
Le Croisly
Quelven
Le Sourn
Kerfourn
Ste-Barbe
St-Nicolas
St-Yves
Scaër
Le Faouët
Persquen
Boderel
St-Thuriau
Pont Lédan
Leurier
Croajou
Moustoir-
Remungol
St-Fiacre
Kerchopine
Kernascléden
Coadigou
Isole
Inguiniel
St-Nicolas-
des Eaux
St-Nicodème
St-Adrien
St-Thurien
Bubry
Site du
Castennec
Pluméliau
La Roche
du Diable
Querrien
Bannalec
Kermouel
Locunel
Creis Obet
Plouay
Kéramour
St-Adrien
St-Michel
Arzano
Lanvaudan
Quistinic
N 165
Quimperlé
Blavet
Locminé
Pont-Aven
Baye
Baud
Riec-sur-Bélon
Pont-
Scorff
N 24
Vénus de
Quinipily
Camors
Plumelin
Inzinzac-Lochrist
St-Maurice-
de-Carnoët
Languidic
Hennebont
Port Manec'h
Clohars-
-Carnoët
Caudan
Quéven
Brandérion
Jardins
de Rospico
Guidel
E 60
Lanester
N 165
Pluvigner
Brandivy
Le Pouldu
Kervignac
Landévant
Landaul
Ploemeur
LORIENT
Merlevenez
Larmor-
-Plage
Riantec
Plouhinec
Chartreuse
d'Auray
Ste-Anne-
-d'Auray
Port-
-Louis
St-Cado
Belz
Pointe du
Talut
Plunéret
Île de Groix
Étel
Auray
Ste-Avoye
Réserve
Naturelle
Groix
Locmaria
Alignements
de Kermario
Erdeven
Le Bono
Trou de l'Enfer
Pointe d'Erdeven
Archéoscope
Tumulus
St-Michel
Grand Menhir
et Table des
Marchands
Plouharnel
Alignements
Carnac
Locmariaquer
Port
Navalo
Arzon
St-Pierre-Quiberon
Baie de Quiberon
Quiberon
Pointe du
Conguel
Passage de la Teignouse
Île d'Houat
Île d'Houat
Pointe des
Poulains
Belle-Île
Réserve
Naturelle
Sauzon
Grotte de
l'Apothicairerie
Le Palais
Plage des Bordardoué
Île Hoëdic
Hoë
Port Donnant
Plage des Grands Sables
Pointe de Kerdonis
Port Coton
Bangor
Locmaria
Pointe du Skeul

A
B
C
1
2
3
4
S. 234
S. 237
La Chèze
Ménéac
Illifaut
Le Port Ruelland
Gaël
Muel
Maugan
Bléruais
La Trinité-Porhoët
St-Brieuc-de-M.
Le Coudray Marhuau
Comper
St-Malon-sur-Mel
Rohan
Abbaye de Timadeuc
Les Touches
Mauron
Forêt de Paimpont
Paimpont
St-Pér
Kerfourn
Mohon
Guilliers
St-Thuriau
Crédin
Les Forges
Forêt de Lanouée
Tréhorenteuc
Plélan-le-Grand
Lanouée
Trégadoret
Les Forges de Paimpont
Naizin
Val sans retour
Trécesson
MORBIHAN 56
Réguiny
Josselin
Taupont
Le Plessis
Laimeheuc
Bulèon
La Pyramide
Ploërmel
Campénéac
Bellevue
Moréac
Guéhenno
St-Michel
Château de Kerguéhennec
Augan
Guer
Locminé
Bignan
Montertelot
Monterrein
Monteneuf
Lizio
Crévy
La Teihaie
Enclos Paroissial
Le Roc-St-André
Caro
Réminiac
Plumelin
Plumelec
St-Jean-Brévelay
Musée de la Résistance
Sérent
Ruffiac
Callac
Carentoir
Colpo
Landes de Lanvaux
Trédion
St-Marcel
Malestroit
La Danaie
St-Guyomard
St-Congard
La Gacilly
Forêt de Molac
Pleucadeuc
St-Martin
Cournon
Grand-Champ
Glénac
Elven
Molac
Peillac
Île aux Pies
Bains-sur-O
Tours d'Elven
Ste-Anne-d'Auray
St-Nolff
Rochefort-en-Terre
St-Vincent-sur-O.
Parc de Préhistoire
Armorika
Notre Dame du Loc
St-Avé
Bel-Air
Malansac
St-Jacut-les Pins
Redon
Sulniac
VANNES
Notre Dame des Vertus
Questembert
Allaire
St-Nicolas-de-Redon
Remparts
Château du Plessis-Josso
Limerzel
Conleau
Theix
Rangornan
Caden
Port-Blanc
Mousterian
Île d'Arz
Kerarden
Béganne
Tumulus de Gavrinis
Bourg
Île aux Moines
Golfe du Morbihan
Surzur
Noyal-Muzillac
Péaule
Léhélec
Muzillac
Martinais
St-Dolay
Tumulus de Tumiac
Arzon
Port Navalo
Sarzeau
Billiers
Lantiern
Nivillac
Izernac
Sévérac
La Gouarais
La Roche-Bernard
St-Gildas-de-Rhuys
Château de Suscinio
Pénestin
Férel
Missillac
Pointe de St-Jacques
La Chapelle-des-Marais
Ste-Reine-de-Bretagne
Herbignac
Maison du Sabotier
Camer
Pontchâteau
Assérac
Pompas
Parc Régional de Brière
Grande Brière
St-Lyphard
St-Joachim
Île de Fédrun
Île d'Houat
Piriac-sur-Mer
Hélé
Pointe du Castelli
Dolmen de Kerbourg
Kerhinet
Sandun
Île Hoëdic
Hoëdic
Moulin du Diable
La Chaussée-Neuve
Montoir-de-Bretagne
Guérande
St-André-des-Eaux
Trignac
Donges
Escoublac
ST-NAZAIRE
Le Croisic
Batz-sur-Mer
Parc
Pornichet
Paimbœuf
Mindin
LA BAULE
St-Brévin-les-Pins
St-Marc
St-Brévin-L'Océan
La Riverais
Chenal du Nord
N 24
N 165
N 166
N 171
E 60

D
E
F
1
2
3
4
S. 235
RENNES
Cesson-Sévigné
Châteaubourg
Les Rochers-Sévigné
St-Pierre-la-Cour
Argentré-du-Plessis
Le Petre
Mordelles
Cintré
Le Rheu
Le Verger
St-Jacques-de-la-Lande
Châteaugiron
Domagné
Louvigné-de-Bais
Monbouan
Gennes-sur-Seiche
Cuille
Bruz
St-Armel
Piré-sur-Seiche
Bais
Orgères
Corps-Nuds
Guichen
Laillé
Janzé
Visseiche
La Guerche-de-Bretagne
ILLE-ET-VILAINE
35
Bovel
Guignen
Allée Couverte de la Roche aux Fées
Retiers
Ballots
Le-Sel-de-Bretagne
Maure-de-Bretagne
Lohéac
St-Aignan-sur-Roë
Thourie
Bain-de-Bretagne
Martigné-Ferchaud
Congrier
Messac
La Noë-Blanche
Teillay
Rouge
Forêt de Teillay
Villepot
St-Just
Brandeneuf
La Dominelais
St-Ganton
Grand-Fougeray
MAINE-ET-LOIRE
49
Pouancé
Châteaubriant
Sion-les-Mines
St-Aubin-des-Châteaux
Pierric
Erbray
St-Julien-de-Vouvantes
Avessac
Masserac
Derval
Moisdon-la-Riviere
Challain-la-Potherie
Guémené-Penfao
Conquereuil
Issé
Treffieux
La Chapelle-Glain
Grand-Auverné
PAYS DE LA LOIRE
St-Sulpice-des-Landes
Freigné
Le Coudray
Plessé
Nozay
La Meilleraye-de-Bretagne
La Magdeleine
Forêt du Gâvre
Abbaretz
LOIRE-ATLANTIQUE
44
Riaillé
St-Mars-la-Jaille
Carheil
Saffré
Pannecé
Blain
Nort-sur-Erdre
Mouzeil
Mésanger
Les 4 Chemins
Bouvron
Héric
Ligné
Couffé
St-Herblon
La Harlière
Ancenis
La Croix Blanche
Notre-Dame-des-Landes
St-Mars-du-Désert
Savenay
Sucé-sur-Erdre
Champtoceaux
Bouz
Le Temple-de-Bretagne
Vigneux-de-Bretagne
La Chapelle-sur-Erdre
Carquefou
La Seilleraye
St-Sauveur-de-Landemont
St-Laurent-de
Cordemais
Orvault
Sautron
La Gacherie
St-Luce-sur-Loire
St-Julien-de-Concelles
La Chapelle-Basse-Mer
Landemont
Loire
St-Etienne-de-Montluc
NANTES
Frossay
St-Herblain
Basse-Goulaine
Le Loroux-Bottereau
La Boissière-du Doré
Couëron
Le Pellerin
St-Jean-de-Boiseau
Rouans
Goulaine
N 24
N 137
N 157
N 171
N 165
N 23
E 50
E 03
E 60
A 11

Abbildungsnachweis
Alle Fotos außer den nachstehend aufgeführten stammen von Manfred Linke/laif, Köln.
Friedmar Damm/Huber, Garmisch-Partenkirchen: Hintere Umschlagklappe
Manfred Görgens, Wuppertal: S. 24, 37, 58, 67, 71, 77, 91, 100, 120/21, 131, 144, 171, 180, 200. 204
Jörg Modrow/laif, Köln: Titelbild, S. 46, 50, 92/93, 187, 212
Werner Richner, Saarlouis: S. 10, 40

Abbildungen
Titelbild: An der Côte de Granit Rose
Vordere Umschlagklappe: Im Hafen von Concarneau
Hintere Umschlagklappe: In Locronan
S. 2/3: An der Küste von Trégastel

Kartografie
DuMont Reisekartografie, Puchheim
© MAIRDUMONT, Ostfildern

Für Hans-Walter,
meinen geliebten verstorbenen Bruder.

2., aktualisierte Auflage 2006

Grafisches Konzept: Groschwitz, Hamburg
Druck: Rasch, Bramsche
Buchbinderische Verarbeitung: Bramscher Buchbinder Betriebe